# 영유아 언어교육

임양금 • 안진경 • 김지영 • 이영미 • 탁정화

창지사

# 머리말

언어는 영유아에게 생후 초기부터 이 세상을 알아가는 수단이며, 세상과 상호작용하기 위한 중요한 도구이다. 영유아기는 이러한 언어의 기초가 형성되는 시기이며 영유아들이 사회의 진정한 구성원이 되기 위해서는 의사소통의 능력을 갖추어야 하고, 이 과정에서 부모나 교사의 역할은 매우 중요하다.

이 책은 영유아들을 대상으로 교육 및 보육을 하게 될 예비교사들을 위해 영유아 언어지도의 기본적이고 필수적인 내용을 좀 더 이해하기 쉽게 간추렸고 영유아 교사들에게 꼭 필요한 내용만 간결하게 정리하여 총 10장으로 구성하였다. 1장에서는 영유아의 언어발달을 이해하기 위한 언어교육의 기초가 되는 내용을, 2장에서는 언어발달 이론을 간략히 다루었다. 3장에서는 영유아들의 언어발달 과정을 다루었고, 4장에서는 개정된 제4차 표준보육과정과 2019 개정 누리과정에서 제시하는 영유아 언어교육의 내용을 소개하였으며 초등학교와의 연계를 고려하여 1~2학년군 국어과 교육과정을 제시하였다. 5장에서는 문자언어지도 접근법을 다루며 각 접근법을 소개하고 비교하였다. 6장에서는 언어 영역별 지도를 다루었고 7장에서는 언어 구성요소별 지도를 제시하였다. 8장에서는 언어교육 방법으로 현장에서 직접 활용할 수 있도록 주제를 활용한 통합적 언어교육 방법과 활동들을 소개하였다. 또한 그림책을 활용한 통합적인 언어교육 과정을 구성하는 방법을 다루었다. 9장에서는 영유아 언어교육 환경으로 가정과 유아교육기관에서의 문식성 발달을 위한 환경을 구성할 수 있도록 영아와 유아를 위한 각각의 언어교육 환경을 알아보았으며 영유아 언어지도를 위한 교사의 역할을 제시하였다. 마지막으로 10장에서는 영유아 언어교육 평가의 목적과 방법, 평가 결과의 활용 방법 등을 살펴보았다.

각 장의 맨 뒷부분에는 각 장을 마치고 학생들이 생각해볼 문제나 퀴즈, 연극, 마인드맵 등을 추가하여 활동적인 수업이 될 수 있도록 하였고 관련 언어교육 동영상을 제시하여 배운 내용을 흥미 있는 방식으로 재구성해 보도록 하였다.

본서가 예비 유아교사와 현직에 있는 교사들에게 쉽고 재미있게 활용될 수 있는 안내서가 되길 기대하며 이 책의 출판에 도움을 주시고 오랫동안 믿고 기다려 준 창지사 가족 여러분께 진심으로 감사드린다. 또한 교재 8장의 집필과 현장 적용에 도움을 준 전라북도교육청 어린이집 김정희 원장님, 군산대학교 박사과정 김세연 선생님, 이른아침유치원 송미연 선생님에게도 감사의 마음을 전한다. 아울러 바쁜 일정을 맞추며 서로를 격려하고 항상 웃으면서 작업했던 우리 스스로와 묵묵히 지켜봐 준 사랑하는 가족들, 특히 바쁘고 부족한 엄마에게 큰 힘을 주는 사랑하는 우리 아이들 정민준, 권주한, 권주아, 김소희, 김윤현, 공건우, 공지민, 이상봉, 탁서련에게 깊은 고마움과 사랑의 마음을 전한다.

2022. 8.

저자 일동

# 차례

Chapter 1

# 언어교육의 기초

영유아기는 언어습득이 활발히 이루어지는 시기이다. 영유아 교사는 바람직한 언어 지도를 위해서 언어에 대한 기초지식을 갖추어야 한다. 이에 본 장에서는 언어의 정의가 무엇이고 왜 중요한지에 대해 살펴보고, 언어의 기본요소와 언어학 구성요소에 대해 정립하고자 한다. 또한 동물의 의사소통 체계와는 구분되는 인간 언어의 특성과 체계적이고 다양한 언어의 기능을 살펴보고, 더 나아가 영유아 일생의 모든 영역과 연계된 언어교육의 중요성을 정리해보고자 한다.

1. 언어의 정의
2. 언어의 구성요소
3. 언어의 특성과 기능
4. 언어교육의 중요성

## 1 언어의 정의

언어는 모든 인간에게 본질적으로 유사하게 나타난다(Lenneberg, 1967). **언어사용**은 인간의 고유한 정신기능이다. 꿀벌이나 침팬지, 돌고래와 같은 동물들도 소리나 몸짓을 사용한 신호체계를 가지고 있지만, 언어를 체계화하여 상호작용하기 위해 사용하는 것은 인간뿐이다. 인간만이 고유한 정신기능을 반영하여 매우 체계적인 의사소통 체계를 사용한다.

언어란 생각이나 느낌을 나타내거나 전달하는 데 쓰이는 음성, 문자의 수단이며, **사회관습적인 체계**이다(표준국어대사전, 2021. 6. 30 인출). 인간은 사회 속에서 다른 사람들과의 상호작용에 의존하면서 언어를 습득하고, 언어를 사용해 자신의 생각과 느낌을 나타내고, 다른 사람의 생각과 느낌을 알게 된다. 또한 언어라는 관습적 기호체계를 사용하여 사회를 이루고 문화를 발전시켜 왔다. 바로 언어는 인간을 가장 인간답게 만드는 중요한 유산인 것이다.

인간은 언어를 통해 **문화유산을 전승**하고 총체적인 행동양식을 발전시켜 왔다. 언어에는 언어를 사용하는 공동체의 가치관이 반영되며, 인류가 자신들의 문화를 형성하는 과정에서 언어는 다양하게 발전되어 왔다. 언어가 문화에 영향을 미치기도 하고 문화가 언어를 변화시키기도 한다(김영실, 윤진주, 곽경화, 2016).

한편 언어는 인간의 **사고를 표현**하는 수단이다. 언어를 통한 상호 소통은 자신의 생각과 감정을 표현하기 위해 의미를 구성하고, 다른 사람의 사고와 느낌을 이해하고 의미를 재구성하는 사고과정을 포함한다(남규, 최은영, 장석경, 2020). 특히 Vygotsky,1978)에 따르면, 언어는 의사소통과 사회적 접촉, 주변 사람에게 영향을 주는 사회적 도구로 사용되다가 점차 개인의 생각과 행동을 조절하는 심리(정신)적 도구가 된다. '사고는 언어에 의존한다'는 관점이 있고, '언어는 사고에 의존한다'는 관점 그리고 언어와 사고는 별개의 영역으로 보는 학자들의 주장이 있으나, 언어와 사고는 분명 서로 영향을 미치며 작용하고 있다.

자롱고(Jalongo,2000)는 인간의 모든 언어가 공통적으로 가지는 특성을 제시하였다.
첫째, 언어는 의사소통을 위해 사용된다.
둘째, 언어는 추상적이다.
셋째, 언어는 규칙을 지닌다.
넷째, 언어는 사회적이다.
다섯째, 언어는 가변적이다.

언어를 통해 인간은 사고, 감정, 정서, 아이디어 등의 메시지를 교환할 수 있다. 아직 말을 하지 못하는 영아들도 표정이나 몸짓, 울음 등을 사용하여 의사소통을 시도하는데, 이것이 바로 언어가 중요한 이유이다. 즉, 인간은 끊임없이 언어를 습득, 축적해 가면서 자신들의 사고를 표현하고, 공유하며, 문화유산을 전승 및 발전시켜가고 있다.

## 2 언어의 구성요소

언어는 다양한 기본 요소들로 이루어져 있는 의사소통 체계이다. **언어의 기본요소**는 일반적으로 자음과 모음, 음운, 음절, 형태소, 단어, 어휘, 구, 절, 문장, 문단으로 구성된다.

### 1) 언어의 기본 요소

#### (1) 자음(子音, consonant)과 모음(母音, vowel)

한글의 **자음 모음 체계**를 구성하는 음성은 가장 작은 단위로서 자음 14개와 모음 10개 총 24개로 구성되어 있다.

- 자음 : ㄱ, ㄴ, ㄷ, ㄹ, ㅁ, ㅂ, ㅅ, ㅇ, ㅈ, ㅊ, ㅋ, ㅌ, ㅍ, ㅎ
- 모음 : ㅏ, ㅑ, ㅓ, ㅕ, ㅗ, ㅛ, ㅜ, ㅠ, ㅡ, ㅣ

### (2) 음운(音韻, phonemes)

**음운**은 음소(音素, phonemes)와 운소(韻素, deme)의 첫 글자로 만들어진 단어이다. 넓은 의미로는 음소는 음운과 동일하게 사용되는 경향이 있다.

**음소**는 한 언어의 음성체계에서 단어의 의미를 구별 짓는 최소의 소리 단위이다. 한글에서는 자음과 모음이 더 이상 작게 나눌 수 없는 음소이다. 음소는 발음상의 분절요소이고, **자소**는 표기상의 분절요소이다. 기본 자음과 모음에 쌍자음과 이중모음이 합쳐져 자음 19개, 모음 21개가 된다. 소리 낼 때 입술이나 혀가 움직이지 않는 **단모음**은 10개이고, 소리 낼 때 입술이나 혀가 움직이는 **이중모음**은 11개이다.

- 쌍자음 : ㄲ, ㄸ, ㅃ, ㅆ, ㅉ
- 이중모음 : ㅑ, ㅒ, ㅕ, ㅖ, ㅘ, ㅙ, ㅛ, ㅝ, ㅞ, ㅠ, ㅢ

모음은 자음 없이도 소리낼 수 있지만, 자음은 모음과 함께 소리를 내게 된다. 모음은 단독으로 음절을 이루기도 하고, 대부분의 음절은 여러 개의 음소가 모여서 이루어진다. 예를 들면 '예'는 '예' 단독으로, '꽃'은 'ㄲ+ㅗ+ㅊ'으로 이루어졌다. 특히 음소는 말의 뜻을 구분해 주는 소리의 단위로 변별적인 기능이 있다. '달'과 '말'은 자음 'ㄷ'과 'ㅁ'이라는 음운으로 구별되고, '달'과 '돌'은 모음 '아'와 '오' 음운의 차이로 전혀 다른 소리와 의미를 갖는다.

[그림 1-1] 영유아의 음소에 대한 이해 발달

**운소**(韻素, prosodeme)는 표기상 나타나지는 않으나 음소에 덧붙여 실행되는 운율적 요소이다. 소리의 길이(음장), 세기(강세), 높낮이(성조)와 같은 경우이며, 우리말에서는 말소리의 길이가 운소에 해당된다. 예를 들면 **동음이의어**인 '눈(snow)'과 '눈(eye)'은 'ㄴ', 'ㅜ'과 'ㄴ'으로 음소가 동일하지만, '눈(snow)'은 장음으로 '눈(eye)'은 단음으로 발음해야 한다.

### (3) 음절(音節, syllable)

**음절**은 하나의 종합된 음의 느낌을 주는 **말소리 단위**이다. 하나 이상의 음운이 모여 글자를 이루는 자음과 모음으로 구성된 말 소리이다. 대개의 음절은 모음 앞뒤에 하나 이상의 자음이 결합해 한 음절을 형성하지만, 음절을 형성하는 구조에는 모음 단독, 모음 + 자음, 자음 + 모음, 자음+모음+자음이 있다.

① 모음 단독 : 아, 이, 여, 왜, 예
② 모음 + 자음(받침 있는 글자) : 알, 역, 임, 원
③ 자음 + 모음(받침 없는 글자) : 가, 내, 두, 로
④ 자음 + 모음 + 자음(받침 있는 글자) : 감, 른, 섬, 줄

## (4) 형태소(形態素, morpheme)

**형태소**는 음소들이 모여 어휘적 의미나 문법적 의미를 갖는 언어의 가장 작은 문법적인 단위이다. 형태소는 자립 여부에 따라 자립형태소와 의존형태소로 나뉘며, 의미의 성격에 따라 실질형태소와 형식형태소로 나뉜다.

① **자립형태소** : 문장에서 단독으로 사용되며, 독립적으로 뚜렷한 의미를 지닌다. 명사, 관형사, 대명사, 감탄사 등이 속한다.
② **의존형태소** : 문장에서 단독으로 사용되지 못하고, 다른 말에 의존해 결합하여 나타나는 형태를 띤다. 동사–형용사 간의 어간 및 어미, 조사, 접사 등이 해당된다.
③ **실질형태소** : 어휘적 의미를 나타내는 형태소로 어휘형태소라고도 한다. 구체적인 대상이나 동작, 상태와 같이 실질적인 의미를 나타내는 형태를 지닌다. 명사, 동사, 형용사, 부사, 관형사 등이 해당된다.
④ **형식형태소** : 문법적 관계를 나나태는 형태소로 문법형태소라고도 한다. 실질형태소와 함께 쓰여 말과 말 사이의 기능을 형식적으로 표시하는 형태를 지닌다. 동사, 형용사의 어미, 조사, 접사 등이 해당된다.

예) 벌이 꿀을 먹는다.
–자립형태소 : 벌, 꿀
–의존형태소 : 이, 을, 먹, 는, 다

–실질형태소 : 벌, 꿀, 먹
–형식형태소 : 이, 을, 는, 다

형태소 분석

예) 주아가 사과를 먹었다.
주아(명사)+가(주격 조사) + 사과(명사)+를(목적격 조사)+먹(동사 '먹다'의 어간)+었(과거 시제어미)+다(종결 어미) = 7개의 형태소로 이루어져 있다.

### (5) 단어(word)와 어휘(vocabulary)

**단어**는 문법상의 일정한 뜻을 가지는 말의 최소 단위로 낱말이라고도 한다. 자립성과 분리성을 가지고 있으며, 최소한 한 개 이상의 형태소로 이루어지며 일정한 뜻을 지닌다. **어휘**는 일정한 범위 안에서 사용되는 단어의 집합을 말한다.

단어의 예) 여행을 간다 → '여행', '을', '간다'의 3개의 단어
어휘의 예) 동물에 관련된 어휘는 사자, 토끼, 개, 원숭이 등

### (6) 구(句, phrase)

**구**는 두 개 이상의 단어가 모여 절(節)이나 문장의 일부분을 이루는 언어단위이다. 어구(語句), 이은말, 연어(連語)라고도 한다. 몇 개의 단위가 조사(助辭)로 연결되어 어떤 통일된 개념을 나타내고, 그대로 또는 복합하여 문장을 구성하는 것이다.

예) 체언구(저 산), 서술어구(춤을 춘다), 동사와 동사가 복합된 것(놀고 먹다)

### (7) 절(節, clause)

**절**은 주어와 술어를 갖추고 있으나, 비독립적인 문장으로 문장의 일부를 이루는 단위이다. 예를 들어, '어린이는 놀이가 재미있음을 안다.'라는 문장에서 '놀이가 재미있음'은 자체에 주어와 서술어를 갖고 있으나 전체 문장 속에서 쓰이고 있다. 절은 문장에서 하나의 문장 성분이 될 수 있는데, '놀이가 재미있음'이라는 절에 목적격조사 '을'이 첨가되어 '놀이가 재미있음을' 전체가 목적어로 하나의 문장 성분이 된다.

### (8) 문장(文章, sentence)

**문장**은 문법상의 뜻과 기능을 가진 언어의 최소 단위로 단어가 일정한 규칙에 따라 연결되고 조직된 것이다. 문장은 언어표현과 문법학의 기본단위 중 하나로, 문자언어로 표현된 **수사학적 단위**라는 개념과 **문법학적 단위**라는 개념을 포함한다. 문장의 끝에는 마침표, 느낌표, 물음표가 사용된다.

### (9) 문단(文段, paragraph)

**문단**은 글에서 하나로 묶을 수 있는 짤막한 단위로, 여러 개의 문장이 모여 하나의 **중심 생각**을 나타내는 글의 부분이다. 즉, 하나의 요지를 설명하기 위해 전개한 문장들의 집합이다. 여러 개의 문단이 모이면 한편의 글이 되는데, 문단이 바뀌면 줄을 바꿔 쓰고 문단을 시작할 때 한 칸을 비워 들여 쓴다.

## 2) 언어학 구성요소

언어학에서는 언어의 구성요소를 다양한 차원에서 접근한다. 첫째, 언어가 어떠한 형태로 이루어져 있는지 형식을 구성하는 요소들은 **음운론, 형태론, 구문론**이다. 둘째, 언어의 내용적 차원의 요소를 **의미론**이라고 한다. 셋째, 언어의 사용적 차원의 요소를 **화용론**이라고 한다. 레빈(Levin, 1983)은 언어의 구성요소를 아래와 같이 제시하였다.

[표 1-1] 언어의 구성요소

| 요소 | | 영유아의 행동 |
|---|---|---|
| 형식 | 음운론<br>소리체계 | • 말소리의 이해<br>예) 말소리에 들어 있는 '문'과 '물'이 서로 다름을 이해한다.<br>• 말소리의 산출<br>예) '리, 리, 리 자로 끝나는 말은?' 하고 물을 때 '병아리'라고 말한다. |
| | 형태론<br>단어구조 | • 단어구조에 대한 인식<br>예) "사람들이 참 많네"라는 말을 듣고 사람의 복수의미로 '들'이 사용됨을 이해한다.<br>• 단어구조에 맞는 발화의 산출<br>예) 조사의 사용<br>엄마가 도와주려고 할 때 자신이 하겠다는 의미로 '내가'라고 말한다. |
| | 구문론<br>구문체계 | • 문장구조에 대한 인식<br>예) 거부의 의미로 동사 앞에 '안'을 붙이면 됨을 인식한다.<br>• 문장구조에 맞는 발화의 산출<br>예) 주어–동사 순서로 말한다. |
| 내용 | 의미론<br>의미체계 | • 의미의 이해<br>예) '바이 바이'라는 말을 듣고 헤어짐을 연상한다.<br>• 의미 있는 발화의 산출<br>예) 트럭이 지나갈 때 '트럭'이라고 말한다. |
| 사용 | 화용론<br>사용체계 | • 발화의 사회적 의미 이해<br>예) '살려줘요!'라는 말은 다른 사람의 주의를 끌고 위기상황에서 도움을 얻는 방법임을 안다.<br>• 사회적 상황에 적절한 발화를 산출<br>예) 어른에게는 존댓말을 해야 함을 학습한다. |

출처: Levin(1983).[1)]

1) Levin은 언어의 구성요인으로 음운론, 구문론, 의미론, 화용론의 네 가지를 제시하였다. 형태론은 단어의 구조에 대한 체계로서 구문론에 포함시키기도 하지만, 여기서는 형태론을 구문론에서 분리하여 제시함.

### (1) 음운론(音韻論, phonology)

**음운론**은 언어의 소리체계에 관련된 것으로 언어에서 사용되고 있는 말소리가 어떻게 조직되어 쓰이는지를 다루는 분야이다. 언어전달의 체계 내에서 이루어지는 기능이란 관점에서 **언어음성을 연구**하는 학문으로, 한 언어 안에서 의미가 다른 두 소리를 구별해 주는 음성적 요소를 연구한다. 음운에는 말소리, 말소리 결합으로 단어를 만드는 규칙, 말소리에 수반되는 강세와 억양 패턴 등이 포함된다(Gleason, 2001). 모든 언어는 말소리가 배열되는 순서를 의미하는 음운규칙을 갖고 있으며, 이 규칙에 의해 단어들이 각각의 의미를 지니게 된다.

**음운론의 소리체계**는 말소리의 이해와 말소리의 산출의 측면에서 생각해볼 수 있다.

첫째, 말소리에 들어 있는 소리의 단위 및 유형들을 이해하거나 산출하는 것이다. 예를 들면, 말소리에 들어 있는 '감'과 '강'이 서로 다름을 이해하는 것이며, 유아에게 '바바바 자로 시작하는 말은?'이라고 물을 때 '바지', '바람', '바구니', '바위'라고 산출할 수 있는 것이다.

둘째, 낱말을 이루는 낱자의 소리들을 식별할 수 있고 그런 소리들이 결합되어 낱말이 된다는 사실을 인식하는 것이다(남규, 최은영, 장석경, 2020). 예를 들면, '감'과 '강'의 차이와 '곰'과 '공'의 차이를 이해하고 식별할 수 있으며, '국물'이라는 단어는 '궁물'로 소리가 나는 것을 이해한다.

셋째, 말소리의 최소 단위인 음소들을 합치고, 분절하고, 빼고, 삽입하고, 대체하는 등의 조작이 가능한 음운규칙을 알고 산출한다(남규, 최은영, 장석경, 2020). 예를 들면, '사탕'에서 'ㅌ'을 'ㄹ'로 대체하면 '사랑'이 된다는 것을 이해하고 사용하는 것이다.

### (2) 형태론(形態論, morphology)

**형태론**은 형태소들이 결합하여 낱말을 형성하는 체계 또는 규칙을 다루는 분야로서 단어의 형태 변화와 구조를 연구한다. 형태론에서는 형태소, 단어, 어휘, 문장 등을 다룬다.

첫째, 형태소는 의미를 지닌 최소의 단위이고, **자유형태소**와 **의존형태소**로 구분되는데, 형태론은 형태소의 구조를 인식하고 발화하는 것과 관련된다. 예를 들면, '꿀물'이라는 단어는 꿀과 물이라는 두 개의 형태소가 합쳐진 것이고, '샛노랗다'는 샛과 노랗다라는 형태소가 합쳐진 것이다. 꽃, 물, 노랗다는 자유형태소로 단독으로 사용이 가능하지만, 샛은 의존형태소로 단독으로 사용이 불가능하다.

둘째, 단어구조에 대해 인식하고 발화하는 것과 관련된다. 예를 들면, '아이'와 '아이들'이라는 단어의 차이를 인식하고 발화하는 것이다.

셋째, **문장구조**에 대해 인식하고 발화하는 것과 관련된다. 예를 들면, 유아는 자신이 하고 싶지 않은 것을 나타낼 때는 동사 앞에 '안'을 붙여서 표현해야 하는 것을 알고, '나는 과일 안 먹어.'와 '병원에 안 갈래.'와 같이 표현하는 것이다.

### (3) 구문론(構文論, syntax)

구문론은 **통사론**이라고도 하는데, 단어를 체계적으로 배열하여 의미 있는 문장으로 만들어 내는 과정을 연구하는 분야이다. 단어들이 결합하여 구(phrase)와 절, 문장을 이루는 규칙으로, 문장에서 **단어의 순서와 배열, 문장 구성 규칙** 등의 문법과 관련한 언어의 내적 구조를 의미한다. 문장은 긍정문, 부정문, 의문문, 명령문, 조건문 등의 다양한 종류가 있고, 각 종류의 문장을 구성하는 규칙이 있어서 이 규칙에 따라 단어가 조합된다.

구문 규칙에 따라 단어가 배열되고 문장이 구성되는 것을 인식하고, 문장구조에 맞게 발화해야 한다. 예를 들면, 우리말에서 '우리는 주스를 마신다'는 주어+목적어+동사의 순서를 따르지만 영어에서 'We drink a juice'는 주어+동사+목적어의 순서를 따른다. 구문체계에 대한 지식이 있을 때 새로운 문장을 생성하고 문법적으로 바른 문장으로 표현할 수 있는 것이다.

영아들도 구문체계에 대해 이해가 발달하면서 자신이 알고 있는 단어를 조합하여 말하기 시작한다. 20개월 영아가 '맘마 아니야.'라고 말하는 경우, 이 말은 구문론 상 적절한 표현이지만, 그 의미는 상황에 따라 다양하게 해석될 수 있다. '그것은 맘마가 아니다.', '나는 맘마를 안 먹어.', '그것은 내 맘마가 아니고, 언니 맘마야.'라는 의미로 해석될 수 있다.

### (4) 의미론(意味論, Semantics)

**의미론**은 **언어의 의미**에 관하여 연구하는 학문으로, 그 기원, 변화, 발전 등을 연구하는 언어학의 한 분야이다. 단어의 의미에 기초하여 문장 속에서 단어를 적절하게 사용하였는지를 살펴보며, **동음이의어, 유의의, 반의어** 등 단어와 단어 사이의 관계를 이해하고, 단어의 중심적 의미와 주변적 의미를 아는 내용이 포함된다. 또한 언어적, 비언어적 상황에서의 문맥, 특정 언어의 발화가 적합할 수 있는 조건 등에 관한 것이다.

영유아가 단어의 의미를 습득하는 것은 매우 복잡한 과정이다. 아주 어린 아이는 성인이 사용하는 단어를 사용할 수 있지만 그 의미는 성인들이 사용하는 의미와 동일하지 않다(Clark, 1993). 영유아가 단어의 의미를 완벽하게 이해하여 적절한 맥락에서 바르게 사용하기 위해 단어 의미들의 결합원리를 이해해야 한다. 즉, 언어의 의미를 표현하기 위한 체계를 습득해야 한다. 예를 들면, '아이가 참새를 탔어요.'는 문법적으로는 맞지만 '참새'를 탄다는 것은 의미가 맞지 않다. 사람은 탈것을 탈 수 있지만, 참새를 탈 수 없기 때문이다.

### (5) 화용론(話用論, Pragmatics)

**화용론**은 의사소통을 위해서 언어를 적절히 사용하는 방법을 연구하는 학문이다. 언어를 적절히 구사하는 방법을 아는 것은 문법적으로 옳은 문장을 구사하는 방법을 이해하는 능력을 넘어서 **의사소통능력**(Hymes, 1972)을 지니고 있는 것을 의미한다. 의사소통능력은 다양한 사회적 상황에서 자신의 의도를 적절히 표현할 수 있고, 사람들이 의도하는 의미, 목적, 요청 등을 고려할 수 있는 능력을 포함한다. 의사소통의 맥락은 화자와 청자에 따라 달라지는 것이다.

화용론은 말하는 사람에 의해서 의사소통이 되고, 듣는 사람에 의해서 해석이 되는 의미에 관한 연구이며 문맥상 의미가 있는가를 연구하는 학문이다. 즉, 화자가 자신의 의도를 상황에 적절히 표현하고 문제를 해결하기 위해 언어를 사용하는 것이다. 예를 들면, '선생님! 나한테 내놔!'라는 말은 문법적으로는 오류가 없는 말이기는 하지만 청자의 연령과 상황을 고려하지 않고 사용한 것으로 화용론의 관점에서 보면 적절하지 않다. 같은 문장도 어떤 맥락에서 쓰이는가에 따라 적절성의 여부가 달라지는 것이다.

### 3) 언어의 형태

언어는 듣기, 말하기, 읽기, 쓰기의 네 가지 형태로 구분되는데, 이 네 가지 언어형태는 서로 연결되어 있다. 듣기와 말하기는 청각적 신호를 통해 의사소통을 한다는 의미에서 **음성언어**(spoken language, orality)라고 하며, 구두언어 또는 구어라고 한다. 읽기와 쓰기는 시각적 기호를 통해 의사소통을 한다는 의미에서 **문자언어**(written language, literacy)라고 하며, 문어, 문해 또는 문식성이라고도 한다. 즉, 음성언어와 문자언어는 사용되는 형식이 말(소리)인가 또는 글(문자)인가에 의해 구분되는 언어이다.

언어의 형태를 이해와 표현의 측면으로 분류할 수 있다. 듣기와 읽기는 외부로부터 말소리나 문자로 제시된 메시지, 즉 음성적 · 시각적 기호를 해석하여 이해하는 **수용언어**이며, 말하기와 쓰기는 말소리나 문자로 메시지를 표현하고 의미를 전달하기 위한 **표현언어**이다. 대체로 수용언어가 표현언어보다 더 먼저 발달한다. 언어의 네 가지 형태에 대한 구조를 다음과 같은 그림과 표로 정리해 볼 수 있다.

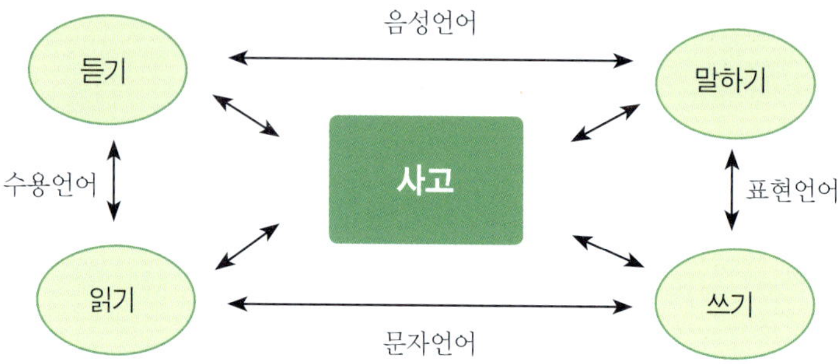


[그림 1-2] 언어발달과 사고발달의 유기적 순환

출처: Machado(2003: 522)

[표1-2] 언어의 네 가지 형태에 대한 분류

| | **음성언어**<br>**구두로 표출된 말에 의존함** | **문자언어**<br>**문자자료에 의존함** |
|---|---|---|
| 수용언어<br>메시지를 받아<br>해석함 | • 듣기<br>–출생 후부터 시작됨<br>–메시지를 듣고 이해하는 것을 학습함 | • 읽기<br>–관례적 읽기는 만 5세경 시작됨<br>–문자언어를 해석하기 위해 음성언어를 사용함 |
| 표현언어<br>메시지를 구성하고<br>전달함 | • 말하기<br>–첫돌이 가까워 오면서 시작됨<br>–생각을 표현하기 위해 언어를 사용함 | • 쓰기<br>–관례적 쓰기는 만 6세경에 시작됨<br>–생각을 표현하기 위해 음성언어와 문자에 대한 지식을 활용함 |

## 3 언어의 특성과 기능

인간의 언어 사용은 동물의 의사소통 체계와는 구분되는 중요한 특성을 지닌다. 인간은 고유한 정신기능을 반영한 언어 특성을 갖고 있으며, 체계적이고 다양한 언어의 기능을 사용한다.

### 1) 언어의 특성

#### (1) 이원성

언어는 의사소통을 위한 기호의 체계로 소리의 체계와 의미의 체계로 분리된다. 따라서 비슷한 소리가 전혀 다른 의미를 가질 수 있고 전혀 다른 소리가 같은 의미를 가질 수 있다. 예를 들면, '눈'이라는 단어는 소리는 같으나 사람의 신체기관인 '눈'과 추운 겨울 하늘에서 내리는 '눈'이라는 의미를 가지고 있는 **동음이의어**가 있다. '빨래'는 '세탁'과 소리는 다르지만 뜻은 같은 **이음동의어**이다.

#### (2) 자의성

언어는 소리와 의미관계가 **자의적**(恣意的)이다. 언어사용에 있어서 특정한 내용(의미)에 특정한 형식(음성이나 문자)을 대응시킨 것은 필연적이 아니라 임의적인 것이다. 사회구성원들이 의사소통을 하기 위해 **임의적**으로 **합의한 상징**이기 때문이다. 예를 들면, 우리말로 '사과'가 영어로는 'apple(애플)', 중국어로는 '苹果(피궈어)', 일본어로는 'リンゴ(링고)'라고 한다. 또 다른 예로 '네티즌'이라는 외래어를 '누리꾼'이라는 고유어로 바꾸어 부른 것을 들 수 있다.

### (3) 사회성

언어는 사회적인 약속이며 관습적이다. 언어가 임의적이라고 해도 같은 언어를 사용하는 사람들과의 **사회적 약속**이기 때문에 원활한 의사소통을 위해 개인이 함부로 고칠 수 없는 것이다. 언어는 사람들 간의 정보전달 및 교환을 위한 관계형성이 매우 중요하다. 예를 들면, 우리나라에서 '누리꾼'을 '네티즌'과 같은 뜻으로 사용하고, 또 누구나 알고 있는 사실이다.

### (4) 법칙성

언어는 **기호의 체계**로 분석적이고 체계적인 구조와 기능을 갖고 있다. 어떤 언어든지 그 언어의 조직과 운용에는 일정한 규칙이 있는데 이러한 **규칙과 질서**를 통틀어 문법이라고 한다. 한글은 자음과 모음의 체계로, 자음과 모음이 만나 단어가 되며 단어들이 모여 문장을 이룬다. 문장은 주어, 목적어, 보어, 서술어 등의 요소들이 그 나름의 구조를 가지고 있다. 예를 들면, 한글의 낱자를 적을 때 '초성+중성+(종성)'의 순서를 따르며, '주어+목적어+서술어'로 문장이 구성되는 법칙으로 '밥'은 'ㅁ(초성)+ㅜ(중성)+ㄹ(종성)'으로 쓰여지며, '나는 물을 마신다'라고 적는다.

### (5) 가변성

언어가 시간의 흐름에 따라 음운이나 어휘 등의 측면에서 **생성, 성장, 소멸**하며 변화하는 특성을 **역사성**이라고도 한다. 인간의 언어는 고정불변하는 것이 아니라 시대의 흐름과 사회적 변화에 따라서 새로 생겨나거나, 의미나 형태가 끊임없이 변하며, 사라지기도 한다. 물론 언어는 사회적 약속이지만 새로운 사회현상이 나타나거나, 사용에 불편함이 있게 되면 언어가 바뀌게 된다. 이는 언어가 특정한 사회의 역사와 문화를 반영하기 때문이다. 예를 들면, 옛날에는 '100'을 '온'이라고 했는데, 지금은 '백'이라고 하며, '온'은 '모든'을 뜻하는 말로 변했다. 과학기술의 발달과 함께 새로 생긴 단어로는 '컴퓨터', '네티즌', '전기자동차', '스마트폰'과 '드론' 등이 있다. 뜻이 바뀌거나 형태가 바뀐 단어의 예로, '어엿브다(어여쁘다)'가 '불쌍하다'로 사용되었으나 지금은 '예쁘다'로 사용된다. 없어진 단어에는 '얼다(사랑하다)'와 '녀름짓다(농사짓다)'가 있다.

### (6) 창조성

한 언어를 구성하고 있는 음소의 수는 제한되어 있지만, 이러한 음소들이 다양한 방법으로 조합해 수많은 어휘가 만들어질 수 있다. 인간은 전혀 경험한 적이 없는 문장을 이해할 수 있으며, 새로운 문장을 말할 수 있기 때문이다. 인간의 언어는 동물의 언어와는 달리 **무한한 창조성**을 갖고 있는 것이다. 예를 들면, 단톡이라는 말은 모바일 메신저에서 단체로 대화를 나누는 일 또는 그러한 메시지를 의미하는데, 이 말은 '카카오톡'과 '단체(문자)'라는 말이 합쳐져서 생산된 단어이다. 일상생활에서 사람들은 단톡이라는 말을 이해고 사용하는 데 무리가 없다. 즉, 사회구성원들의 합의에 따라 얼마든지 새로운 언어는 끊임없이 생산될 수 있다.

## 2) 언어의 기능

언어는 정보를 교환하기 위한 언어 행위(speech act)이다. 언어의 기능은 사용하는 사람의 의도에 따라 그 기능이 다양하다. 학자마다 견해가 다양하나 **할리데이**(Halliday, 1975)는 언어의 기능을 도구적 기능, 규제적 기능, 상호작용적 기능, 개인적 기능, 발견적 기능, 상상적 기능, 정보적 기능의 일곱 가지로 분류하였고, 발달순서가 있다고 주장했다. 최초에는 도구적 기능, 규제적 기능, 상호작용적 기능과 같은 초보적 기능에 대한 이해가 나타나고, 발견적 기능과 정보적 기능에 대한 이해는 비교적 늦게 발달된다.

### (1) 도구적 기능(Instrumental Function)

**도구적 기능**은 자신의 욕구를 충족시키기 위한 수단으로 언어를 사용하는 것이다. 예를 들면, 영유아는 '밥 먹고 싶어요.', '화장실 가고 싶어요.'와 같이 사용하거나, 자신이 만든 블록에 '만지지 마시오.'라고 글을 써서 붙여놓는 경우이다.

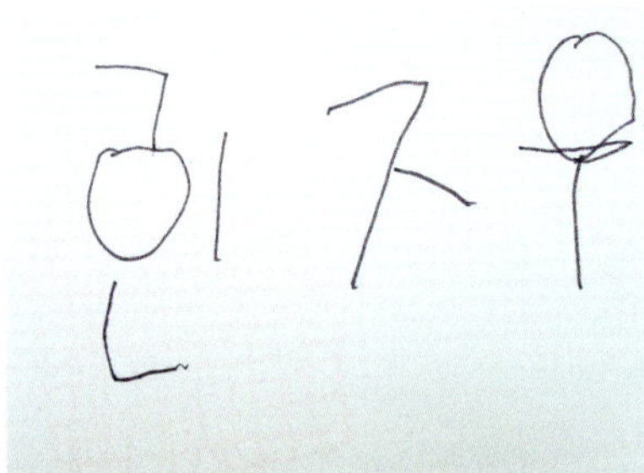

[그림 1-3] 만 3세 유아의 이름 사인 '한지우'

### (2) 통제적 기능(Regulatory Function)

**통제적 기능**은 타인의 행동, 감정 또는 태도를 조절하거나 규제하기 위해 언어를 사용하는 것이다. 예를 들면, '내가 갖고 싶은 것으로 사주세요.'와 '순서를 지켜주세요.'와 같이 사용하는 경우이다. 우리가 접하는 교통표지판의 '멈춤'과 같은 문자언어도 통제적 기능을 한다.

[그림 1-4] 분리수거 표시의 재활용품 분리통

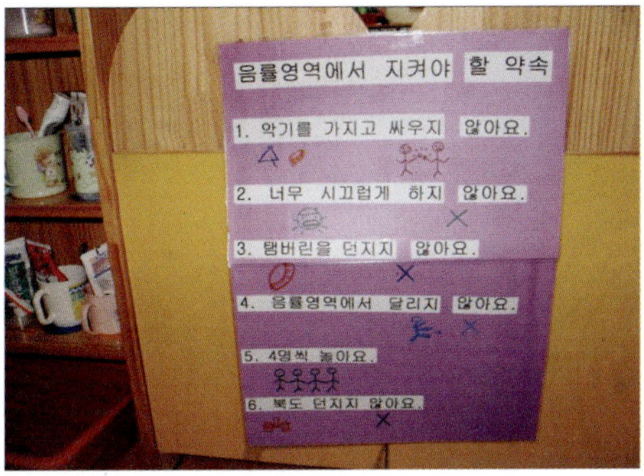


[그림 1-5] 유아들과 함께 정한 약속

### (3) 상호작용적 기능(Interaction Funtion)

**상호작용적 기능**은 다른 사람과 상호작용을 할 때 언어를 사용한 것이다. 친구에게 쓰는 쪽지, 전시회에 초대하는 카드, 감사한 분들께 쓰는 감사편지와 SNS에서 사용하는 이모티콘은 상호작용적 기능을 하고 있다. 예를 들면, '나랑 같이 놀자', '내 생일파티에 꼭 와!'와 같이 사용할 수 있다.

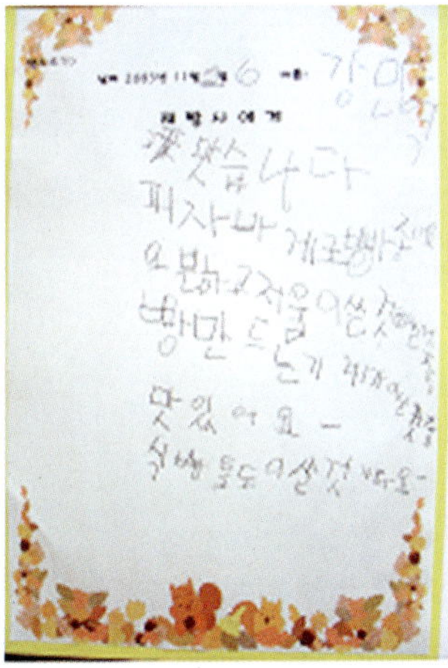

[그림 1-6] 제과점 견학 후 제빵사 아저씨에게 쓴 편지

### (4) 개인적 기능(Personal Function)

**개인적 기능**은 자신의 의견이나 감정 표현을 위해 언어를 사용하는 것이다. 유아가 사용하는 주말지낸 이야기하기와 일기 쓰기는 개인적 기능에 해당되며, 신문의 사설이나 에세이도 해당된다. 예를 들면, '저는 사과보다 귤을 좋아해요', '주말에 물놀이를 해서 시원하고 기분이 좋았어요.'와 같은 경우이다.

[그림 1-7] 그림일기 표현 후 주말 지낸 이야기하기

### (5) 상상적 기능(Imaginative Function)

**상상적 기능**은 상상이나 창의성을 발휘하여 표현하기 위해 언어를 사용하는 것이다. '~인 것처럼 해보자'와 같이 표현할 수 있는데, 동극, 신체표현이나 창의적 이야기 꾸미기 활동에서 많이 사용하게 된다. 예를 들면, '민들레 홀씨가 되어 보자', '검피아저씨는 어떻게 노를 저었을까?'와 같은 경우이다.

[그림 1-8] '내가 만약 빵이라면' 이라는 주제를 글이나 그림 표현

### (6) 발견적 기능(Heuristic Function)

**발견적 기능**은 자기 주변의 환경을 탐색하거나 탐구하기 위해 새로운 정보를 찾거나 호기심을 해결하기 위해 언어를 사용하는 것이다. '왜 그럴까요?'와 같이 표현할 수 있는데, 과학실험 활동이나 숲이나 천변에서 탐색활동을 할 때 많이 사용하게 된다. 예를 들어, '나뭇잎 색깔이 어떻게 변했나요?'와 '바람 부는 날 비눗방울이 왜 잘 안 될까요?'와 같은 경우이다.

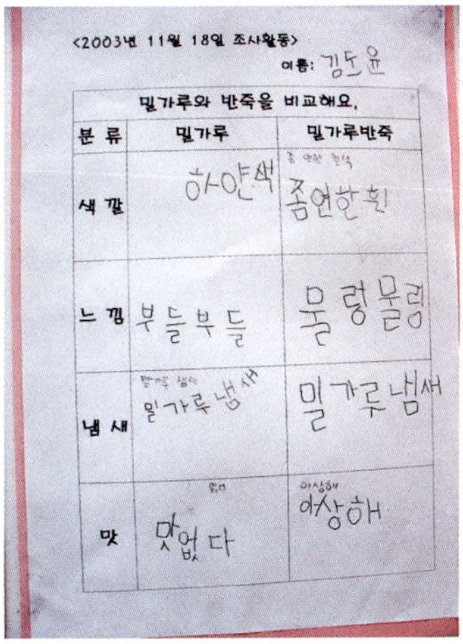
<2003년 11월 18일 조사활동>

이름: 김도윤

밀가루와 반죽을 비교해요.

| 분 류 | 밀가루 | 밀가루반죽 |
| --- | --- | --- |
| 색 깔 | 하얀색 | 좀연한흰 |
| 느 낌 | 부들부들 | 물렁물렁 |
| 냄 새 | 밀가루냄새 | 밀가루냄새 |
| 맛 | 맛없다 | 이상해 |

[그림 1-9] 밀가루와 밀가루 반죽 비교 관찰기록용지

### (7) 정보적 기능(Informative Function)

**정보적 기능**은 다른 사람과 아이디어나 정보를 전달하고 교환하기 위해 언어를 사용하는 것이다. 교실의 일과표와 생일 게시판, 가정으로 보내는 주간활동계획안이나 물건의 가격표와 상품정보에 해당된다.

[그림 1-10] 날짜를 확인할 수 있는 달력판

## 4 언어교육의 중요성

언어는 자기의 생각, 의도, 느낌을 표현하며 사고를 확장시키고 구조화하는 중요한 기능을 한다. 영유아기의 언어능력은 이후 언어발달의 기초가 된다. 영유아의 언어능력은 점진적으로 발달해가기 때문에 영유아의 언어발달 과정을 이해하고 체계적으로 교육하는 것은 매우 중요하다. 영유아는 부모, 선생님과 친구 등 상대방의 이야기를 듣고 이해하며, 언어를 사용해 자신의 감정과 생각을 표현하게 된다. 보다 효율적으로 의사소통을 하기 위해서는 어휘, 글자 및 문법을 일상생활을 통해 그리고 보다 교육적인 상황을 통해 습득할 필요가 있다. 특히 남규, 최은영, 장석경(2020)에 따르면, 언어교육은 모든 학습에 필요한 도구교과적인 성격을 갖고 있어 매우 중요할 뿐 아니라 인지, 사회, 정서, 도덕성 등 전인교육에도 영향을 미친다.

### (1) 언어교육은 의사소통을 촉진한다

의사소통의 기능을 **수용하기**(reception)와 **표현하기**(expression)로 나눌 수 있다면, 듣기와 읽기는 수용언어로, 말하기와 쓰기는 표현언어로 볼 수 있다. **소통**(communication)은 타인의 이야기를 잘 듣고 이해하고, 개인의 생각, 감정, 경험 등을 언어로 표현하는 것이다. 영유아가 의사소통을 잘하려면 주의 깊게 듣고 상대방에게 반응하며, 자신의 생각과 감정을 전달하기 위해 상황에 적절한 어휘와 문법을 사용할 수 있어야 한다. 영아는 베이비사인과 같은 비언어적 표현을 사용함으로써 상대방에게 자신의 욕구와 의도를 표현하게 된다.

### (2) 언어교육은 인지 및 사고 능력을 향상시킨다

학자들은 **언어발달**이 **사고발달**에 매우 결정적 요소가 된다는 점을 강조하고 있다. 영유아기는 언어발달이 가장 활발하게 이루어지는 시기이며, 언어습득은 인간의 생애 주기에 따른 발달과업에서 가장 큰 성취에 해당된다. 인지발달로 이해력과 기억력이 향상되면서 영유아의 언어능력도 발달하며, 언어능력이 점차 발달되면서 영유아의 인지 및 사고 능력은 더욱 성장하게 된다. 인간은 생각을 주로 말이나 글로 표현하게 되는데, 말과 글을 배우기 시작하면서 인지 능력이 더욱 향상되는 것이다.

### (3) 언어교육은 인간의 사회성, 정서와 도덕성 발달을 위해 필수적이다

인간은 언어를 사용하면서 **사회성, 정서 및 도덕성** 등 제반 영역에 걸쳐 발달이 빠르게 이루어진다. 언어는 사회적 특성을 갖고 있어 의사소통을 통해 사회성이 발달하며, 언어를 사용하여 자신의 생각과 감정을 상황에 적절하게 표현하게 된다. 또한 언어는 내포되어 있는 사고를 밖으로 표출하는 수단으로 그 시대의 사상과 그 시대에 사는 사람들의 도덕성을 표현하는 도구가 된다(남규, 최은영, 장석경, 2020). 이렇듯 언어를 통해 인간은 사회 · 정서 · 도덕적 발달을 이룰 수 있다.

### (4) 언어교육은 모든 교육의 밑바탕이 된다

언어는 학습을 위해 꼭 필요한 수단으로 여러 학습과제를 수행하는 데 요구되는 일반적 학습능력에 해당된다. 이러한 영유아의 언어능력과 문식성은 매우 중요한 **사전 학업기술**(pre-academic skills)로 다른 학업성취에도 영향을 미친다(Howesa et al., 2008). 영유아 시기는 언어발달의 결정적 시기이므로 영유아가 모든 학습의 기초가 되는 언어능력을 갖추도록 하기 위해 음성언어와 문자언어에 대한 체계적인 교육이 필요하다. 이러한 교육을 바탕으로 영유아가 일생에 걸쳐 의미 있고 주도적인 학습에 참여할 수 있는 토대를 형성해주는 것이 매우 중요하다.

생각해보기

1. 언어의 다양한 기능 중 자신이 직접 경험해본 사례를 생각해 보세요.

2. 수용언어와 표현언어 그리고 문자언어와 음성언어의 특징을 정리해 보세요.

3. 언어의 중요성과 언어교육의 바람직한 방향에 대해 생각해 보세요.

## [Action Learning] '언어의 기능'을 연극으로 표현해보세요.

**활동자료** 대형포스트잇, 매직, 색깔스티커

**활동방법**

① 한 조에 4~5명씩 편성되도록 조를 나누고 대표를 정한다.

② 조별로 언어의 기능 7가지 중 한 가지를 연극 주제로 선택한다.

③ 조별 대표는 대형포스트잇에 발표순서대로 조원 이름과 선택한 주제(언어의 기능)를 적는다.

④ 주제로 선택된 언어의 기능에 대해 알아보고 사례에 대해 토의한다.

⑤ 토의된 내용을 토대로 연극 대본을 만들고 역할을 정한다.

⑥ 간단한 소품 등을 준비한다. (포스트잇, 배경화면 등)

⑦ 연극을 조별로 발표한다. (각 조당 5분 이내로 발표)

⑧ 조별로 나와서 가장 발표를 잘한 2개 조를 선정하여 일인당 스티커 2개씩 대형포스트잇에 각각 붙인다. (자기 조에는 스티커를 붙일 수 없음)

⑨ 교수는 스티커 숫자가 가장 많은 조에게 보상을 한다.

## 동영상을 보고 알게 된 점과 느낀 점을 이야기해 보세요

**활동자료** [EBS 걸작 다큐멘터리] 문자(2006)

인류는 왜 문자를 만들었을까? 최초로 문자를 만든 사람들은 누구였으며 문자를 발명하게 된 시대적 · 역사적 배경은 무엇이었을까? 이러한 질문에 답을 추적하다 보면 인류문명 탄생에 대한 의문을 풀 수 있는 열쇠를 찾을 수 있을 것이다. 왜냐하면 문자의 기원은 곧 인류 문명의 기원이기 때문이다.

제1부 '위대한 탄생'
제2부 '끝없는 도전'
제3부 '알파벳 혁명'

[EBS 걸작 다큐멘터리] 문자(2006) 3부작

Chapter 2

# 언어발달이론

언어발달이 타고난 것이냐 아니면 학습에 의한 것이냐에 관한 논쟁은 다음 유아교육의 기초가 되는 세 가지 이론의 관점에서 논의된다. 본 장에서는 언어습득에 대한 관점을 행동주의 이론, 생득주의 이론 그리고 상호작용주의 이론을 통해 살펴보고자 한다.

1. 행동주의 이론
2. 생득주의 이론
3. 상호작용주의 이론

## 1 행동주의 이론

**행동주의 이론**은 **학습이론**이라고도 하며 학습론자들은 모든 학습은 경험에 의한 결과라고 본다. 언어발달에는 환경이 주요한 역할을 한다고 강조하며 자극과 반응의 기제에 의해 언어가 발달한다고 본다.

### 1) 학습에 대한 관점

학습론자들은 모든 **학습은 환경**, 즉 **경험에 의한 결과**라고 본다. 영유아가 말을 배우는 과정은 아무것도 모르는 백지상태로 태어난 영유아가 성장과정에서 주변 환경의 사람들이 쓰는 언어를 듣고 모방하여 말을 배우게 되는 것이다. 다른 모든 발달과 마찬가지로 언어발달도 경험을 통하여 반복적으로 들은 것을 익혀서 습관화된 상태로 간주하므로 우리가 말을 배우는 과정도 전적으로 **후천적인 경험**에 의존한다고 본다. 이렇듯 영유아의 언어습득은 강화와 모방이라는 학습 기제를 통해 이루어진다고 설명하며 언어발달에서도 학습 및 환경이 중요하다고 보는 입장이다.

### 2) 강화와 모방

행동주의 이론에서는 영유아의 언어습득이 선천적 능력보다는 **경험적 훈련, 강화작용, 모방과 반복**에 의한 후천적 학습 과정이라는 점을 강조한다. 영아가 무심코 어떤 소리를 내거나 또는 성인의 언어를 흉내 낼 때, 부모가 성인의 언어와 비슷한 소리를 강화해줌으로써 영아는 이런 소리를 더 자주 내게 된다. 이러한 경험을 통해 강화 받은 소리는 계속적으로 발전시켜 나가고, 강화 받지 못한 소리는 **소멸**되는 과정을 통해 언어를 학습하게 된다. 즉 긍정적 강화나 보상을 받은 경험에 의해 행동이 반복되는 것이다. 예를 들면, 12개월 아기가 '바-바-바'라고 하면 아버지는 신이 나서 '아빠? 아빠라고? 맞아! 아빠야.'하며 모든 가족에게 아기가 '아빠'라고 한 것에 대해 기뻐하며 이야기하는 것을 볼 수 있다. 이러한 주변 환경에서의 긍정적인 반응은 영아에게 강화와 보상으로 작용하고 모방을 촉진한다. 이렇듯 아기가 우연하게 여러 가지 소리를 내면 양육자가 비슷한 소리에 환호하고 미소를 짓게 되는데, 이러한 강화와 보상이 여러 번 누적되는 과정에서 아기는 그 말소리를 내게 되고 이는 언어발달로 연결된다.

### 3) 학습자의 실수에 대한 관점

행동주의 이론에서는 학습자가 **실수**를 하고 과제를 잘 수행하지 못하면 더 많은 **연습**이 필요하다고 본다. 예를 들어, 받아쓰기를 틀렸을 때 틀린 문제를 10번씩 반복해서 써오도록 하거나 시험에서 1등을 하면 상장을 수여하는 등 긍정적 **강화나 벌, 보상, 모방, 반복연습** 등을 통한 환경적 경험으로 언어를 습득하게 된다고 본다.

### 4) 언어습득에 대한 관점

언어습득은 주변 사람들로부터의 강화와 함께 모방을 통해 이루어진다고 본다. 영유아는 주변 환경에서 사람들이 내는 소리를 그대로 모방하는 과정을 통해 언어를 학습하게 되며, 모방한 대로 정확한 소리를 낼 때 더 많은 강화를 받게 된다는 것이다. 이렇듯 언어경험을 통해 반복적으로 들은 것을 모방하며 익혀서 언어습득이 이루어진다고 보며 언어습득 과정에서 **환경적인 요인**을 강조한다.

## 5) 행동주의 대표학자: 스키너(B. F. Skinner)와 반두라(Albert. Bandura)

### (1) 스키너(B. F. Skinner): 행동주의

스키너(B. F. Skinner)
(1904~1990)

**스키너**는 언어발달을 자극-반응, 모방, 강화로 설명하였다. 즉 유아의 요구나 필요의 충족, 감각적인 경험, 칭찬, 반응에 의해 언어습득이 이루어진다고 하였다. 부모는 **모델링과 강화**를 제공하는 역할을 하며, 영아가 최초로 발성하게 되는 소리들에 대해 반응(관심 보이기, 소리 되받아 주기, 무시하기 등)하는 **선택적 강화**를 함으로써 언어습득의 중요한 역할을 담당한다.

스키너(1957)는 언어학습의 반응을 요구발화반응(mand), 접촉반응(tact), 반향적 조작반응(echoic operant)으로 제시하였다. **요구발화반응**은 요구에 대해 반응하는 과정에서 언어를 학습하게 되는 것을 뜻한다. **접촉반응**은 어떤 대상을 보거나 접촉하며 직접적 강화를 통해 언어를 배우는 것을 말한다. **반향적 조작반응**은 메아리처럼 영유아가 부모의 말을 그대로 모방하고 부모가 강화하여 언어를 학습하게 되는 것이다.

[표 2-1] 스키너가 제시한 영유아의 발화 학습 방법

| 용어 | 요구발화반응 (mand) | 접촉반응 (tact) | 반향적 조작반응 (echoic verbal response) |
|---|---|---|---|
| 의미 | 영아가 무엇인가 필요한 상황에서 우연히 산출한 발성을 듣고 양육자가 발성을 반복해서 들려주며 그 요구를 충족시켜주는 것 | 어떤 대상을 접촉하며 자신의 언어로 말할 때 성인이 강화를 해주어 언어를 습득하게 되는 것 | 아이가 주변에서 듣는 언어를 마치 메아리처럼 모방해서 발성하는 것 |
| 예시 | 배고픈 영아가 우연히 '마~' 하면 엄마는 '맘마'로 인식하고 우유를 주면 아기는 배고플 때마다 '마'라고 요구 | 아기가 물을 보고 '무~'했을 때 엄마는 '그래, 물이야' 하고 정확한 발음을 해 줌 | 엄마가 '맘마 먹자'하면 아기는 '맘마' 하고 따라하고 엄마는 칭찬하고 안아주고 우유를 줌 |

### (2) 반두라(Albert. Bandura): 관찰학습이론

반두라(Albert. Bandura)
(1925~2021)

**반두라**는 기본적으로 언어습득은 환경을 통해 형성되는 영유아의 경험에 의해 이루어진다고 보았으나, 스키너와는 다른 시각에서 언어학습을 설명하였다.

영유아는 다른 사람들이 내는 소리를 선택적으로 관찰하고 모방함으로써 언어를 습득하며, 모방한 소리가 정확할 때 더 많은 강화를 받게 되고 영유아의 언어습득에 **모방**(modeling)이 매우 중요한 역할을 한다고 주장하였다.

이를 관찰학습과 대리학습이라는 용어로 설명하였는데, **관찰학습**(observational learning)은 타인의 행동을 직접적으로 관찰함으로써 학습하는 과정이다. **대리학습**(vicarious learning)은 다른 사람의 행동 결과를 통해 간접적인 강화가 되어 학습이 유발되는 것이다. 즉 선생님의 직접적인 칭찬이 아니라 친구가 선생님의 칭찬을 받는 모습을 통해서도 간접적인 강화로 학습이 일어날 수 있다는 것이다. 스키너는 언어학습 방법으로 강화를 강조한 반면, 반두라는 모델이 되는 언어의 관찰과 모방을 강조하였다는 차이점이 있다.

## 2 생득주의 이론

**생득주의 이론**은 1960년대에 행동주의 이론의 한계점이 제기되면서 대두되었으며 1970년대 전반까지 언어발달이론에 많은 영향을 미쳤다.

생득주의 학자들은 언어발달이 강화나 모방의 영향을 받는 것은 분명하지만 이것만으로는 언어발달을 충분히 설명하지 못한다고 생각했다. 영유아의 언어발달은 빠르고, 노력이 필요 없고, 교육을 받지 않아도 가능하다는 것이다. 이는 언어발달에 행동주의가 강조하는 학습보다는 성숙이 더 많이 관련되었다고 보는 견해이다. 촘스키는 언어학습은 실제로 아동이 무언가를 행한 결과로 나타나는 것이 아니며, 적절한 영양과 환경적인 자극이 주어졌을 때 아동의 신체가 미리 결정된 방식으로 성장하고 **성숙**하듯이, 아동에게 적절한 환경이 주어지면 언어학습이 일어날 것이라고 보았다(Hoff, 2016)

인간은 이 세상에 태어날 때 이미 **생물학적**으로 **선천적**인 언어습득의 능력을 가지고 태어난다고 주장하며 인간의 뇌는 언어가 시스템으로 장착되어 있어 언어의 종류와 관계없이 모든 아기는 동일한 순서와 모습으로 언어를 습득하는 것으로 본다. 즉 모든 아기는 쿠잉, 옹알이, 한 단어기, 두 단어기, 간단한 문장, 마지막으로 복잡한 문장을 구사하는 단계로 발달한다는 것이다. 단계별로 언어발달이 일어날 때 발달의 속도가 개인마다 차이가 있을 수 있으나 순서는 거의 **보편적**이다(Chomsky, 1986). 언어습득 능력과 발달과정은 선천적으로 결정되어 있기 때문에 후천적 여건이나 노력으로 획기적인 변화가 일어날 수 없다고 보았다.

### 1) 학습에 대한 관점

학습에서의 개인차는 **성숙 속도의 차이**(유전)로 일어난다고 본다. 즉 우리의 얼굴, 손, 발의 생김새와 발육과정이 부모에게서 받은 유전인자에 의해 결정되듯, 우리의 언어습득 능력과 발달 과정도 부모에게서 받은 유전인자에 의해 결정된다는 것이다. 또한 청각장애가 있는 부모의 아기도 정상 부모의 아기와 똑같이 옹알이를 한다는 점에서 강화나 모방이론만으로는 언어발달을 설명할 수 없다고 주장한다(Lenneberg, 1967).

## 2) 언어획득장치와 결정적 시기

생득주의 이론에서는 '언어획득장치'와 '결정적 시기'라는 개념을 통해 언어 습득을 설명한다. 영유아는 뇌의 어느 부분에 언어습득을 관장하는 영역을 가지고 태어난다고 하였으며, 이 가설적 영역을 **언어획득장치**(Language Acquisition Device: LAD)라고 하였다(Chomsky, 1957). 또한 인간의 언어능력을 생물학적으로 결정된 인류의 능력 중 하나로 보았고 언어가 환경이나 경험에 의하여 학습되는 것이 아니고 내재적이며 유전적인 성격을 지니고 있다고 보았다(Lenneberg, 1967). 언어를 학습하는 데에 **'결정적 시기'**가 존재한다는 주장은 지니(Genie)라는 소녀의 사례를 통해 알 수 있다. 학자들은 언어발달의 결정적 시기가 6~7세 이전이라고 보았고 뇌 성숙이 마감되는 시기를 사춘기로 보았다. 이는 유아기에 주어지는 언어 자극이 매우 중요하다는 점을 시사한다.

### 13세 지니(Genie)의 언어발달

'지니'라는 소녀는 1970년 미국 캘리포니아에서 발견되었다. 출생 후 20개월부터 13세가 넘을 때까지 아버지에 의해 작은 구석방에 격리되어 살아왔고 유아용 작은 의자에 하루종일 묶여 있었다. 아무도 지니에게 말을 걸지 않았고 지니가 어떤 소리라도 내면 아버지에게 심한 매를 맞았다고 한다.

그 후 언어학자인 커티스(Curtiss)의 7년 동안의 집중적인 언어훈련으로 지니는 말을 배우게 되었지만 약 2세 정도 수준으로 말을 할 수 있게 되었으며, 끝내 정상적인 수준에는 도달하지 못하였다.

13세 때 카메라에 눈을 못 맞추는 지니의 무표정한 모습

출처: Curtiss, S.(1977). *Genie: A psycholinguistic study of a modern day : "wild child"*, pp. 35-37.

### 3) 학습자의 실수에 대한 관점

학습자가 실수를 한다는 것은 학습할 준비가 아직 안 되었다는 것을 의미한다. 즉 영유아에게 무엇을 가르치기 위해서는 **준비도**를 갖출 때까지 기다려야 한다는 입장이다. 예를 들어, 유아에게 이름을 쓰도록 했는데 쓰지 못한다면 이름을 쓸 준비가 될 때까지 기다려야 된다고 보는 것이다. 인간의 언어발달은 성숙의 과정이라고 보고 언어능력은 생래적(生來的)인 것이라 여기기 때문에 때가 되면 자연스럽게 쓸 수 있게 된다고 본다.

### 4) 언어습득에 대한 관점

생득주의 이론에서는 인간은 이 세상에 태어날 때 이미 언어습득의 능력을 가지고 태어난다고 주장하고 있다. 이와 같이 **생득(生得)이론**은 성인을 통해 언어를 배우기보다는 유아 스스로 배울 수 있는 가능성을 가지고 태어난다고 생각하기 때문에, 언어습득 과정에서 환경적인 요인보다 **생물학적 요인**을 더 강조한다.

### 5) 생득주의 대표학자: 촘스키(Noam Chomsky)

촘스키는 들어 본 적이 없는 문장을 산출하고 이해하는 창조적 능력이 인간에게 있다고 하였다. 영유아가 어떤 언어환경에 놓이든지 간에 **선천적 기제**인 **언어획득장치**(LAD)의 도움으로 자신의 모국어를 획득하게 된다는 것이다.

촘스키(Noam Chomsky)
(1928~)

촘스키는 인간의 언어능력은 발달 과정에서 언어적 경험이나 사회적 경험이 다르더라도 어느 정도 유사하다는 **언어의 보편성**을 주장하였고, 언어획득장치는 인간 언어의 보편성으로 인하여 어떠한 언어에도 기본적인 기초이론이 형성된다고 본다. 이 때 유아는 언어획득장치의 도움으로 단어를 처리하고 그 언어에서 발견되는 규칙성에 근거하여 모국어를 이해하게 된다는 것이다.

촘스키는 모든 언어가 **공통적 문법구조**를 가지고 있다고 보았고 언어획득장치 안에는 인간이 언어를 습득하는 데 필요한 모든 기본 원칙이 담겨 있는데 이를 **보편문법**(Universal Grammer: UG)이라고 보았다. 이는 유아들이 어른들은 사용하지 않은 문법구조를 사용하는 것을 예로 들 수 있다. 유아가 '안 하늘로 날라갔어', '안 밥 먹어' 등 부정어 '안'을 성인들과는 다른 순서로 사용하는 것을 흔히 볼 수 있는데 이는 모방이 아니고 스스로 규칙을 찾아낸 것이다. 즉 보편문법상 대부분의 언어에서 부정어는 문두에 오는 일반적인 규칙이 있기 때문에 영어권 아이들과 마찬가지로 부정어를 앞에 놓게 된 것으로 볼 수 있다.

언어권이 달라도 중요한 것은 앞에 놓는 언어의 보편적인 규칙을 유아들이 가르쳐주지 않아도 이미 알고 있는 것이다(EBS 언어발달의 수수께끼팀, 2014). 영어에서 과거형을 사용할 때 유아들이 자주 하는 실수인 'goed'도 같은 예라고 볼 수 있는데 이러한 현상을 **과잉규칙화**(overregularization)라고 한다. 이렇듯 영유아는 규칙을 일반화하는 능력을 가지고 태어난다.

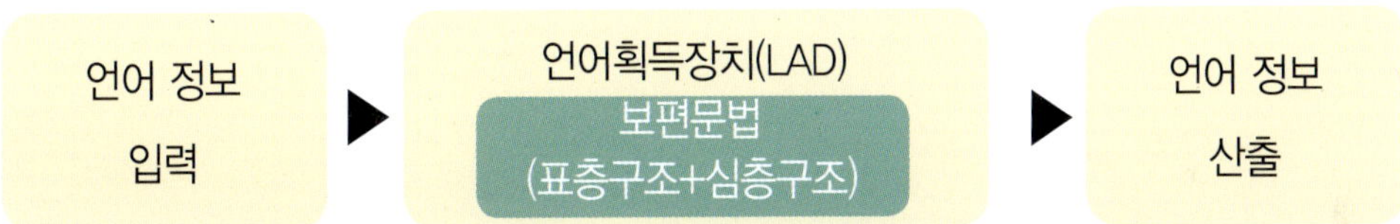


[그림 2-1] 언어획득장치의 사용

생득주의 이론은 가설적인 이론이었지만, 21세기에 들어서면서 뇌과학 기술의 발달로 촘스키가 1960년대에 주장하였던 것처럼 영유아들이 이미 문법 체계를 알고 태어난다는 것이 실험 결과를 통해 실제로 나타나고 있다.

## 3 상호작용주의 이론

1970년대 중반에 이르러 언어발달에 있어서 상호작용의 영향을 고려하게 되었는데 상호작용주의 이론은 인간의 타고난 선천적 능력과 언어를 습득할 수 있는 다양한 경험의 상호작용을 중시하는 입장이다. 즉 **상호작용주의 이론**에서는 언어발달에서 생물학적 성숙도 중요하지만, 영유아의 언어능력은 사회적 상황에서 얼마나 언어에 노출되는가에도 달려 있다고 주장한다.

### 1) 학습에 대한 관점

상호작용주의 이론에서는 개체와 환경과의 상호작용을 통해 학습이 이루어진다고 본다. **생물학적 성숙요인**과 **환경적인 학습요인**이 서로 상호작용하여 발달이 이루어진다고 보는 것이다. 유아가 인지발달에 의하여 스스로 지식을 구성하듯이 언어도 인간이 환경과의 능동적인 상호작용을 통해 인지적 성숙의 결과로 학습되는 것으로 보고 있다.

### 2) 학습자의 실수에 대한 관점

상호작용주의 이론에서는 영유아가 학습할 때 실수를 하고 과제를 잘 수행하지 못할 때 이를 실수라고 보지 않고 성인과 관점이 다를 뿐이므로 **원인**을 찾으려고 노력한다. 예를 들어, 유아가 이름을 잘 쓰지 못하면 소근육 조절 능력이 아직 덜 발달되었기 때문이므로 소근육 사용이 필요한 연필보다는 대근육을 이용하여 허공에 이름 써보기, 신체로 이름 쓰기 놀이 등을 통해 먼저 쓰기에 흥미를 느끼도록 한다.

### 3) 언어습득에 대한 관점

상호작용주의 이론은 언어발달에서 생물학적 성숙도 중요하지만, 영아의 언어능력은 사회적 상황에서 얼마나 언어에 노출되는가에도 달려 있다고 주장한다. **생물학적 요인**이 언어발달의 윤곽을 결정하지만, 언어발달의 구체적인 과정은 영유아가 노출되는 **언어 환경과 강화**에 의해 결정된다는 주장이다. 예를 들어, 아기가 옹알이를 시작할 때 부모가 그에 맞추어 비슷한 발성으로 반응을 해 주면 아기는 옹알이를 더 많이 하게 된다. 반면 부모가 아무 반응을 보이지 않으면 아기는 옹알이를 점점 하지 않게 된다.

이와 같이 상호작용주의 이론에서는 영유아 스스로 배울 수 있는 가능성을 가지고 태어났으나 환경적으로 언어학습에 대한 모방이나 강화 등의 환경적 영향이 없거나 적다면 적절한 언어발달이 이루어지지 않을 수 있다고 본다.

### 4) 상호작용주의 대표학자: 피아제(J. Piaget)와 비고츠키(L. Vygotsky)

#### (1) 피아제(J. Piaget): 인지적 상호작용주의

피아제(J. Piaget)
(1896~1980)

피아제는 영유아의 언어습득은 **인지발달단계**에 의해 결정된다고 보았다. 즉 인지발달이 **감각운동기-전조작기-구체적 조작기-형식적 조작기의 단계**를 거치며 일어나게 되고 언어발달도 이러한 지식구성과정의 영향을 받는다. 즉 언어발달은 인지발달 수준에 제한되고, 현재의 사고 수준을 반영한다고 본다. 피아제는 경험의 중요성과 지식을 구성하는 사람은 유아 자신임을 강조하면서 유아의 언어는 자기중심적 언어에서 사회화된 언어로 발달한다고 하였다.

자기중심적인 사고에서 비롯되는 언어의 형태로 반복, 독백, 집단적 독백이 있다. **반복**은 말하는 즐거움과 새로운 소리를 학습하기 위해서 흥미 있는 언어를 반복적으로 연습하며 즐기는 것이다. **독백**은 의사 전달을 하기 위한 목적 없이 자신의 욕구를 충족하기 위해서 또는 동작을 조절하기 위한 도구로서 언어를 사용하는 것이다. **집단적 독백**은 주변의 사람을 의식하면서 말하기는 하지만 대화를 목적으로 하지 않는 언어 표현이다. 유아가 반복이나 독백의 형태로 언어를 표현할 때에는 교사가 개입하지 않고 지켜보는 것이 바람직하다. 개입은 유아의 언어 행동을 멈추게 할 수 있기 때문이다.

영유아가 **자기중심적 언어(혼잣말)**를 사용하는 원인에 대해 다른 사람의 관점을 고려하지 못하기 때문이라고 보았고 자기중심적 사고를 벗어나야 진정한 의미의 언어를 사용할 수 있다고 하였다. 즉 혼잣말은 전조작기 유아들의 자기중심성이 나타나는 것이고 탈중심화되지 않은 미숙한 사고를 반영하고 있는 것이라고 본다. 전조작기 말쯤 영유아의 사고가 탈중심화되면서 자기중심적 사고에서 벗어나 혼잣말은 서서히 줄어들고 좀 더 **사회화된 언어(의사소통적 언어)**로 바뀌어 간다고 하였다. 전조작기 유아의 사회화된 언어의 유형으로는 순응된 정보[1], 비난과 조롱, 명령이나 요구 또는 위협, 질문과 대답 등이 있다. 전조작기 유아의 사회적 언어는 듣는 사람의 관점을 고려하면서 정보를 전달하려고 시도하지만 사건에 대한 설명이나 원인에 대해 설명하지 않는다. 또한 듣는 사람은 반대의견을 가질 수 있다는 것을 생각하지 못하는 한계가 있다.

[표 2-2] 전조작기 유아의 자기중심적 언어 유형

| 방금 들은 것을 흉내 내는 것으로, 기능적 동화의 원리로 설명된다. | 혼자서 소리가 들리게 말하는 것으로, 유아 자신의 욕구충족이 목적이며 의사전달을 위한 목적은 없다. | 주변에 두 명 이상 있을 때 혼잣말 하는 것으로, 주변에 있는 사람을 대화의 상대로 고려하지는 않는다. |
|---|---|---|
| 반복(repetition) | 독백(monologue) | 집단적 독백 (collective monologue) |

1) 유아가 자신에게 흥미 있는 사건을 전달하려 하거나 유아 상호 간에 공동 목표를 위해 뜻을 모으는 언어 유형으로 서로의 생각에 동의하면서 자신의 의견을 주고받는 장면에서 관찰할 수 있음.

### (2) 비고츠키(L. Vygotsky): 사회적 상호작용주의

비고츠키(L. Vygotsky)
(1896~1934)

비고츠키는 언어, 지능, 기억과 같은 **고등 정신 기능**에 관심을 두고 발달을 연구하였다. 발달에서 **사회적 · 문화적 맥락**을 강조한 사회적 상호작용주의는 사회적 의사소통 시의 언어의 기능을 중시한다. 영유아는 자신이 속한 사회 속에서의 일상적인 생활을 통해, 사회에서 중요하게 여기는 정신적 기술이나 사고, 또는 행동 방식을 습득한다고 본다. 따라서 영유아의 발달을 이해하기 위해서는 영유아의 일상적 활동과 사회적 상호작용뿐 아니라 광범위한 문화적 · 역사적 맥락을 고려하여야 한다. 인지발달은 성인의 도움이 주도적인 역할을 하는 타인 규제의 단계에서 자기 규제의 단계로 변화하는 과정이라고 본다.

비고츠키는 언어에는 다른 사람에게 소리 내어 말하는 외적 언어와 자기에게 소리 없이 하는 말인 **내적 언어**(inner speech)가 있다고 분류한다. 발달적으로 외적 언어가 먼저 나타나고 그다음에 언어발달의 최종 단계에서 내적 언어가 나타난다고 하였다. 외적 언어와 내적 언어가 발달상 분명하게 구별되지 않는 시기가 있는데, 이 시기에는 영유아가 문제를 해결하거나 중요한 목표를 달성하기 위해 자신이 생각한 것을 밖으로 소리 내어 혼잣말을 하는 경우가 많다. 즉 영유아는 처음에는 언어를 다른 사람에게 소리 내어 말하는 외적 언어, 즉 사회적 상호작용의 도구로 사용하다가 점차적으로 놀이를 할 때 크게 말하거나 의도한 행동을 혼잣말로 하면서 환경과 개인적인 상호작용을 시작하는데 이를 **사적 언어**(private speech)라고 한다. 이 시기는 피아제의 자아중심적 언어가 나타나는 시기라고 볼 수 있다. 이후 유아는 밖으로 소리 내어 말하는 사적 언어(혼잣말) 대신에 점차 속으로 말하는 내적 언어를 사용하게 된다(이영 외, 2020).

비고츠키는 영유아의 사적 언어(혼잣말)가 자기중심적인 것이 아니라 다른 사람과 주고받는 외적 언어가 내면화되어 내적 언어로 바뀌어 가는 과정에서 나타나는 과도

기적인 언어 형태라고 본다. 즉 영유아가 혼잣말을 하는 것은 자기 조절 또는 사고과정과 행동을 주도해 가는 것을 목적으로 하는 자신과의 의사소통이라고 보았고, 외적 언어가 내적인 언어로 발달해 가는 중간 과정에 나타나는 '말과 사고가 합쳐진 특별한 종류의 언어'라고 하면서 영유아의 **혼잣말**을 높게 평가하였다.

[표 2-3] 인지적 상호작용주의와 사회적 상호작용주의 비교

| 구 분 | 피아제의 인지적 상호작용주의 | 비고츠키의 사회적 상호작용주의 |
|---|---|---|
| 상호작용 | • 물리적 환경과의 능동적 상호작용<br>• 또래와의 상호작용<br>• 아동 스스로 이치를 깨달음 | • 교사나 유능한 또래와의 협동적 상호작용<br>• 타인에 의한 유도를 통한 깨달음 |
| 자기중심적 언어(혼잣말) | • 자기중심적 사고의 결과<br>• 논리적 사고의 발달을 통해 자아중심적 언어는 점차 사라짐 | • 문제해결 위한 자기 지시 및 자기조절 사고의 수단<br>• 자기중심적 언어가 내적언어로 진행되면서 논리적 사고가 발달 |
| 인지발달(사고)과 언어 | • 사고가 기초가 되어 언어로 표현 | • 언어는 사고를 반영 |

심층탐구 : 뇌의 발달과 언어

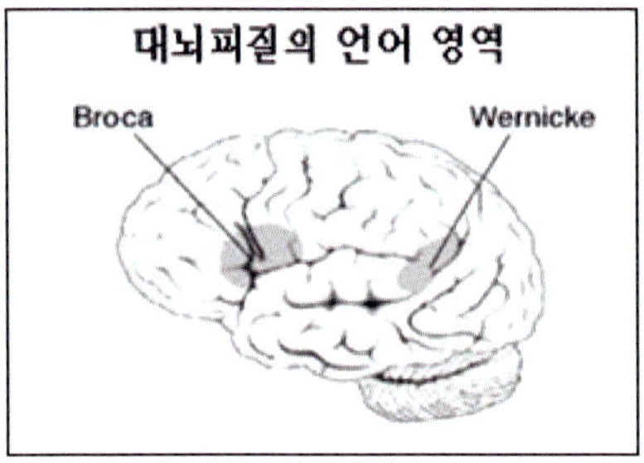


. 대부분의 경우, 귀 주변의 부위(측두엽)가 우반구보다 좌반구에서 더 크다. 좌반구와 우반구는 뇌량이라고 알려진 신경섬유로 연결되어 있다. 인간 신경계의 흥미로운 특질은 각 대뇌반구가 신체의 반대쪽으로 연결되어 있다는 점이다. 이와 같은 반대쪽 연결회로 때문에 뇌의 오른편은 신체의 왼편을 통제하고, 뇌의 왼편은 신체의 오른편을 통제한다. 또한 신체의 오른편에 있는 감각수용기(예: 귀, 피부)로 들어오는 정보는 좌반구로 들어가고, 체의 왼편 수용기로 들어오는 정보는 우반구로 들어간다. 신경회로가 실제적으로 뇌를 작동시키는데, 이것은 서로 연결된 수많은 뉴런(신경 세포)으로 구성되어 있다. 두 개의 대뇌반구에 위치한 신경회로는 반대쪽 연결 회로를 통해 신체의 반대쪽과 연결되고, 뇌량을 통해 서로 연결되어 있다.

신뇌신경과학 연구 분야는 1990년대 들어 분자생물학, 자기공명영상장치(MRI), 양전자 단층 촬영 장치(PET) 등 과학기술의 급속한 발달로 언어발달에는 뇌의 좌측 측두엽이 중요한 역할을 한다는 점을 발견하게 되었는데(중앙일보, 2002년 3월 14일), 브로카 영역과 베르니케 영역이 언어의 이해와 산출을 관장하는 것으로 나타났다.

### ① 브로카 영역

프랑스 외과의사이며 인류학자인 브로카는 뇌의 좌측 앞 부위에 언어의 뜻이 통하도록 작용하는 영역을 발견하였다. **브로카 영역(언어 표현)**이 손상되면 언어 이해는 가능하지만 말을 유창하게 못하는 **표현적 실어증**에 걸리게 되며, 다음과 같은 증상을 보인다.

네, … 아 … 월요일 … 어 … 아빠하고 승환이(자기 이름) … 하고, 아빠 … 어 … 병원 …

### ② 베르니케 영역

독일의 신경정신과 의사인 카를 베르니케가 발견한 뇌의 좌반구에 위치하는 특정 부위로 청각피질과 시각피질로부터 전달된 언어정보의 해석을 담당한다. **베르니케 영역(언어 이해)**에 손상을 입으면 언어 표현은 정상적이지만 무의미하고 이해할 수 없는 말을 하면서 타인의 말을 알아듣지 못하는 **수용적 실어증**에 걸리게 되며, 다음과 같은 증상을 보인다(Hoff-Ginsberg, 1997: 394 재인용).

의사: 오늘 어떠세요?
환자: 기분이 좋아요. 듣기, 쓰기를 잘 해오고 있지요. 내가 들을 수 없었던 것들. 다시 말하자면 … 난 20년 동안 그것을 쓸 수 있기 때문에, 난 그 사람이 … 어떻게 … 몰랐다.

## (Action Learning) 퀴즈왕을 선발해 보세요

**활동방법**

① 2장의 내용 중 중요하다고 생각되는 내용에 대해 1인당 퀴즈 문제(단답형으로) 3개를 만든다.(10분 소요)

② 서너명이 한 조가 되어 조별로 조원들이 한 명씩 돌아가면서 문제를 내고 맞힌다.(5분 소요)

③ 각 조에서 문제를 가장 많이 맞힌 사람 1인을 선발한다.

④ 조별로 선발된 사람을 앞으로 나오게 하고 조별로 돌아가면서 문제를 내고 맞히게 한다.

⑤ 교수는 가장 문제를 많이 맞힌 사람에게 보상해주고 기념사진 촬영을 한다.

## 동영상을 보고 알게 된 점과 느낀 점을 이야기해 보세요

**활동자료** [EBS 기획특집] 아기 성장 보고서 제4부 언어습득의 비밀(2006)

아기의 언어습득은 어떻게 이루어지는가? 환경인가, 유전인가. 아기들이 언어를 배우는 과정을 통해 언어습득에 관한 비밀을 풀어본다.

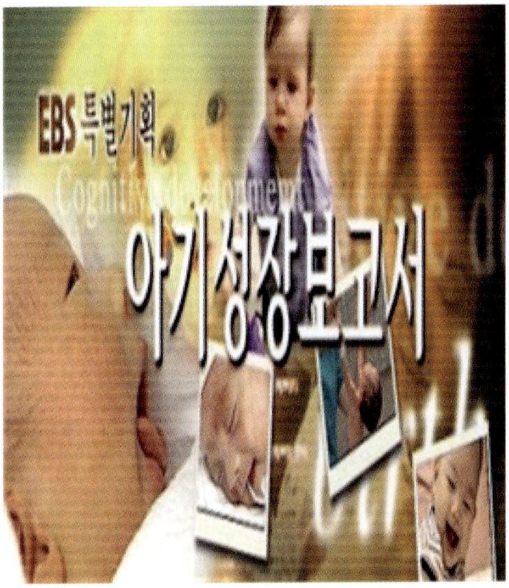


[EBS 특별기획]
아기 성장 보고서(2006) 4부
'언어습득의 비밀'

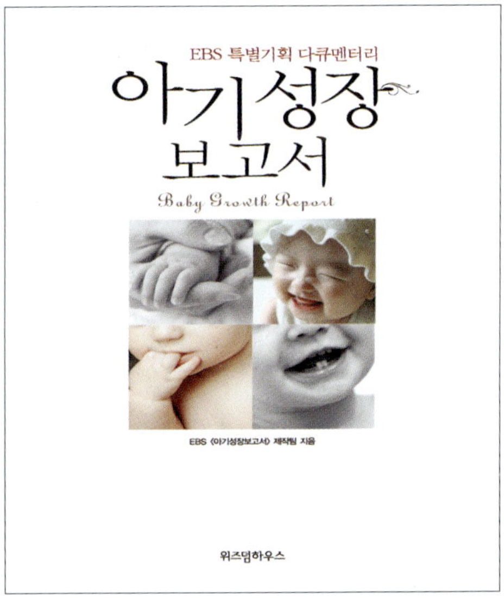


EBS 아기성장 보고서 제작팀(2009)
4부 언어습득의 비밀.
서울: 위즈덤하우스

Chapter 3

# 언어발달

영유아는 출생 직후부터 영유아기를 거치며 성장하는 동안 놀라운 속도로 언어가 발달한다. 영유아는 언어가 발달함에 따라 점차 소리와 뜻을 연관지어 모국어를 의사소통의 수단으로 사용하게 된다. 교사는 영유아의 놀이와 언어 활동을 지원하기 위해 영유아의 언어발달 특징을 이해해야 한다. 본 장에서는 영유아기의 언어발달을 음성언어발달과 문자언어발달로 나누어 살펴봄으로써 영유아 언어에 대한 이해를 돕고자 한다.

1. 영아기의 언어발달
2. 유아기의 언어발달

# 1 영아기의 언어발달

## 1) 구어발달

### (1) 울음

언어발달의 첫 단계는 **울음**이다. 울음은 아기가 자신의 욕구를 표현할 수 있는 유일한 의사소통 수단이다. 초기의 울음은 **미분화된 울음**이지만, 점차 울음소리는 **분화**되어 나타난다. 울음소리에 따라 아기가 배고픈지, 졸린지, 화가 났는지 혹은 고통스러운지를 알 수 있게 된다. 출생 후 3주경부터는 오직 주의를 끌기 위해 거짓 울음을 울기도 한다. 출생 이후 아기를 지속적으로 돌보아 온 성인은 아기의 울음의 의미를 쉽게 파악할 수 있다. 울음은 보다 정확한 의사전달의 수단으로 사용된다.

아기의 울음은 **길이와 강도** 등에서 다양한 유형을 보인다. 울음은 아기를 늘 돌보는 어머니에게 아기의 요구를 구별하는 데 효과적인 단서로 사용될 수 있다. 아기가 초기부터 울음이라는 수단을 효과적인 의사소통의 도구로 사용하는 것은 아니나, 어머니와의 긴밀한 상호작용 과정을 통해 어머니는 아기의 울음을 의사소통으로 파악하게 되는 것으로 해석된다.

아기가 울음으로서 의사소통을 시도할 때 성인의 역할은 다음과 같다. 먼저, 그들의 요구를 표현하는 기능이 포함되어 있음을 고려하여 성인, 주로 어머니는 영아의 울음에 대해 최대한 민감하게 반응해 줌으로써 의사소통에 대한 관심을 아기가 갖도록 할 수 있다. 아기의 울음을 통해 아기의 요구를 알아내는 어머니의 능력은, 피부접촉 및 눈맞춤 등을 통하여 아기와 어머니 간에 **정서적 연대감**이 발달되었는가와 밀접한 관련이 있다. 어머니는 아기의 울음소리나 미소, 몸짓 등을 잘 관찰하여 그 의미를 알아내고자 하는 노력이 필요하다.

### (2) 쿠잉

**생후 1개월경**이 되면, 특히 아기가 기분이 좋은 때 아기들은 15초에서 20초 동안 모음만으로 구성된 '우-우-우'나 '어-어-어'와 비슷한 소리, 즉 **쿠잉**(cooing)을 한다.

쿠잉은 영아가 어머니와 서로 소리를 주고받을 수 있도록 하는 기능을 한다. 어머니는 영아가 발성한 쿠잉 중 하나를 소리 내고 기다리면 영아가 이에 응하여 같은 쿠잉으로 반응하는 것을 볼 수 있다. 이러한 행동은 영아가 **상호교환적**으로 의사소통을 시작하고 있음을 보여 준다.

아기가 쿠잉을 할 때 성인의 역할은 다음과 같다. 어머니가 아기에게 젖을 주거나 기저귀를 갈아주면서 아기에게 자연스럽게 말을 해준다. 이것은 아기가 말소리 및 패턴에 익숙해지도록 하는 데 도움이 된다.

### (3) 옹알이

**생후 2~3개월경**에 나타나는 **옹알이**는 언어와 유사한 최초의 말소리이다. 일반적으로 옹알이는 만족스러운 상태에서 가장 많이 나타난다. 옹알이는 그 자체가 영아에게 기쁨을 주는 놀이의 기능을 갖는다. 그러나 이후에는 자신의 옹알이가 환경에 주는 영향 때문에 옹알이를 하게 되며, 자신이 내는 옹알이 소리에 대해 주위에서 반응이 없으면 점차 옹알이를 하지 않게 된다. 반대로 어머니나 주변 사람들로부터 반응을 얻게 되면 점차 그 소리가 빈번해지고 다양해지는 사회적 언어이다. 옹알이는 이러한 주변 인물로부터의 강화를 통해 모국어를 습득하는 중요한 기제로 작용한다.

**생후 6~8개월경**에 가장 많이 나타나며 **자음과 모음 소리의 반복적 연결**이 이루어지고 '바바바-'나 '다다다-'와 같은 소리를 내게 된다. 이러한 옹알이는 대개의 경우 돌이 지나면서 점차 줄어든다. 생후 1년 동안 영아가 내는 옹알이 소리가 전 세계적으로 동일하다는 사실은, 영아는 어떠한 언어든지 습득할 수 있는 잠재력을 가지고 있음을 말해준다(정옥분, 2013).

영아는 특히 누군가 가까이 있을 때 더 즐겁게 옹알거리는데, 이러한 옹알이가 특정한 의미를 담고 있는 것은 아니다. 영아의 옹알이가 활발해지면서 억양에 리듬이 붙어 어조에 높고 낮음이 생기게 된다. 그리하여 성인들이 질문과 진술을 위해 사용하는 신호에 일치하는 패턴을 사용하게 된다.

영아는 성인이 얼굴을 마주 보며 반응을 보일 때 더 활발하게 옹알거린다. 이 경우 서로 차례를 기다리면서 발성을 교환한다는 면에서 옹알이는 유아의 사회적 발달에 도움을 준다고 할 수 있다.

영아의 옹알이 시 **성인의 역할**은 다음과 같다. 부모나 주위의 성인은 영아가 발성하는 자음과 모음을 합친 무의미한 소리를 받아 부모가 그 소리에 의미를 붙여 말함으로써 영아의 어휘습득을 도울 수 있다. 영아와 어머니가 공놀이를 하는 중에 영아가 공을 놓쳐서 굴러가는 공을 보며 '고–'라고 발성한다면 이 때 어머니는 '공이 굴러가네. 공 집어줄까요?', '여기 공 있네.'라고 반응해 줄 수 있다. 이와 같은 과정을 통하여 무의미한 옹알이의 발성으로부터 영아는 의미 있는 어휘를 알아가게 된다.

영아의 옹알이에 익숙해지면 대화를 하듯이 발성을 주고받을 수 있다. 주변의 성인이 영아의 옹알이의 억양에 민감하고 언어적인 반응을 하여 준다면 영아가 '말할 차례 기다리기'와 같은 이후에 이루어질 대화의 사회적 양상을 학습하는 데 도움이 될 것이다.

### (4) 한 단어 시기(One word stage): 12~18개월

**생후 1년경**이 되면 영아는 분명하게 이해할 수 있는 한단어를 사용할 수 있으며, 그 단어가 자신의 생각을 표현하는 수단이 된다. 1세 정도의 영아는 표현언어보다 언어가 더 발달하며 영아가 이해할 수 있는 어휘 수는 표현어휘의 4배 정도이다(김명순, 성지현, 2002). 자음 하나와 모음 하나가 합쳐진 말의 반복이 대부분이며, 성인의 발음과는 차이가 있다. 동시에 하나의 단어가 전체 문장을 대신하므로, **한 단어 시기** 영아들과 대화할 때 그 의미를 분명히 알기 위해서는 상황에 의존해야 한다(Schickedanz, Hansen & Forsyth, 1990). 영아는 부모가 이해하는 것을 돕기 위해 얼굴 표정이나 몸짓을 함께 사용한다. 이는 사물이나 사건을 지칭하거나 자신의 기분이나 욕구를 표현하기 위해 주로 사용한다. 따라서 영아의 말과 함께 몸짓과 표정을 비롯한 비형식적인 언어에 집중하여 맥락에 따른 의미를 해석하기 위해 노력해야 한다.

베이비 사인(Baby Sign)

아기는 태어나자마자 울음으로 세상 사람들과 의사소통을 시작한다. 말을 아직 하지 못하는 12개월 전후에는 베이비 사인이라는 자신들만의 의사소통 방법을 만들어 주변 사람들에게 자신의 뜻을 전달하고자 한다. 처음에는 본능적인 욕구와 관련된 의사표현을 하다가 점차 사물을 나타내는 상징적 표현을 한다. 먹을 것을 달라는 뜻을 나타내기 위해 입에 손을 대는 것과 같은 요구를 나타내는 몸짓언어는 14개월경부터 관찰된다. 점차 말을 하게 되면서 베이비 사인은 사라지게 된다.
– [관련 동영상] [EBS 아기성장보고서] 4부 언어습득의 비밀

한 단어 시기에 성인이 사용하는 방식과는 다른 영아의 독특한 언어 표현 방식이 나타나는데, 이를 과잉축소(underextension)와 과잉확대(overextension)라고 한다. **과잉축소**는 하나의 대상에는 하나의 이름만 존재한다고 생각하고 단어를 제한적으로 사용하는 현상이다. 예를 들어, '개'라는 단어를 집에서 키우는 '말티즈'에게만 사용하고 '치와와' 등의 다른 종류의 개는 개가 아니라고 생각한다. 반면에 **과잉확대**는 영유아가 단어를 그 단어가 의미하는 것보다 더 넓은 의미로 사용하는 것인데, 예를 들면 모든 네 발 달린 동물을 '강아지'라고 부르고, 더욱 당황스러운 것은 모든 남자 어른을 '아빠'라고 부르는 것이다. 하지만 영아들이 남자 어른을 진짜 아빠라고 생각하는 것은 아니다. 다만 어휘가 풍부하지 못하기 때문에 비슷한 특징이 있는 대상을 자신이 아는 단어로 표현하는 현상으로 어휘가 풍부해지면 자연스럽게 소멸된다.

한 단어말의 기능은 그 발성이 이루어지는 상황 속에서 문장과 같은 기능을 한다는 것이다. 영아가 엄마를 보고 선반 위의 과자를 가리키며 '까까'라고 했을 때, 이 한 단어말은 '엄마, 과자주세요.'라고 해석되어 바로 어머니가 영아에게 과자를 주는 결과를 가져온다. 이와 같이 언어 상황에 따라 한 단어가 여러 가지 의미를 나타낼 수도 있고 다른 단어가 같은 사건이나 내용을 설명할 수도 있다.

즉 영아의 한 단어말은 그것이 발성된 상황을 알아야만 제대로 해석할 수 있다. 이

와 같이 영아의 한 단어말은 언어적 전후 상황을 참조하지 않는 한 의미를 양육자만 알아들을 수 있는 언어이다.

영아의 한 단어 시기에 성인의 역할은 다음과 같다. 먼저 성인은 영아의 한 단어 말에 대해 그 상황에 맞게 완전한 문장으로 확장시켜 주는 것이 매우 중요하다. 확장시켜 준 문장을 듣고서 영아는 새로운 어휘를 배우게 되며 상황에 따라 단어를 적절히 사용하는 능력을 기르게 된다. 이 경우 성인은 영아의 말을 그대로 따라하기보다는, 다음과 같이 표준적인 쉬운 말로 바꾸어 확장시켜 주는 것이 바람직하다.

영아: (현관 앞에서 문을 가리키며) "어야, 어야"
어머니: (영아를 보며) "민준이, 밖에 나가고 싶어요? 신발 신고 밖에 나갈까?"

### (5) 두 단어 시기(Two word stage): 18~30개월

첫 단어가 출현한 후 수개월 동안 대부분의 영아는 처음에는 천천히 단어가 증가하지만 사용하는 어휘가 50개 정도에 이르게 되면 빠른 속도로 아는 단어가 많아지는 것을 볼 수 있다. 이 시기에는 영아가 많은 새로운 단어를 학습하게 되고 어휘가 빠르게 증가한다. 생후 18개월경 또는 산출 가능한 단어 50개를 습득한 시기에 단어학습 속도가 급격하게 증가하는 현상이 나타나는데, 이 시기를 **단어 폭발**(word explosion) 시기라고 부른다(Hoff, 2016). 이 때 영유아가 습득하는 단어는 음식, 신체, 옷, 장난감 등 주변 생활 속에서의 경험과 관련된 어휘이다. 이 시기 영유아의 어휘는 **어휘의 수평적 발달과 수직적 발달** 과정을 통해 발달한다.

[표 3-1] 의미의 수평적 발달과 수직적 발달

| 의미의 수평적 발달 | 의미의 수직적 발달 |
|---|---|
| 영유아가 자신이 알고 있는 단어의 의미에 새로운 속성을 추가하여 의미를 덧붙여 나가는 현상 | 어떤 어휘의 의미의 속성을 알고 난 뒤에 계속해서 그 어휘와 관련된 단어들을 습득하여 유사성이 있는 단어들을 집단으로 분류함으로써 새로운 상위 범주의 개념을 획득하는 현상 |
| 예)<br>1단계: 강아지는 네발이다+꼬리가 있다+털이 하얗다<br>2단계: 강아지는 네발이다+꼬리가 있다+털이 하얗다+검정+얼룩도 있다.<br>3단계: 강아지는 네발+꼬리+털 색깔이 다양하다+몸집이 큰것도 있다+ 털의 길이가 다양하다. | 예)<br>1단계: 영아가 알고 있는 동물은 '강아지'이다.<br>2단계: 강아지와 비슷한 고양이, 호랑이, 사자 등 다른 동물들이 있다.<br>3단계: 강아지와 비슷한 특성을 가진 것은 모두 동물에 속한다. |

18개월경부터는 영아는 두 개 이상의 단어를 연결시켜 초보적인 문장을 사용하기 시작한다. 이 시기에 두 개의 단어를 사용하여 만든 문장을 이어문이라고 한다. 두 단어 문장은 한 단어 문장에 비해 보다 정교하고 명료하며, 두 단어를 결합시키는 것은 보편적으로 50개 정도의 단어를 말할 수 있을 때 가능하다. 초기의 결합 형태는 명사와 동사의 결합으로 이루어지는 **전보식 문장**(telegraphic sentence)이다. 전보식 문장은 핵심적인 단어만을 사용한 축약되고 단순화된 형태의 말이며 자기중심적인 특성이 있다. 예를 들어, '엄마, 물', '까까 먹어'와 같이, 대부분의 조사, 전치사, 접속사, 관사 등의 기능어는 생략되고 명사, 동사, 형용사, 부사와 같이 핵심 의미가 담겨 있는 내용어만으로 구성된다(김정원 외, 2020).

유아의 두 단어 표현 규칙에 대하여 문법적으로 해석하기도 하여 통사론적 관계를 강조하는 입장에서는 **주축문법**이라 부른다(김영실 외, 2014). 일반적으로 주축이 되는 특정 단어(주축어)를 중심으로 새로운 단어(개방어)에 변화를 줌으로써 다양한 문장으로 표현하는 형태이다. **주축어**란 두 단어를 조합할 때 축이 되는 단어이며, **개방어**는 주축어와 결합되는 어휘를 말한다.

이 시기에 성인의 역할은 다음과 같다. 성인은 영아가 들은 말을 모방하도록 고무하며 즉각적이고 일상적인 관심사에 대해 대화를 하도록 자극한다. 영아는 대화를 하기 위해 적절한 어휘를 선택하는 경험을 하게 된다. 성인은 영아가 구사하는 말보다는 약간 복잡한 수준에서, 길이가 짧고 더 적은 수의 단어를 반복적으로 사용하여 천천히 말함으로써 영아의 언어이해를 도울 수 있다.

## 2) 영아의 문식성 발달

**문식성**이란 읽고 쓸 줄 아는 능력, 즉 글을 사용하여 정보를 이해하고 자신의 생각을 표현할 줄 아는 능력을 의미한다. 영유아는 글자를 접하게 되면서 정보를 이해하고, 생각을 개념화하는 과정을 거치게 된다. 즉 읽기와 쓰기를 통하여 '생각하는 힘'과 '의사소통할 수 있는 힘'을 키울 수 있게 되는 것이다. 문식성의 발달은 태어나면서부터 시작된 정보 이해와 산출의 경험을 날마다 더해 가면서 그 능력이 조금씩 보태어지고 보다 완전한 형태로 변해간다(임양금, 2005).

### (1) 영아의 책보기 발달

출생 후부터 36개월 이전까지의 영아의 책보기 발달과 성인의 역할은 다음과 같다.

#### ① 출생 후~ 6개월

출생 후 백일 이전까지 영아는 하루일과의 대부분을 누워서 지낸다. 이 시기 영아를 위한 책 제시방법은 누워 있는 상태에서 책을 바라보며 흥미를 느낄 수 있게 잘 보이는 쪽으로 책을 펴서 놓아준다. 주로 이부자리 옆면에 책을 세워 놓을 수 있다. 최근에는 영아용 요에 거울이 부착되어 있거나 책 등을 세우기 좋은 장치 등이 부착되어 나오기도 한다. 영아가 4~6개월경이 되면 이제 머리를 어느 정도 가눌 수 있으므로 어머니는 영아를 무릎에 앉히고 함께 책을 바라보며 읽어 준다. 또한 물건을 손으로 잡을 수 있게 되므로 책을 읽어 주는 동안 영아가 책을 잡으려고 한다면 손에 다른 놀잇감을 쥐어 준다.

영아는 생후 초기에 극심한 근시이므로 대조적인 배경에 뚜렷한 디자인이 포함되거나 단순하고 큰 그림이 있는 책이 이상적이다. 또한 딱딱하고 가벼우면서 작은 하드보드지로 된 책이나 부드러운 비닐 또는 천으로 된 책이 적절한데, 영아는 3~4개월경부터는 책을 깨물거나 빠는 등의 행동을 하므로 헝겊이나 부드러운 비닐로 된 책을 제시하면 씻어서 사용할 수 있기 때문에 이 시기 영아에게 적절하다.

이 시기 영아에게 가장 바람직한 책 보기는 엄마의 온화한 목소리로 함께 책을 보며 놀이하는 것이다. 엄마가 책을 읽어 줄 때는 아기가 잘 알고 있는 동요의 운율에 책 내용을 노랫말처럼 넣어서 들려 준다. 운율이 있는 노래나 아기를 위한 동요들은 아기들이 책에 사용되는 언어에 익숙해지도록 도와준다.

### ② 7~12개월

이 시기 영아는 외부에서 흥미로운 사건들을 발견하고, 이 행동을 다시 반복하려는 목표지향적 행동이 나타나기 시작한다. 다른 물체나 책을 주면 떨어뜨리거나 입에 넣거나 찢기도 한다. 이런 경우 영아가 종이를 찢어 보며 신체를 조절할 수 있도록 오래된 잡지를 주어 종이를 탐색하게 할 수도 있다.

영아는 이제 신체조절 능력이 생기기 시작하므로 넘기기 쉬운 하드보드지 책을 주면 쉽게 넘길 수 있다. 책의 유형은 그림의 이름을 명명해주는 형태의 책이 적절하다.

생후 12개월 경이 되면 영아는 이제 책을 장난감으로 인식하기보다는 책 속의 내용에 주의를 기울이기 시작하게 된다. 읽어 주는 책의 내용을 들으며 그림을 바라보거나 책에 나오는 사물의 소리를 흉내 내어 보기도 한다(호랑이 그림을 보고 '어흥!', 강아지 그림을 보고 '멍멍'). 책 속 그림의 이름을 말해주면 반복해서 비슷하게 말하려고 시도하기도 한다. 이 시기 영아에게는 그림에 나오는 사물의 이름을 말해주거나 간단한 문장으로 내용을 대화식으로 설명하여 준다.

### ③ 12~24개월

영아가 18개월경이 되면 매우 적극적이 되어 책 속 내용을 노랫말처럼 들려줄 때 함께 따라 부르는 것을 즐기기 시작한다. 24개월이 가까워지면서 지적 능력이나 언어능력의 발달이 눈에 띄게 나타난다. 이 시기의 영아에게는 이제 주제가 있고 그림과 단어가 여러 페이지로 된 책이 적절하다.

예상하기 아주 쉽고 자주 들려주어 수십 번도 더 들어 본 친근한 책인 경우, 영아는 반복되어 나오는 어느 대목을 이미 외우고 있기 때문에 읽는 것처럼 말할 수 있게 되므로 아주 친근한 책인 경우, 영아가 어떤 한 대목을 읽어 보게 할 수 있다.

### ④ 24~36개월

이 시기의 영아는 이제 일상생활 속에서 자주 접하고 의미 있는 글자를 보며 읽기를 시도하는 행동을 보이기 시작한다. 과자 봉지를 보고 과자 이름을 읽는 척 한다든지, 가게 간판이나 책 속에 있는 글자를 보고 "어! '뽀로로'할 때 '로'다!"라고 말하기도 한다.

이 시기에 적절한 책의 유형은 그림을 단서로 글자 읽기를 시도하는 단계이므로 그림과 글의 내용이 정확하게 일치하는 책이 바람직하다. 의태어, 의성어가 자주 등장하는 책을 재미있어 하며, 좋아하는 책은 여러 번 읽어 달라고 요구하고 문장을 금방 외워 책을 보며 읽는 척한다.

24개월경부터는 매일 일정한 시간을 정해두고 규칙적으로 어머니가 영유아가 선택한 그림책을 읽어 주는 습관을 들인다면 영아의 문식성 발달은 눈에 띄게 성장하고 책을 좋아하는 성향을 가지게 될 것이다.

연구: 8~18개월 엄마-영아의 책 보기의 예

엄마: 이거 봐봐. (주의환기)
영아: (그림에 주의를 기울임)
엄마: 이게 뭐지? (질문)
영아: 소! (명명)
엄마: 맞아! 음메~ 소네. (피드백)

## 2 유아기의 언어발달

### 1) 유아의 듣기 · 말하기 발달(구어발달)

#### (1) 의사소통 능력의 발달

**의사소통 능력**이란 사회적 상황에 맞게 말을 바꾸거나 화법에 맞는 말을 할 수 있는 능력으로, 사회적 상호작용 과정에서 언어를 사용하는 능력을 말한다.

##### ① 3~4세 유아의 의사소통

3~4세가 되면서 유아는 어휘력이 점점 발달한다. 약 1,000~2,000개의 낱말을 구사할 수 있다. 최소한 3개나 4개의 낱말로 단순한 문장을 만들어 자신의 요구를 표현하지만 대화에서 **차례 지키기**(turn taking)가 어렵다. 또한 대화의 주제를 금방 바꾸며 종종 이야기의 초점을 잊고 자기가 좋아하는 부분에 초점을 두곤 한다. 낱말 발음이 아직 능숙하지 않고 종종 한 낱말을 다른 낱말로 혼동하기도 한다. 단순한 손유희와 운율이 있는 노래를 좋아하며 반복되는 구절이 많은 노래를 통해 낱말을 배운다. 누가, 무엇을, 어디서, 왜로 시작하는 질문을 많이 하며 문장을 합하여 두 개의 문장을 연결하는 언어도 사용한다. '그러나, 왜냐하면, ~할 때'와 같은 단어를 지나치게 많이 사용한다. '~전에, ~까지, ~후에'와 같은 시간과 관계되는 낱말은 거의 적절히 사용하지 못한다.

### ② 4~5세 유아의 의사소통

4~5세 경 유아는 약 2,000~4,000개의 어휘를 구사할 수 있으며 추상적인 단어의 사용에 대한 관심이 증가한다. 문장은 일반적으로 5~6개의 단어로 구성할 수 있으며 동시와 손유희를 좋아하고 많이 안다. 명령조의 말로 여러 가지 요구를 시작하며 다른 사람을 놀리기 시작한다. 목소리의 크기를 조절할 줄도 알게 되고 관계절 · 부가의문문과 같은 더 발전된 문장 구조를 사용하기 시작한다.

### ③ 5~6세 유아의 의사소통

5~6세 경 유아는 약 4,000개~6,000개의 단어를 구사할 수 있으며 말놀이를 즐기게 된다. 전보다 더 완전한 문장을 사용할 수 있게 되며 대화에서 차례를 지키려고 하며 다른 사람의 말을 가로채는 경우가 줄어든다. 말을 통하여 경험을 공유할 수 있으나 아직은 말에 자기중심성이 역력히 보인다. 예를들면, 청자가 자신이 의미하는 바를 이해할 것이라고 가정하며 이야기한다. 언어가 점점 유창해져서 자신의 생각을 잘 표현할 수 있게 된다.

## (2) 문장의 발달

두 단어 시기 이후 어휘가 더욱 풍부해지고 점차 단어 및 문장의 구조에 대한 개념이 발달하면서 유아는 정확하고 더 복잡한 문장을 말할 수 있게 된다. 세 단어 문장 시기에는 문법적 형태소를 사용하기 시작한다(조명한, 1982; 조성윤, 1992).

**평균 발화 길이**(mean length of utterance:MLU)란 한 문장에서 사용되는 평균 형태소의 수이다. 형태소의 수는 발화의 문법적 복잡성을 나타내기 때문에 구문 발달 수준을 평가하는 데 활용된다. 특정 문장의 길이가 곧 문장의 복잡성 수준을 나타내지는 않지만 일반적으로 평균 발화 길이가 길다는 것은 더욱 복잡한 문장임을 의미한다.

3개월에서 6개월 정도의 연령 차이가 있는 유아들도 유사한 언어 패턴을 보이는 경우가 있으므로, MLU는 유아의 연령보다 언어발달의 정도를 보다 잘 나타내는 지표가 된다. 또한 MLU가 유사한 유아들은 사용하는 언어규칙의 체계도 비슷한 것으로 보인다(Santrock, 2001).

영유아의 언어발달을 평균발화길이에 기초하여 살펴보면 다음과 같다.

[표 3-2] 평균 발화 길이에 따른 언어발달단계

| 단계 | 시기 | 문장에 사용되는 형태소의 수(MLU) |
|---|---|---|
| 1 | 영아기 | 1.5~2.0 |
| 2 | | 2.5 |
| 3 | 유아기 | 3.0 |
| 4 | | 3.5 |
| 5 | | 4.0 |

출처: Brown(1973).

### (3) 이야기 이해력과 이야기 꾸미기의 발달

이야기에 대한 이해는 듣기와 말하기의 두 과정을 통해 알 수 있다. 듣기 능력은 이야기를 듣고 그 내용을 이해할 수 있는 **이야기 이해력**을 의미하고, 말하기 능력은 유아가 자신이 가지고 있는 지식과 경험을 근거로 새로운 표현을 만들어 내는 이야기 꾸미기로 나타난다.

**이야기 구조개념 발달단계**는 유아에게 글 없는 그림책이나 그림 자료를 제시하고 이야기를 꾸며 보도록 하여 유아의 이야기 이해력과 이야기 꾸미기 수준을 알아본다. 이야기 구조개념 발달단계는 [표 3-3]과 같다(이영자, 박미라, 1992).

[표 3-3] 유아의 이야기 구조개념 발달단계

| 단계 | 이야기 구조 개념 | 특징 |
|---|---|---|
| **0단계**<br>단순나열하기 | 이야기 구조 개념이 전혀 형성되어 있지 않고 이름을 단순히 명명하는 수준이다. | "사자 … 이건 할아버지, 또 집, 또 나무 … " |
| **1단계**<br>이야기 형태 인식기 | 상대방에게 이야기를 하고 있다는 것을 의식하면서 등장인물들의 행위를 단순히 나열한다. | "멍멍이는 밥해요. 사자는 자요. 비행기가 날아가요." |
| **2단계**<br>초보적 이야기 진술 형성기 | 특정 인물의 행위가 짧게 순서화되면서 이야기가 전개되나, 등장인물 간의 행위에는 계열화가 일어나지 않는다. | "토끼가 뛰어다녀. 토끼는 울어. 친구들은 놀아. 토끼는 울어. 친구들은 안 울어. 하마도 놀아" |
| **3단계**<br>단순 나열식 이야기 형성기 | 이야기가 특정 주인공이 없이 여러 인물에 집중되면서 전개되기 때문에 주인공이 불확실하다. 등장인물 간 상호작용이 부분적으로 일어난다. 배경이 나타난다. | 주인공이 불확실함 |
| **4단계**<br>연결적 이야기 형성기 | 한 명, 또는 두 명의 주인공을 설정하여 이야기를 전개해 나간다. 주인공은 다른 등장인물들과 유기적인 관계를 맺고 있다. 따라서 이야기가 계열적으로 진술되는 특징이 나타난다. | 이야기가 계열적으로 진술됨 |
| **5단계**<br>논리적 이야기 형성기 | 복잡한 이야기 형태가 나타난다. 주인공이 등장하고 주인공은 문제를 해결해야 하는 상황을 인식하여 목표를 설정하고, 목표 달성을 위한 여러 전략을 세워 행동하여 문제를 극복한다. | 복잡한 이야기 형태가 나타남 |

출처: 김영실 외(2012). 영유아를 위한 언어지도. p. 47에서 발췌하여 수정하였음.

## 2) 유아의 읽기 · 쓰기 발달(문식성 발달)

### (1) 문식성 발달에 대한 관점

#### ① 문식성의 정의

**문식성**(Literacy)이란 읽고 쓸 줄 아는 능력, 즉 글을 사용하여 정보를 이해하고 자신의 생각을 추상적 혹은 구체적으로 표현할 줄 아는 능력이다(임양금,2005). 이러한 맥락에서 읽기는 인쇄물로부터 의미를 형성하는 과정이며, 쓰기는 인쇄물을 사용하여 다른 사람과 의사소통하는 능력으로 정의할 수 있다(Mclane & McNamee, 1990, 2004). 즉 영유아는 읽기와 쓰기를 통하여 '생각하는 힘'과 '의사소통할 수 있는 힘'을 키울 수 있다.

따라서 문식성은 단순히 자모음을 알고 이를 해독하고 어떻게 쓰고 읽는지를 아는 것 이상의 의미가 있다. 문식성은 쓰기와 읽기에 대한 태도와 기대가 포함되는 복잡하고 다면적인 특성을 가지고 있는 것이다.

#### ② 발생적 문식성 관점

발생적 문식성이라는 용어는 영유아기 문자언어발달의 특징과 이 시기 영유아의 언어능력을 나타낸다. **발생적 문식성**(Emergent Literacy)이란 생후 초기부터 시작되는 점진적인 과정으로 서서히 나타나는 읽고 쓰는 능력을 의미한다. 여기서 '발생적'이란 용어는 유아의 읽기 쓰기 능력이 출생 이후 지속적으로 만들어져 가는 의사소통능력 발달의 한 과정이며, 유아기의 읽기 · 쓰기와 관련된 지식이 유아기 이후의 읽기 · 쓰기 학습을 위한 예비과정이 아님을 강조하고자 하는 표현이다. 즉, 읽기와 쓰기는 영아기 의사소통능력의 발달에 기초하여, 유아가 일상생활 속에서 주변 환경의 글자들을 접하는 경험을 통해 스스로 구성해 가는 능력이라고 보는 것이다.

발생적 문식성은 빙산이론에 비유될 수 있다. 빙산이 형성되기 위해서는 수온이 내려가면 바닷속 깊은 곳에서부터 작은 얼음 알갱이가 점차 만들어지면서 서로 엉겨붙은 알갱이들이 거대한 빙산을 형성하여 서서히 수면 위로 떠오르는 것처럼 영유아는 생후 초기부터 모든 경험을 기반으로 하여 어느 날 문식성이 나타나게 되는 것이다.

발생적 문식성의 관점은 지식의 획득을 유아의 적극적인 지식구성 과정으로 본 vld 피아제의 구성주의 이론에 근원을 두고 있다. 문식성 발달에 필요한 지식은 학습자인 유아가 외부와의 상호작용을 통해 스스로 구성한다고 본다.

### (2) 읽기 발달

#### ① 읽기의 정의

일반적으로 읽기는 해독으로 보는 의견과 의미 이해로 보는 의견으로 구분된다.

읽기를 **해독**으로 보는 경우는 읽기에 대한 기존의 전통적 관점으로서 글을 깨치는 것을 중시하며, 유아가 글자를 보고 읽을 수 있다면 읽기 능력을 갖춘 것으로 본다.

읽기를 **의미 이해**로 보는 경우는, 읽을 수 있다는 것은 글을 읽고 그 내용을 이해하고 분석하며 비판할 수 있는 능력이 있음을 말한다(이차숙, 2004). 이는 발생적 문식성 관점에 해당하는 것으로 글자 해독능력이 없는 유아도 제시되는 문맥을 단서로 글의 의미를 이해하고자 하는 읽기 행동을 보인다면 이는 읽기 전 단계의 행동이 아니라 진정한 읽기로 보아야 한다고 본다(Teal & Sulzby, 1986). 즉 유아가 글자를 정확하게 읽을 수 없을지라도 글자의 의미를 파악하였다면 읽기 능력이 있는 것으로 간주하며 **유아의 유사읽기**(pretending reading)도 읽기라고 보고 매우 중요시한다.

#### ② 한글의 특성과 읽기

한글은 고유의 특징을 가지고 있다. 따라서 한글의 특징에 맞는 언어교육법을 활용하면 효과적인 문식성 발달이 이루어질 수 있다. 한글은 해독, 즉 소리 내기가 용이한데, 글자해독을 용이하게 하는 **한글의 특징**은 다음과 같다(김영실 외, 2006).

첫째, 한글은 글자의 기본단위가 음소로 이루어진 **음소문자**이다. 이 음소들이 모여서 음절과 단어를 형성하게 된다. 영어의 경우도 대표적인 음소문자라 볼 수 있다.

둘째, 한글은 14개의 자음자와 10개의 모음자로 이루어진 매우 조직적인 **자질문자**이다. 자질문자는 획이 하나 더해질 때마다 음성의 자질이 달라지면서 다른 글자가 되는 문자를 말한다. 한글은 제작될 때 발성기관의 모양을 따서 기본 자음 글자 'ㄱ, ㄴ, ㅁ, ㅅ, ㅇ'이 만들어졌고, 기본자에 획을 더하여 'ㅋ, ㄷ, ㅂ, ㅈ, ㅎ' 등의 다른 자음글자가 만들어졌으며, 모음 역시 'ㅏ, ㅓ, ㅗ, ㅜ'에 획을 더하여 'ㅑ, ㅕ, ㅛ, ㅠ'의 다른 모음을 만든 자질문자이다. 따라서 한글은 음운규칙을 깨닫기가 매우 쉽다.

셋째, 한글은 음소문자이면서 음절단위로 모아쓰기를 하는 **음절문자**이다. 음소문자는 보통 영어와 같이 음소를 옆으로 나열해서 풀어쓰기를 하는 것이 원칙이다. 그런데 한글은 말소리의 최소 단위인 음소에 해당하는 2~4개의 자 · 모음자를 조합하여 음절단위의 글자를 만들어내고 모아쓰기를 하여 글자의 경계가 분명하며, 소리 표기 단위를 음절로 삼기 때문에 글자와 음절을 일대일 대응시키기만 하면 모르는 글자도 쉽게 추측해서 읽을 수 있다.

### ③ 환경인쇄물 속 글자 읽기

**환경인쇄물**(environmental print)이란 실생활이 특정한 맥락을 담고 있는 간판, 교통표지판, 텔레비전 광고, 과자포장지 등과 같은 인쇄물로, 시각적으로 매력적이고 친숙하며 즉각적인 흥미와 관심을 자극한다(Epstein, 2014).

환경인쇄물 읽기의 초기 단계는 **맥락의존적 단계**로 글자를 읽는 것이 아니라 철자의 독특한 색깔이나 과자상자에 있는 그림 등 인쇄물의 시각적 단서를 기억하였다가 읽는 척하는데 글자만 보여주면 읽지 못하는 것을 볼 수 있다. 예를 들면, '새우깡' 봉지를 보고 '새우깡'이라고 읽을 수 있지만 하얀색 종이에 '새'자, '우'자, '깡'자를 따로 따로 써놓으면 읽지 못한다.

맥락의존적 단계에서 **중간 단계**(integrative step)로 가면 점차 인쇄물의 단어나 낱자

형태를 인식하기 시작한다. 주변환경에 있는 글자를 지속적으로 접하면서 글자에 수반된 시각적 단서와 글자가 제시된 맥락을 활용해 단어나 낱자를 익히고 이러한 경험을 되풀이하다 보면 단어를 통째로 기억하고 암기하게 되어 읽을 수 있게 된다. 예를 들어 관광지에 놀러간 30개월 영아는 관광지 입구에 있는 안내문을 보다가 아는 글자를 발견하고는 "뽀로로 할 때 '로'다!"라고 외친다.

**탈맥락적인 단계**로 가면, 환경인쇄물에서 색깔이나 글자 모양 등 물리적 단서를 제거하고 글자만 제시하여도 읽을 수 있게 된다. 이러한 과정을 통해 주변 환경의 인쇄물 읽기는 유아의 읽기 능력 향상을 도울 수 있으며, 최종적으로는 표준적인 글자를 읽을 수 있게 된다(곽경화, 김영실, 2014; Neumann, Hood & Ford, 2013).

#### ④ 한글 읽기 행동의 발달 경향

문식성 수준에 따른 3~5세 유아의 한글 읽기 행동의 발달 경향을 보면 다음과 같다(김영실 외, 2014).

- **1단계: 그림과 글자 간의 기능 차이 인식하지 못하는 단계**
  - 유아의 문식성 수준: 읽기 이전 단계로 글자의 기능에 대한 인식이 없으며 그림이 의미를 전달한다고 생각한다.
  - 전형적인 행동: 동화책을 읽어달라고 하면서, 글자의 일부분이 가려지도록 손으로 잡는다. 그림이 없이 글자만 있는 페이지는 재빨리 넘긴다.

- **2단계: 그림과 글자 간의 기능 차이 인식 단계**
  - 문식성 수준: 해독 능력은 없으나 그림이 아니라 글자가 '읽는 것'임을 안다. 글자의 기능을 인식하기 시작해서 관심을 나타내지만 세부적인 글자의 형태에는 관심이 없다. 글자와 함께 제시된 그림을 단서로, 글의 내용을 추측해서 읽기 시도를 하나 내용과 전혀 다르게 읽는다.
  - 전형적인 행동: 글자와 그림이 있는 동화책을 보고 '여기 뭐라고 써 있어?'라고

묻기도 한다. '박물관 입구'라는 푯말을 보고 '조용히 하시오'라고 글자를 왼쪽에서 오른쪽으로 미끄러지듯이 손가락으로 가리키며 읽는다.

- **3단계: 제시된 맥락 활용 단계**

- **3-1단계: 글자의 기능을 인식하나 맥락적 단서를 제한적으로 활용하는 단계**
  - 유아의 문식성 수준: 해독 능력은 없으나, 그림과 글자의 기능적 차이를 인식하고 있다. 글자가 제시된 상황이나 함께 제시된 그림을 단서로 글자 읽기 시도를 하고 글자에 관심을 가진다. 글자가 제시된 상황을 단서로 단어 전체를 기억하여 읽는 척한다.
  - 전형적인 행동: 출입문의 손잡이 부분의 글자를 보면서 '당기시오'라고 써 있는 것을 보며 '미시오'라고 읽는다.

- **3-2단계: 글자의 기능을 인식하며 맥락적 단서들을 종합적으로 활용하는 단계**
  - 유아의 문식성 수준: 해독 능력은 없으나, 그림과 글자의 기능적 차이를 인식하고 있다. 글자의 의미를 알아내기 위해 글자가 제시된 상황, 함께 제시된 그림, 말과 글자 간의 일대일 대응 원리 등 여러 가지 맥락적 단서를 종합적으로 활용한다. 글자와 말소리 간의 일대일 대응이 가능하여, 글자가 제시된 맥락과 글자 수를 단서로 읽기 시도를 한다. 글자의 음소에 관심을 나타낸다. 동일한 글자가 반복되는 단어에 관심을 보인다. 형태가 동일한 글자는 어디에 있거나 항상 동일한 소리로 발음해야 한다는 사실을 인식하고 있다.
  - 전형적인 행동: 동화책의 표지에 '나비의 여행'이라고 쓰여 있는 것을 보고 '나비의 날개'라고 읽는다. '기러기', '바나나' 같이 똑같은 글자가 나오는 단어에 관심을 보이며 읽어달라고 한다.

- **4단계: 맥락 활용과 해독 능력 병행 단계**
  - 유아의 문식성 수준: 음소간의 변별을 하기 시작하며 부분적으로 해독이 가능하다. 아직 정확하게 음소 간의 구분을 하지는 못한다. 하나의 음절이 여러 다른 단어에 사용될 수 있음을 인식한다. 아는 글자를 중심으로 추측하여 읽는다.이전에 비하여, 맥락적 단서보다는 자신의 해독능력에 더 많이 비중을 두고 읽으려 한다.
  - 전형적인 행동: 음소에 대한 인식이 생겨 '감'자와 '강'자를 가리키며 이것들이 다 '강'자냐고 묻는다.

> 해독 가능 단계로의 전이과정에서, 말과 글자를 한 자 한 자 대응시키려 하나 띄어쓰기 형태에 따라 혼동하는 경우도 있다. 예로, 글자를 한 자 한 자 짚어가며 읽기 시도를 할 때, 음절의 초성과 중성을 분리하여 각각에 말소리 하나씩을 대응시켜 읽고는, 글자가 아직 남아 있음을 발견하고 당황한다.
>
> 예) 글 : "응 ㄱ ㅏ ㅎ ㅏ ㅈ ㅏ 끙 끙
> 손가락 짚기: ↑ ↑ ↑ ↑ ↑ ↑
> 유아의 읽기: 응 가 하 자 끙 끙

- **5단계: 해독 가능 단계**
  - 유아의 문식성 수준: 글자를 보고 소리를 정확하게 읽어 낼 수 있다.

[표 3-4] 문식성 수준에 따른 한글읽기 행동

| 단계 \ 한글 읽기 행동 | 1단계 | 2단계 | 3단계 | | 4단계 | 5단계 |
|---|---|---|---|---|---|---|
| | | | 3-1단계 | 3-2단계 | | |
| | 그림과 글자 간의 기능 차이 인식하지 못하는 단계 | 그림과 글자 간의 기능 차이 인식단계 | 글자의 기능 인식하며 맥락적 단서 제한적 활용 | 글자의 기능 인식하며 맥락적 단서 종합적 활용 | 맥락활용과 해독능력 병행 단계 | 해독 가능 단계 |
| 그림과 글자의 기능차이인식 | × | ○ | ○ | ○ | ○ | ○ |
| 글자에 대한 관심 | × | ○ | ○ | ○ | ○ | ○ |
| 그림 단서로 읽기 시도 | × | × | ○ | ○ | ○ | ○ |
| 음소인식 | × | × | × | ○ | ○ | ○ |
| 음소구별 | × | × | × | × | ○ | ○ |
| 해독능력 | × | × | × | × | × | ○ |

출처: 김영실, 김진영, 김소양(2006). 영유아를 위한 언어지도, p. 54

### ⑤ 그림책 읽기 발달 단계

영유아가 그림 지배적인 읽기에서 문자 지배적인 읽기로 발달해 가기 위해 영유아는 글자와 관련된 관습적인 지식을 가지고 있어야 한다. 따라서 영유아가 글자의 형태에 대해 관심을 나타내기 시작하면 영유아의 읽기 수준에 적절한 지도가 필요하다. 글자와 관련된 관습적 지식, 즉 문자언어에 대한 지식은 그림책 읽어 주는 것을 듣는 과정에서 습득된다.

- 그림책 읽어 주는 것을 들으며 구어와는 다른 문어의 특징에 익숙해진다.
- 그림을 읽는 것이 아니라 글자를 읽는 것임을 알게 된다.
- 일단 글자라는 것을 인식하고 흥미를 갖게 되면, 영유아는 글자와 말의 관계를 점차 정확하게 이해하게 된다.

영유아의 읽기 발달을 평가하기 위해서는 이영자, 이종숙(1985)의 **읽기발달단계 검사**를 활용할 수 있다. 먼저 영유아의 발달에 맞는 동화책을 준비한다. 교사는 유아에게 선생님한테 그림책을 읽어달라고 한 후 유아가 읽어주는 대로 받아 적는다. 본문에 있는 그림책의 내용과 실제 유아가 읽어주는 내용을 비교하여 유아의 읽기 발달단계를 확인하고 해당 단계에 체크하여 분석해 볼 수 있다. 1년에 두 차례 검사할 경우, 학기초와 학기말에 실시하면 언어발달의 변화를 평가할 수 있기 때문에 학기말 부모면담 자료로 활용하기에 효과적이다. 3~5세 영유아의 책 읽기 행동에 나타나는 읽기발달 단계는 다음과 같다.

[표 3-5] 읽기 발달 7단계

| 읽기발달단계 | 특징 |
|---|---|
| 1단계 | 읽기 이해 전단계 |
| | 하위 1단계: 말없이 그림만 쳐다보기 |
| | 하위 2단계: 그림을 지적하기 |
| | 하위 3단계: 그림의 명칭을 이야기하기 |
| | 하위 4단계: 그림에 대해 질문하기 |
| 2단계 | 이야기 구성능력이 없어 '난 ~ 못 읽어요'와 같이 의사표현하는 단계 |
| 3단계 | 그림을 보고 마음대로 이야기 만들기 단계 |
| 4단계 | 의미가 비슷하게 꾸며 말하기 단계 |
| 5단계 | 단어나 구절을 암기하여 이야기하는 단계 |
| 6단계 | 글자를 읽어야 한다는 것을 이해하지만 모르는 글자가 있으면 '난 못 읽어요'라고 의사표현하는 단계 |
| 7단계 | 글자를 읽는단계 |
| | 하위 1단계: 한 문장을 보고 25% 이하로 똑바로 읽는 단계 |
| | 하위 2단계: 한 문장을 보고 50% 이하로 똑바로 읽는 단계 |
| | 하위 3단계: 한 문장을 보고 75% 이하로 똑바로 읽는 단계 |
| | 하위 4단계: 한 문장을 보고 75~100%로 똑바로 읽는 단계 |

출처: 이영자, 이종숙(1985).

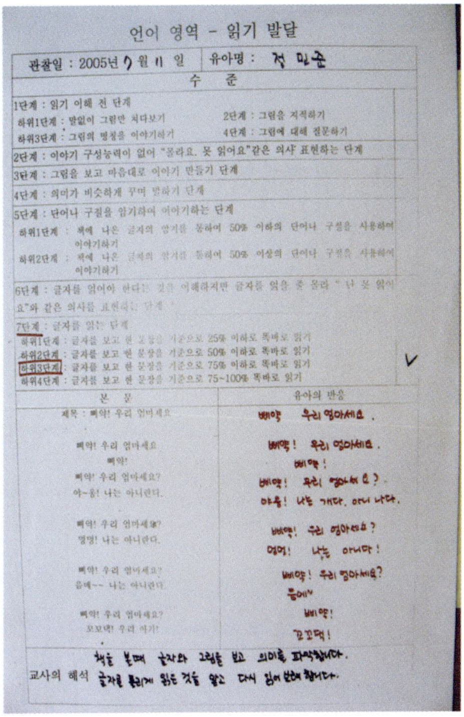

언어 영역 - 읽기 발달

| 관찰일 : 2005년 7 월 11 일 | 유아명 : 정 민준 |
|---|---|

수 준

1단계 : 읽기 이해 전 단계
하위1단계 : 말없이 그림만 쳐다보기 2단계 : 그림을 지적하기
하위3단계 : 그림의 명칭을 이야기하기 4단계 : 그림에 대해 질문하기

2단계 : 이야기 구성능력이 없어 "몰라요. 못 읽어요"같은 의사 표현하는 단계

3단계 : 그림을 보고 마음대로 이야기 만들기 단계

4단계 : 의미가 비슷하게 꾸며 말하기 단계

5단계 : 단어나 구절을 암기하여 이야기하는 단계
하위1단계 : 책에 나온 글자의 암기를 통하여 50% 이하의 단어나 구절을 사용하여 이야기하기
하위2단계 : 책에 나온 글자의 암기를 통하여 50% 이상의 단어나 구절을 사용하여 이야기하기

6단계 : 글자를 읽어야 한다는 것을 이해하지만 글자를 읽을 줄 몰라 " 난 못 읽어요"와 같은 의사를 표현하는 단계

7단계 : 글자를 읽는 단계
하위1단계 : 글자를 보고 한 문장을 기준으로 25% 이하로 똑바로 읽기
하위2단계 : 글자를 보고 한 문장을 기준으로 50% 이하로 똑바로 읽기
하위3단계 : 글자를 보고 한 문장을 기준으로 75% 이하로 똑바로 읽기 V
하위4단계 : 글자를 보고 한 문장을 기준으로 75~100% 똑바로 읽기

| 본 문 | 유아의 반응 |
|---|---|
| 제목 : 삐악! 우리 엄마세요 | 삐약 우리 엄마세요. |
| 삐악! 우리 엄마세요<br>삐악!<br>삐악! 우리 엄마세요?<br>아~옹! 나는 아니란다. | 삐악! 우리 엄마세요.<br>삐악!<br>삐약! 우리 엄마세요?<br>야옹! 나는 개다. 아니 나다. |
| 삐악! 우리 엄마세요?<br>멍멍! 나는 아니란다. | 삐약! 우리 엄마세요?<br>멍멍! 나는 아니다! |
| 삐악! 우리 엄마세요?<br>음메~~ 나는 아니란다. | 삐약! 우리 엄마세요?<br>음메~ |
| 삐악! 우리 엄마세요?<br>꼬꼬댁! 우리 아기! | 삐약!<br>꼬꼬댁! |
| 교사의 해석 | 책을 볼때 글자와 그림을 보고 의미를 파악합니다.<br>글자를 틀리게 읽는 것을 알고 다시 읽어 보려 합니다. |

1학기에 검사한 읽기발달 검사

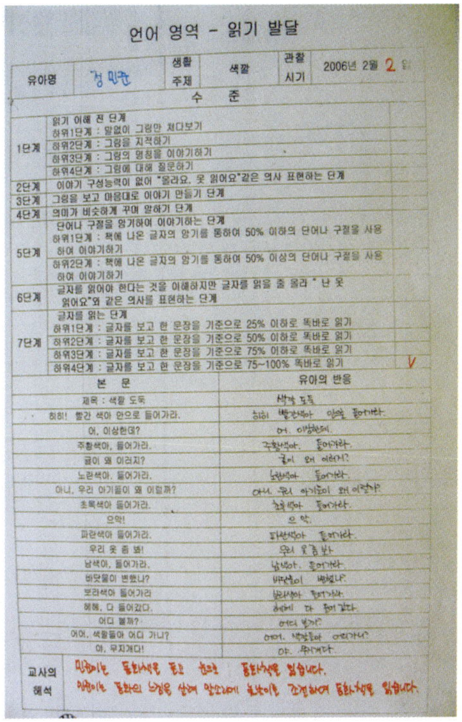

언어 영역 - 읽기 발달

| 유아명 | 정 민준 | 생활 주제 | 색깔 | 관찰 시기 | 2006년 2월 2 일 |
|---|---|---|---|---|---|

수 준

|  |  | |
|---|---|---|
| 1단계 | 읽기 이해 전 단계<br>하위1단계 : 말없이 그림만 쳐다보기 | |
| | 하위2단계 : 그림을 지적하기 | |
| | 하위3단계 : 그림의 명칭을 이야기하기 | |
| | 하위4단계 : 그림에 대해 질문하기 | |
| 2단계 | 이야기 구성능력이 없어 "몰라요. 못 읽어요"같은 의사 표현하는 단계 | |
| 3단계 | 그림을 보고 마음대로 이야기 만들기 단계 | |
| 4단계 | 의미가 비슷하게 꾸며 말하기 단계 | |
| 5단계 | 단어나 구절을 암기하여 이야기하는 단계<br>하위1단계 : 책에 나온 글자의 암기를 통하여 50% 이하의 단어나 구절을 사용하여 이야기하기 | |
| | 하위2단계 : 책에 나온 글자의 암기를 통하여 50% 이상의 단어나 구절을 사용하여 이야기하기 | |
| 6단계 | 글자를 읽어야 한다는 것을 이해하지만 글자를 읽을 줄 몰라 " 난 못 읽어요"와 같은 의사를 표현하는 단계 | |
| 7단계 | 글자를 읽는 단계<br>하위1단계 : 글자를 보고 한 문장을 기준으로 25% 이하로 똑바로 읽기 | |
| | 하위2단계 : 글자를 보고 한 문장을 기준으로 50% 이하로 똑바로 읽기 | |
| | 하위3단계 : 글자를 보고 한 문장을 기준으로 75% 이하로 똑바로 읽기 | |
| | 하위4단계 : 글자를 보고 한 문장을 기준으로 75~100% 똑바로 읽기 | V |

| 본 문 | 유아의 반응 |
|---|---|
| 제목 : 색깔 도둑 | 색깔 도둑 |
| 히히! 빨간 색아 안으로 들어가라. | 히히 빨간색아 안으로 들어가라. |
| 어, 이상한데? | 어. 이상한데 |
| 주황색아, 들어가라. | 주황색아. 들어가라. |
| 귤이 왜 이러지? | 귤이 왜 이러지? |
| 노란색아, 들어가라. | 노란색아 들어가라. |
| 아니, 우리 아기들이 왜 이럴까? | 아니. 우리 아기들이 왜 이럴까? |
| 초록색아 들어가라. | 초록색아 들어가라. |
| 으악! | 으 악 |
| 파란색아 들어가라. | 파란색아 들어가라. |
| 우리 옷 좀 봐! | 우리 옷 좀 봐 |
| 남색아, 들어가라. | 남색아. 들어가라 |
| 바닷물이 변했니? | 바닷물이 변했니? |
| 보라색아 들어가라 | 보라색아 들어가라 |
| 헤헤, 다 들어갔다. | 헤헤 다 들어갔다 |
| 어디 볼까? | 어디 볼까? |
| 어어, 색깔들아 어디 가니? | 어어. 색깔들아 어디가니? |
| 아, 무지개다! | 아. 무지개다 |
| 교사의 해석 | 민준이는 동화책을 보고 혼자 동화책을 읽습니다.<br>민준이는 동화의 느낌을 살려 말소리에 높낮이를 조절하여 동화책을 읽습니다. |

2학기에 검사한 읽기발달 검사

[그림 3-1] 3세 유아의 읽기발달의 변화

**영유아에게 책 읽어주는 방법**

1. 아이와 책을 읽을 때는 무릎에 앉히거나 나란히 앉아 팔로 껴안고 읽기
   부모와 유아 간의 친밀감을 형성하는 기회가 됩니다.
   정서적 안정감을 갖게 됩니다.
   독립심의 발달은 양육자와의 안정된 애착관계의 형성에서 비롯됩니다.
2. 아이와 함께 책을 읽는 '특별시간'을 정해 두기
   하루 중 적절한 시간을 정해두고, 매일 책 읽어 주기 (예) 잠자기 전
3. 항상 가장 가까운 곳에 책을 두기
   병원에 가거나 여행을 갈 때도, 읽어줄 책을 가져가도록 한다.
4. 아이가 매일 되풀이해서 읽어 주기를 원할 때는 기꺼이 되풀이해서 읽어 주기
   반복해서 읽기의 효과 → 아이는 반복해서 들으면서 몰랐던 바를 알아갑니다.
5. 내용이 너무 길거나 어려운 책은 쉽게 바꿔서 읽어 주기
   문어체를 구어체로 바꿔준다.
   쉬운 단어로 풀어서 들려준다.
6. 다양한 방법으로 책을 읽어 주기
   아이와 번갈아 가면서 읽기
   동화의 내용을 나름대로 바꿔보기
   책에 나오는 주인공 대신 아이의 이름을 넣어 읽어 주기
   등장인물의 이름을 친구들 이름으로 바꿔 읽어주기

### (3) 쓰기 발달

#### ① 쓰기의 정의

일반적으로 쓰기는 표준적인 글자 쓰기만을 쓰기로 인정하는 전통적 관점과 의미 표현 및 전달을 위한 **자발적인 모든 쓰기 행동**을 쓰기로 보는 관점으로 구분된다. 전통적인 관점에서는 **표준적인 정확한 글자**로 쓸 때만 쓰기를 할 수 있는 것으로 보고 쓰기를 할 수 있으려면 준비도가 필요하다고 본다. 즉 쓰기를 하기 위해서는 소근육 발달, 눈과 손의 협응을 강조한다. 발생적 문식성 관점에서는 영아기 초기부터 나타나는 모든 자발적인 쓰기 행동을 쓰기로 본다. 표준적인 글자로 쓰기 훨씬 전부터 영

유아는 의미 표현 및 전달을 위하여 **끼적이기**(scribbling), **창안적 철자쓰기**(invented spelling) 등의 자발적인 쓰기 행동을 보이며 이러한 초기 쓰기와 쓰기 행동들도 표준적인 글자쓰기처럼 의미표현 및 전달을 위한 동일한 기능을 하고 있다고 본다.

#### ② 한글의 특성과 쓰기

영유아의 쓰기는 쓰기도구를 잡을 수 있고 끼적일 수 있게 되는 만 1세경부터 나타나기 시작하면서 **창안적 철자쓰기**(invented spelling)로 발달되어 간다. 4, 5세경 창안적 철자쓰기가 급속히 이루어지면서, 쓰기 발달에서도 한글의 특징이 반영되어 개별 음소 자체보다는 음절에 대한 인식이 먼저 발달한다(조선하, 우남희, 2004). 한글은 음절 단위로 글자와 소리가 정확히 일대일 대응이 되기 때문에 쓰기에서도 **음절단위의 문자 형태 쓰기**가 먼저 나타나며 음소에 대한 관심은 이후에 나타난다.

#### ③ 쓰기에 필요한 문식성

쓰기는 영유아가 읽기를 시작하기 전부터 시작된다. 읽기와 쓰기는 서로 협응하는 가운데 역동적인 관계를 이루며 발달한다. 쓰기의 기능, 형태, 개념에 대한 지식과 유아 간의 상호작용은 매우 복잡하다.

쓰기 발달에 필요한 지식들은 다음과 같다(김영실, 임양금, 2006).

첫째, 쓰여진 글자와 말이 연결된다는 것을 알아야 한다.

둘째, 문어의 형태와 형식은 사용되는 상황에 따라 다름을 알아야 한다.

셋째, 자기가 쓴 것에 대해 그것을 읽은 사람이 어떻게 반응할지를 짐작할 수 있어야 한다.

#### ④ 이름 쓰기의 발달

영유아가 생후 처음으로 쓰기를 시도하게 되는 글자는 대부분 자기 이름 글자이다(김영실 외, 2006). **이름 글자**는 영유아의 일상생활에서 자주 사용되고 영유아가 처음으로 경험하게 되는 유아교육기관에서도 그 사회적 필요성이 크다. 영유아는 일상생활 속에서 자기 이름을 읽거나 어떤 목적을 가지고 이름 글자를 쓰는 경험을 반복적으로 하게 된다. 영유아의 이름 글자는 읽고 쓰기를 배우고자 하는 영유아의 학습동기를 자극할 뿐 아니라 실제로 문식성 발달의 기반이 된다. 영유아는 초기 쓰기 발달에서 자기 이름 글자에 나오는 자모음과 글자들을 먼저 인식하게 된다.

영유아의 **이름 글자 쓰기의 발달 경향**을 제시하면 다음과 같다.

[표 3-6] 이름글자 쓰기의 발달 경향

| 단계 | 형 태 | 주 | 4세 유아의 이름 쓰기 |
|---|---|---|---|
| 1 | 조절된 선 끼적이기 | 1주 |  |
| 2 | 선으로 구성된 유사글자 | 5주 | 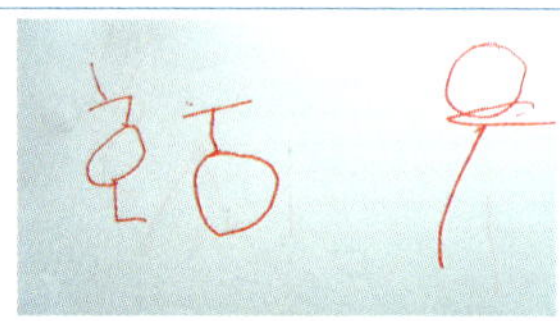 |
| 3 | 실제 이름 자모음이 나타나는 유사글자 | 9주 |  |
| 4 | 형태나 순서가 빠지거나 뒤바뀐 실제 이름글자 | 12주 |  |
| 5 | 크기, 순서, 비율이 조절된 이름글자 | 15주 | 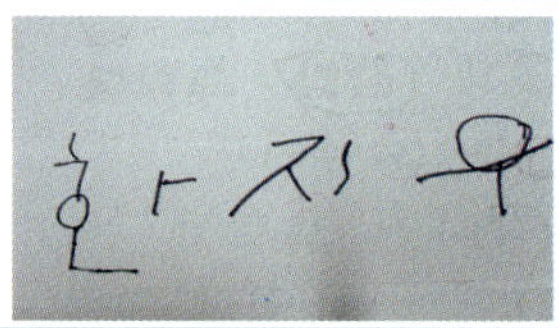 |

출처: 임양금(2005).

### ⑤ 쓰기 발달 단계

영유아의 쓰기학습과정은 실험의 과정에 비유된다. 영유아들은 글자의 선이나 방향 등을 여러 가지로 변형시켜 보고 어떤 형태가 진짜 글자와 제일 유사한지를 실험하는 가운데 쓰기가 무엇인지를 알게 된다. 또한 의도적인 실수를 하는 가운데 글자를 만드는 방법에 대해서 더 잘 이해하게 된다. 따라서 쓰기 발달 과정에서 실수는 필수적이라고 할 수 있다.

알파벳이 기반인 영어를 사용하는 영유아의 쓰기 발달은 **슐츠비**(Sulzby, 1985)와 **쉬케단츠**(Schickedanz, 1986)가 제시한 쓰기 발달 단계에 잘 나타나 있다. 특히 쉬케단츠는 쓰기 학습 과정에서 영유아가 만드는 **'실수'의 중요성**을 강조하면서 쓰기 발달 단계를 다음과 같이 4단계로 정리하였다.

[표 3-7] 쉬케단츠의 쓰기 발달 단계

| 쓰기 발달 단계 | 특징 |
|---|---|
| 1단계 | 글자를 만들어 보는 단계로 처음에는 끼적이기와 비슷하게 보이지만 곡선적이기보다는 직선적이며, 수직적이기보다는 수평적이다. 일련의 획들이 유사하게 반복된다. |
| 2단계 | 끼적이는 시간이 많으나, 글자와 거의 비슷하게 쓰기 시작한다. |
| 3단계 | 선이 모여서 글자를 형성하는 방법을 인식하게 되어 점점 더 글자와 유사한 형태로 쓰게 된다. |
| 4단계 | 틀린 글자가 있기는 하지만 진짜 글자들만을 쓴다. 이 단계에서는 글자의 방향이 모두 일정한지, 한 글자 내에서 획들이 얼마만큼 정확하게 만나는지, 단어들 간에 간격을 띄었는지 등을 보고 발달수준을 결정한다.<br>글자의 좌우가 바뀌거나 소리나는 대로 쓰는 형태가 자주 보인다. |

출처: Schickedanz, J.(1986). More than the ABCs: The Early stage of reading and writing. Washington, DC: NAEYC.

숧츠비(Sulzby, 1985)는 영유아의 쓰기를 여섯 가지 범주로 분류하였으며, 이러한 분류는 위계적 순서를 거치는 것은 아니나 영유아의 쓰기 발달은 다음과 같이 보편적인 형태로 나타난다고 제시하였다.

**숧츠비의 쓰기 발달 단계**는 [표 3-8] 에 잘 나타나 있다.

[표 3-8] 숧츠비의 쓰기 발달단계

| 단계 | 내용 |
|---|---|
| 범주 1:<br>그림으로 쓰기 | 유아가 자신의 의사를 전달하기 위해서 그림으로 쓰기가 가능하다는 것을 안다. 만약 유아가 이 그림은 쓰기가 아니라 그림이라고 분명하게 말한다면 이것은 쓰기의 형태로 볼 수 없다. 그림으로 쓰는 유아는 자기가 그린 것을 읽을 때 실제 글자를 쓴 것처럼 그 그림을 읽는다. |
| 범주 2:<br>끼적이기로 쓰기 | 유아는 끼적이기를 해 놓고 무엇인가 썼다고 한다. 가끔 쓰기에 나타나는 현상이 끼적이기에도 나타나 왼쪽에서 오른쪽으로 끼적이기를 하기도 한다. 이 끼적이기 형태의 쓰기는 끝이 둥글거나 뾰족할 수도 있다. |
| 범주 3:<br>글자 비슷한 형태로 쓰기 | 얼른 보면 유아의 쓰기 형태가 글자 모양 같기도 하다. 그렇지만 자세히 관찰해 보면 글자와 비슷한 형태일 뿐이다. 가능하면 유아의 설명이나 명칭을 이끌어 내도록 하는 것이 판단에 도움이 된다. |
| 범주 4:<br>낱글자를 연속해 늘어놓으며 쓰기 | 자신의 이름 등에서 익힌 낱글자를 사용한다. 유아는 가끔씩 글자의 순서를 바꾸기도 하며 긴 줄 모양으로 연결되게 낱글자를 쓰기도 하는데 뜻을 파악하기는 어렵다. |
| 범주 5:<br>창안적 글자 쓰기 | 표준적인 글자로 쓰지 못할 때 창안적 철자쓰기 등의 자발적인 쓰기 행동을 보인다. 창안적 철자 쓰기는 관례적인 철자법을 잘 알지 못하기 때문에 유아 자신의 방식에 따라 창안해서 쓰기를 하는 것으로 유아에 따라 다양하게 나타난다. 발생적 문식성 관점에서는 이러한 발명적 철자는 한 단어가 전체 음절을 나타내기도 하며 단어가 겹쳐지거나 적당한 간격이 없이 쓰기도 한다. |
| 범주 6:<br>관례적인 철자법으로 쓰기 | 성인이 사용하는 방식대로 쓴다. |

출처: Sulzby, E.(1985). Children' s emergent reading of favorite storybooks: A developmental study. Reading Research Quarterly, 20, p 464.

**클레이**(Clay, 1991)는 영유아들은 능숙한 쓰기를 하기 위해서 쓰기의 하위 기능들을 순서대로 익혀나가는 것이 아님을 주장하였다. 영유아는 일상생활에서 문자를 직접 사용해보는 경험을 통해 끊임없이 새로운 가설을 만들고 검증하면서 쓰기 발달을 완성해 나간다는 것으로 본다. 영유아들이 쓰기를 학습하는 원리는 다음과 같다.

[표 3-9] 클레이의 쓰기 학습의 원리

| 원리 | 내용 |
|---|---|
| 반복의 원리 | 글자가 그림을 그린 것처럼 동그라미나 선 모양이 반복적으로 그어져 있음 |
| 생성의 원리 | 잘 알고 있는 몇 개의 낱자들을 여러 가지로 조합해서 반복적으로 쓰며 스스로 글자의 규칙을 만들어 냄 |
| 기호 개념의 원리 | 그림, 기호, 디자인의 차이를 인식하고 이를 종이 위에 나타내려 애를 씀.<br>그림을 그린 뒤 글자 모양으로 설명을 쓰고 이를 구두로 설명하여 그림과 기호의 차이를 인식하고 있음을 보여 줌 |
| 융통성의 원리 | 글자의 기본 모양을 가지고 한 번도 본 적이 없는 새로운 글자를 만들어 내며 글자와 말소리와의 관계를 지으려고 애를 씀<br>창안적 철자 쓰기(invented spelling)가 나타남 |
| 줄 맞추기와 쪽 배열의 원리 | 방향성의 원리<br>글을 쓸 때 줄을 맞추려고 하며, 왼쪽에서 오른쪽으로 쓰고, 다 쓰고 나면 아래로 내려와서 다시 왼쪽에서 오른쪽으로 쓰기 시작함 |
| 띄어쓰기의 원리 | 단어와 단어 사이를 띄어쓰는 것을 알게 됨. 때로는 그것이 어려워 단어와 단어 사이에 마침표를 찍기도 함 |

출처: Clay, M.(1991). Becoming literature : The construction of inner control. Portsmouth, NH: Heinemann.

### (4) 유아기 연령별 읽기·쓰기 발달과 교사 및 부모의 역할

#### ① 3~ 4세

- 읽기 · 쓰기 발달의 특징: **환경을 탐색하면서 읽기와 쓰기의 기초를 마련한다.**
  - 이야기를 듣고 토론하는 것을 즐긴다.
  - 글을 통해 이야기가 전달됨을 이해한다.
  - 읽기나 쓰기를 하려고 한다.
  - 환경에서 볼 수 있는 간단한 글자와 표시를 읽는다.
  - 말놀이 게임을 즐긴다.
  - 몇몇 글자의 이름을 알고 글자와 소리를 연결시킬 수 있다.
  - 자신의 이름, '사랑해요'와 같은 표현하고자 하는 것을 자신이 알고 있는 글자를 최대한 활용하거나 어떤 표시로 나타낸다.

- 읽기 쓰기 발달을 위한 교사의 역할
  - 글자의 이름과 소리에 대해 말해준다.
  - 풍부한 문해환경을 조성한다.
  - 유아가 좋아하는 책을 반복해서 읽어 준다.
  - 놀이하면서 읽기 쓰기를 활용할 수 있도록 한다.
  - 유아가 쓰기를 실험할 기회를 준다.

- 부모의 역할
  - 자녀와 대화를 나누고 사물의 이름을 알려 주고 자녀가 하는 말에 흥미를 보인다.
  - 책을 자주 반복해서 읽어 준다.
  - 지나간 경험에 대하여 다시 말하도록 격려하고 생각이나 사건을 이야기하도록 지원한다.

– 자녀와 함께 도서관을 규칙적으로 방문한다.

– 마커, 크레용, 연필 등으로 그림을 그리거나 표시를 할 기회를 많이 준다.

② 4~5세

- 읽기 · 쓰기 발달 특징 : **글에 대한 기초 개념을 가지게 되고 읽기와 쓰기를 통한 탐색 활동에 적극적이다.**
  - 성인이 읽어 주는 것을 듣는 것을 즐기며 스스로도 이야기 말하기를 즐긴다.
  - 글자의 이름을 알아보며 글자의 소리를 낼 수 있다.
  - 운율을 알아보고 말의 첫소리를 알아본다.
  - 글은 위에서 아래로, 왼쪽에서 오른쪽으로 읽는다는 것을 안다.
  - 글과 말을 연결시키려고 한다.
  - 아는 글자뿐만 아니라 많이 사용하는 말을 적으려고 한다.

- 읽기 · 쓰기 발달을 위한 교사의 역할
  - 유아가 읽기와 쓰기 경험에 대하여 말할 기회를 준다.
  - 의미있는 맥락 안에서 글자와 소리의 관계를 탐색할 기회를 많이 준다.
  - 말의 소리 단위를 분절하거나 소리를 모아 하나의 단어를 만드는 활동을 한다.
  - 매일 쓰기를 할 기회를 제공한다.
  - 통글자를 익힐 수 있도록 지원한다.

- 부모의 역할
  - 매일 자녀에게 이야기 혹은 정보책을 읽어 준다.
  - 자녀가 읽거나 쓰려고 하는 시도를 격려한다.
  - 가정 일 중 읽기나 쓰기 활동에 자녀를 참여시킨다 (예: 쇼핑목록 작성하기, 요리 레시피 읽기 등)
  - 게임 방법이 적혀 있는 메모를 읽고 함께 게임을 한다.
  - 식사시간 혹은 매일의 일과 중 자주 자녀와 이야기를 나눈다.

## 영유아의 언어발달과 관련된 동영상을 감상하고 알게 된 점과 느낀 점을 적어보세요

**활동자료** [EBS 기획특집] 언어발달의 수수께끼(2011)
제1부 '아이는 어떻게 말을 배울까'

외국어에 일찍 노출되면 언어학습 능력도 높아질까요? 1부는 조기영어교육에 대한 논란을 과학적으로 접근한 것이 특징이다. 말을 배우는 아이들의 천재적인 능력을 조명하면서 모국어와 외국어 습득의 공통점과 차이점을 규명해낸다. 인간의 언어발달에 대한 국내 최초의 실험들을 통해 영유아기 언어발달의 수수께끼를 풀어본다.

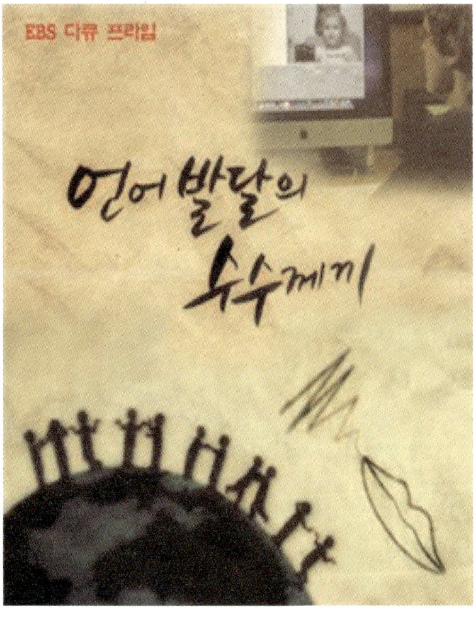


[EBS 다큐프라임] 언어발달의 수수께끼(2011)
1부 '아이는 어떻게 말을 배울까?'

Chapter 4

# 언어지도의 내용

우리나라 국가수준 영유아 언어교육 과정은 표준보육과정과 누리과정에 제시되어 있다. 각 언어교육 과정의 목표 및 주요 내용을 이해하고, 초등학교 교육과정과의 연계성을 파악하는 것이 영유아를 위한 언어교육 운영의 밑바탕이 될 것이다. 이에 0~2세 표준보육과정, 2019개정 누리과정과 초등학교 국어과 교육과정 1~2학년군을 살펴보고자 한다.

1. 0~2세 표준보육과정
2. 2019개정 누리과정
3. 초등학교 국어과 교육과정

## 1 0~2세 표준보육과정

### 1) 0~1세 의사소통 영역

0~1세 영아는 적극적 의사소통자로 비언어와 언어를 이용하여 자신의 생각, 느낌, 감정을 표현하고 상대방의 표현과 반응을 보고 들으며 소통한다. 또한 주변의 그림과 상징에 관심을 갖고, 자유롭게 끼적이기를 즐기며 책과 이야기에도 관심을 갖는다. 의사소통 영역은 일상에서 영아가 자신의 의사를 상대방에게 전달하고, 상대방의 표현을 이해하는 과정에서 다른 사람과 소통하는 다양한 방식을 경험하면서 **의사소통의 즐거움**을 느끼며 **의사소통능력의 기초를 형성**하는 것을 목표로 한다. 이를 위하여 교사는 0~1세 영아가 자유롭고 편안하게 자신의 의사를 표정, 몸짓, 옹알이, 말소리, 말, 끼적이기 등 다양한 방식으로 표현할 수 있도록 하고, 책과 이야기에 관심을 갖고 자유롭게 즐기는 것을 지원하도록 한다.

#### (1) 목표

의사소통 능력의 기초를 형성한다.

① 일상생활에서 듣기와 말하기를 즐긴다.

② 읽기와 쓰기에 관련된 관심을 가진다.

③ 책과 이야기에 관심을 가진다.

의사소통 영역의 목표는 0~1세 영아가 의사소통 능력의 기초를 형성하는 경험을 하는 것이다. 0~1세 영아가 일상생활에서 다른 사람의 말이나 이야기를 듣고 말하기를 즐기며, 주변의 그림과 다양한 상징에 관심을 갖고 자유롭게 끼적이기에 관심을 갖는 것과 다양한 책과 이야기를 접하며 관심을 가지는 것을 목표로 한다.

## (2) 내용

| 내용범주 | 내용 |
|---|---|
| 듣기와 말하기 | • 표정, 몸짓, 말과 주변의 소리에 관심을 갖고 듣는다.<br>• 상대방의 이야기를 들으면서 말소리를 낸다.<br>• 표정, 몸짓, 말소리로 의사를 표현한다. |
| 읽기와 쓰기에 관심 가지기 | • 주변의 그림과 상징에 관심을 가진다.<br>• 끼적이기에 관심을 가진다. |
| 책과 이야기 즐기기 | • 책에 관심을 가진다.<br>• 이야기에 관심을 가진다. |

- **듣기와 말하기**

영아가 다른 사람이 표정, 몸짓, 말 등에 관심을 갖고 보고 들으며, 표정, 몸짓, 말소리로 자신의 의사를 표현하는 내용이다.

- **읽기와 쓰기에 관심 가지기**

영아가 주변의 그림과 상징에 관심을 가지고, 자유롭게 끼적이기에 관심을 가지는 내용이다.

- **책과 이야기 즐기기**

영아가 책과 이야기에 관심을 가지는 내용이다.

### (3) 내용범주 이해하기

| 내용범주 | 듣기와 말하기 |
|---|---|
| 내용 | |
| • 표정, 몸짓, 말과 주변의 소리에 관심을 갖고 듣는다.<br>0~1세 영아가 주변 사람의 표정과 몸짓에 관심을 가지고 반응하며, 주변에서 들리는 말소리와 소리에 관심을 보이면서 다양한 말과 소리에 주의를 기울여 들으며 소통하는 내용이다.<br><br>• 상대방의 이야기를 들으면서 말소리를 낸다.<br>0~1세 영아가 주변에서 말하는 이야기에 주의를 기울여 들으면서 다양한 발성과 옹알이로 반응하고 점차 적극적으로 말소리를 내며 소통하는 내용이다.<br><br>• 표정, 몸짓, 말소리로 의사를 표현한다.<br>0~1세 영아가 표정과 몸짓의 비언어적인 방법을 포함하여 점차 말소리와 같은 언어적인 방법으로 표현하게 되면서 소통의 방식을 다양하게 활용하여 의사를 표현하는 내용이다. | |

| 내용범주 | 읽기와 쓰기에 관심 가지기 |
|---|---|
| 내용 | |
| • 주변의 그림과 상징에 관심을 가진다.<br>0~1세 영아가 자신의 주변의 친숙한 그림이나 표지판, 상표와 같은 주변의 친숙한 상징에 관심을 가지는 내용이다.<br><br>• 끼적이기에 관심을 가진다.<br>0~1세 영아가 손에 무엇인가를 쥐고 벽이나 바닥면에 끼적이기를 시도하며 의도적으로 움직여 어떤 결과가 나타나는 것에 관심을 가지는 내용이다. | |

| 내용범주 | 책과 이야기 즐기기 |
|---|---|
| 내용 | |
| • 책에 관심을 가진다.<br>0~1세 영아가 다양한 형태의 책을 탐색하는 경험을 하며 책에 대한 관심을 가지고 책과 자신의 경험을 관련짓고 상징 행동을 하며 상상해보면서 책에 대한 선호가 생기는 내용이다.<br><br>• 이야기에 관심을 가진다.<br>0~1세 영아가 이야기를 자주 접하게 되면서 점차 자신이 좋아하는 이야기에 대한 선호가 생기게 되는 것과 관련되는 내용이다. | |

## 2) 2세 의사소통 영역

2세 영아는 의사소통 경험을 통해 일상의 기초적인 어휘를 습득하여 구어로 소통하는 능력이 향상되고 상징과 문자를 읽고 쓰며 문어로 소통하는 방식을 경험한다. 의사소통 영역은 자신의 의사를 다른 사람에게 표현하여 전달하고, 상대방의 이야기를 듣고 말하며, 일상에서 읽기, 쓰기와 관련되는 경험에 관심을 가지며 책과 이야기를 즐기고 상상의 즐거움을 가질 수 있는 경험을 하는 것에 목표를 두고 있다. 교사는 2세 영아가 일상에서 자유롭게 편안하게 상대방에게 표정, 몸짓, 말로 의사를 표현하는 기회를 제공하고, 다른 사람과 소통하는 것을 격려하고, 영아가 읽고 쓰는 데 관심을 가질 수 있는 다양한 그림과 사물의 상징이 담긴 인쇄물 등을 충분히 제공하며, 책과 이야기에서 자유로운 상상을 즐길 수 있도록 지원한다.

### (1) 목표

의사소통 능력과 상상력의 기초를 기른다.

① 일상생활에서 듣기와 말하기를 즐긴다.

② 읽기와 쓰기에 관심을 가진다.

③ 책과 이야기에 재미를 느낀다.

의사소통 영역의 목표는 1세 영아가 듣기, 말하기, 읽기, 쓰기의 의사소통 방식에 관심을 가지고 활용하며, 책과 이야기에서 상상하는 즐거움을 경험하기이다. 2세 영아가 일상생활에서 듣고 말하기를 즐기고, 그림과 문자 상징을 읽고 쓰기에 관심을 가지는 것과 책과 이야기를 즐길 수 있는 경험을 하는 것을 목표로 한다.

### (2) 내용

| 내용범주 | 내용 |
| --- | --- |
| 듣기와 말하기 | • 표정, 몸짓, 말에 관심을 갖고 듣는다.<br>• 상대방의 이야기를 듣고 말한다.<br>• 표정, 몸짓, 단어로 의사를 표현한다.<br>• 자신의 요구와 느낌을 말한다. |
| 읽기와 쓰기에 관심 가지기 | • 주변의 그림과 상징, 글자에 관심을 가진다.<br>• 끼적이며 표현하기를 즐긴다. |
| 책과 이야기 즐기기 | • 책에 관심을 가지고 상상한다.<br>• 말놀이와 이야기에 재미를 느낀다. |

• 듣기와 말하기

영아가 다른 사람의 표정, 몸짓, 말에 관심을 갖고 듣고, 상대방의 이야기를 듣고 말하며, 표정, 몸짓, 단어로 자신의 의사를 표현하며, 자신의 요구와 느낌을 자유롭게 말하는 내용이다.

• 읽기와 쓰기에 관심 가지기

영아가 주변의 그림과 상징, 글자에 관심을 가지고, 이를 활용하여 자유롭게 끼적이며 표현을 즐기는 내용이다.

• 책과 이야기 즐기기

영아가 다양한 책과 이야기에 관심을 가지고 상상하기를 즐기며, 말놀이와 이야기 짓기에 재미를 느끼는 내용이다.

### (3) 내용범주 이해하기

| 내용범주 | 듣기와 말하기 |
|---|---|
| 내용 | |
| • **표정, 몸짓, 말과 주변의 소리에 관심을 갖고 듣는다.**<br>2세 영아가 상대방의 표정, 몸짓, 말에 관심을 갖고 적극적으로 들으며, 상대방의 생각과 의도를 파악하고, 다양한 말과 소리의 차이에 관심을 가지고 듣는 내용이다.<br><br>• **상대방의 이야기를 듣고 말한다.**<br>2세 영아가 상대방의 말 혹은 이야기를 듣고 반응함 자신의 느낌, 생각을 상대방에게 말하는 경험을 하는 내용이다.<br><br>• **표정, 몸짓, 단어로 의사를 표현한다.**<br>2세 영아가 표정과 몸짓의 비언어를 포함하여 단어 혹은 말로 자신의 의사를 표현하여 상대방과 소통하는 경험을 하는 내용이다.<br><br>• **자신의 요구와 느낌을 말한다.**<br>2세 영아가 상대방에게 자신의 요구와 느낌을 자유롭고 편안하게 말하는 경험을 하는 내용이다. | |

| 내용범주 | 읽기와 쓰기에 관심 가지기 |
|---|---|
| 내용 | |
| • 주변의 그림과 상징, 글자에 관심을 가진다.<br>2세 영아가 주변 인쇄물의 그림이나 표지판, 상표와 같은 상징, 자신의이름과 같이 친숙한 글자에 관심을 가지며 상징 읽기를 시도하는 내용이다.<br><br>• 끼적이며 표현하기를 즐긴다.<br>2세 영아가 다양한 쓰기 도구를 이용하여 의도적으로 끼적이며 이를 상징화하며 표현하는 것에 관심을 갖고 즐기는 내용이다. | |

| 내용범주 | 책과 이야기 즐기기 |
|---|---|
| 내용 | |
| • 책에 관심을 가지고 상상한다.<br>2세 영아가 주변의 다양한 책을 보는 것을 즐기며 책의 내용을 자유롭게 상상하는 내용이다. 영아는 선호하는 책이 생기고, 책을 만들기도 하며 책 보기를 즐기게 되는 내용이다.<br><br>• 말놀이와 이야기에 재미를 느낀다.<br>2세 영아가 다양한 표현의 말과 이야기 짓기를 즐기면서 말과 이야기의 변화에 재미를 느끼게 되는 내용이다. | |

## 2 2019 개정 누리과정

유아는 주변 사람들과 소통하며 관계를 맺는 능동적인 의사소통자이다. 유아는 다른 사람의 말을 주의 깊게 듣고 자신의 생각과 느낌을 다양한 방법으로 표현하며 소통하는 것을 즐기고, 책과 이야기에 관심을 갖는다. 의사소통 영역은 유아가 다른 사람과 소통하며, 일상에서 만나는 글자나 상징에 관심을 가지고 책과 이야기를 즐기는 경험과 관련된 내용이다. 교사는 유아가 자신의 느낌과 생각을 적절하게 말하는 경험을 통해 바른 언어생활을 할 수 있도록 돕는다. 또한 유아가 아름다운 우리말이 담긴 책과 이야기에 흥미를 가지고 언어가 주는 재미와 상상을 충분히 즐길 수 있도록 지원할 수 있다.

## 1) 누리과정 의사소통 영역

### (1) 목표

일상생활에서 필요한 의사소통 능력과 상상력을 기른다.

① 일상생활에서 듣기 말하기를 즐긴다.
② 읽기와 쓰기에 관심을 가진다.
③ 책과 이야기를 통해 상상하기를 즐긴다.

### (2) 내용

| 내용범주 | 내용 |
| --- | --- |
| 듣기와 말하기 | • 말이나 이야기를 관심 있게 듣는다.<br>• 자신의 경험, 느낌, 생각을 말한다.<br>• 상황에 적절한 단어를 사용하여 말한다.<br>• 상대방이 하는 이야기를 듣고 관련해서 말한다.<br>• 바른 태도로 듣고 말한다.<br>• 고운 말을 사용한다. |
| 읽기와 쓰기에 관심 가지기 | • 말과 글의 관계에 관심을 가진다.<br>• 주변의 상징, 글자 등의 읽기에 관심을 가진다.<br>• 자신의 생각을 글자와 비슷한 형태로 표현한다. |
| 책과 이야기 즐기기 | • 책에 관심을 가지고 상상하기를 즐긴다.<br>• 동화, 동시에서 말의 재미를 느낀다.<br>• 말놀이와 이야기 짓기를 즐긴다. |

### (3) 목표 및 내용범주 이해하기

의사소통 영역의 목표와 내용범주는 유아가 일상생활에서 다른 사람의 말이나 이야기를 듣고 말하기를 즐기며, 주변의 상징을 읽고 글자와 비슷한 형태로 써보기에 관심을 가지며, 다양한 책과 이야기를 통해 상상하기를 즐기는 내용으로 구성하였다.

- 유아의 듣고 말하는 경험이 분리되지 않음을 고려하여 기존 누리과정의 '듣기'와 '말하기'를 '듣기와 말하기'로 제시하였다.
- 유아의 읽고 쓰는 경험이 분리되지 않음을 고려하여 기존 누리과정의 '읽기'와 '쓰기'를 '읽기와 쓰기에 관심 가지기'로 제시하였다.
- 유아가 동화와 동시, 말놀이와 이야기 짓기 등 일상에서 자연스럽게 문학을 즐기는 경험에 중점을 두어 '책과 이야기 즐기기' 내용범주를 새롭게 제시하였다.

- **듣기와 말하기**

유아가 다른 사람의 말이나 이야기를 관심 있게 듣고, 자신의 경험, 느낌, 생각을 상황에 적절한 단어를 사용하여 말하고, 고운 말을 사용하는 내용이다.

- **읽기와 쓰기에 관심 가지기**

유아가 말과 글의 관계에 관심을 가지고, 주변의 상징, 글자 등을 읽으며, 자신의 생각을 글자와 비슷한 형태로 표현해 보는 내용이다.

- **책과 이야기 즐기기**

유아가 다양한 책에 관심을 가지고 상상하며, 동화, 동시에서 말의 재미를 느끼고, 말놀이와 이야기 짓기를 즐기는 내용이다.

<table>
<tr><th>내용범주</th><th>듣기와 말하기</th></tr>
<tr><td>목표</td><td>• 일상생활에서 듣고 말하기를 즐긴다.</td></tr>
<tr><td>내용</td><td>• 말이나 이야기를 관심 있게 듣는다.<br>• 자신의 경험, 느낌, 생각을 말한다.<br>• 상황에 적절한 단어를 사용하여 말한다.<br>• 상대방이 하는 이야기를 듣고 관련해서 말한다.<br>• 바른 태도로 듣고 말한다.<br>• 고운 말을 사용한다.</td></tr>
<tr><td>내용 이해</td><td>• 말이나 이야기를 관심 있게 듣는다.<br>유아가 다른 사람이 하는 말과 흥미로운 주제, 익숙한 경험이 담긴 이야기에 관심을 가지며 듣는 내용이다.<br><br>• 자신의 경험, 느낌, 생각을 말한다.<br>유아가 상대방에게 자신의 경험, 느낌, 생각을 자유롭게 말하는 내용이다.<br><br>• 상황에 적절한 단어를 사용하여 말한다.<br>유아가 때와 장소, 대상과 상황을 고려하여 적절한 단어와 문장을 선택하여 말하는 내용이다.<br><br>• 상대방이 하는 이야기를 듣고 관련해서 말한다.<br>유아가 다른 사람이 이야기하는 내용을 듣고 말하는 사람의 생각, 의도, 감정을 고려하여 말하는 내용이다.<br><br>• 바른 태도로 듣고 말한다.<br>유아가 말하는 사람에게 주의를 기울이며 듣는 내용이다. 말을 끝까지 듣고, 자신의 의견을 말하는 내용이다.<br><br>• 고운 말을 사용한다.<br>유아가 일상생활에서 자주 쓰는 유행어, 속어, 신조어, 상대방을 비난하는 말을 사용하지 않고, 우리말을 바르게 사용하는 내용이다.</td></tr>
</table>

| 내용범주 | 읽기와 쓰기에 관심 가지기 |
| --- | --- |
| 목표 | • 읽기와 쓰기에 관심을 가진다. |
| 내용 | • 말과 글의 관계에 관심을 가진다.<br>• 주변의 상징, 글자 등의 읽기에 관심을 가진다.<br>• 자신의 생각을 글자와 비슷한 형태로 표현한다. |
| 내용 이해 | • **말과 글의 관계에 관을 가진다.**<br>유아가 일상에서 말이 글로, 글이 말로 옮겨지는 것에 관심을 갖는 내용이다.<br><br>• **주변의 상징, 글자 등의 읽기에 관심을 가진다.**<br>유아가 일상에서 자주 보는 상징(표지판, 그림문자 등)이나 글자 읽기에 관심을 가지는 내용이다. 유아가 상징이나 글자에는 사람들의 생각과 감정, 정보가 담겨 있다는 것을 이해하는 내용이다.<br><br>• **자신의 생각을 글자와 비슷한 형태로 표현한다.**<br>유아가 자신의 생각이나 말을 끼적거리거나 글자와 비슷한 선이나 모양, 글자와 비슷한 형태로 표현하는 내용이다. |

| 내용범주 | 책과 이야기 즐기기 |
| --- | --- |
| 목표 | • 책이나 이야기를 통해 상상하기를 즐긴다. |
| 내용 | • 책에 관심을 가지고 상상하기를 즐긴다.<br>• 동화, 동시에서 말의 재미를 느낀다.<br>• 말놀이와 이야기 짓기를 즐긴다. |
| 내용 이해 | • **책에 관심을 가지고 상상하기를 즐긴다.**<br>유아가 책에 흥미를 가지며 책 보는 것을 즐기고 상상하는 즐거움을 경험하는 내용이다.<br><br>• **동화, 동시에서 말의 재미를 느낀다.**<br>유아가 동화와 동시를 자주 들으며 우리말의 재미와 아름다움을 느끼는 내용이다.<br><br>• **말놀이와 이야기 짓기를 즐긴다.**<br>유아가 끝말잇기, 수수께끼, 스무고개 등 다양한 말놀이를 즐기는 내용이다. 자신의 경험, 생각, 상상을 기초로 새로운 이야기를 만드는 과정을 즐기는 내용이다. |

## 3 초등학교 국어과 교육과정(1~2학년군)

영유아를 위한 언어교육을 잘 수행하기 위해서는 **초등학교 교육과정의 언어교과**를 이해하여 유–초 저학년 간에 연계교육을 실시해야 한다. 연계성은 학년 사이나 학교 수준 사이의 교육내용이 적절한 관련을 맺는 것으로, 교육내용의 조직에 있어 계속성과 계열성이 고려되어 편성 · 운영되어야 한다.

2019년 개정된「3~5세 연령별 누리과정」에서는 언어 관련 교육활동을 '의사소통 영역'에서 다루고 있으며,「초등학교 교육과정」에서는 '언어 교과'에서 다루고 있다. 초등학교 교사용 지도서는 교사들이 학교현장에서 국어수업을 성공적으로 할 수 있도록 하는 데 필요한 이론이나 교수–학습 실제, 참고자료 등을 제공하고 있다. 아래의 내용은 2015년 개정된 초등학교 1~2학년군 교사용 지도서에 제시된 내용을 발췌 · 정리한 것이다(교육과학기술부, 2015).

### 1) 성격

국어는 **사고와 의사소통의 도구**이자 **문화 창조** 및 **전승**의 기반이다. 학습자는 국어를 통해 자아를 인식하고 타인과 교류하며 세계를 이해한다. 또한 대부분의 학습이 국어로 이루어지기 때문에 국어 능력은 학습의 성패를 결정하는 주요 인자가 된다. 국어를 중심으로 이루어지는 여러 활동을 충실하게 하고 국어 문화를 향유하며 삶의 질을 높이려면 다양하고 수준 높은 국어 경험을 쌓고 국어 능력을 체계적으로 길러야 한다.

**'국어'**는 한국인의 삶이 배어 있는 국어를 정확하고 효과적으로 사용하는 능력과 태도를 기르고, 국어를 비판적이고 창의적으로 사용하여 국어 발전과 국어 문화 창달에 이바지하려는 뜻을 세우며, 올바른 국어 생활을 통해 창의성과 인성을 계발하고 미래 지향적인 공동체 의식을 함양하는 과목이다. 국어과의 학습을 통해 학습자는 수준 높은 사고력과 의사소통 능력을 갖추고 국어 문화를 이해 · 향유하며 활용할 수 있게 된다. 또한 자신의 말과 글에 책임 의식을 지니고 주체적인 국어 생활을 하며 바람직한 인성과 소통 능력을 기르게 된다. 아울러, 통일 · 국제화 시대에 국어의 가치를 깨닫고 국어와 국어 문화를 발전시키는 데 기여하는 태도를 갖추게 된다.

'국어'의 하위 영역은 **듣기 · 말하기, 읽기, 쓰기, 문법, 문학**이다. 이들 영역에 관한 기본 지식을 갖추고 개성적이고 품위 있는 국어 사용의 기능을 익히며 주체적으로 국어 생활을 영위하는 태도를 지님으로써 국어교육의 목표를 달성할 수 있다. 이를 위하여 학습자는 담화 또는 글의 내용을 정확하고 비판적으로 이해하고 생각과 느낌, 경험을 효과적이고 창의적으로 표현하는 활동을 한다. 또한 국어의 제반 현상을 탐구하여 국어를 깊이 있게 이해하고 국어 의식을 높이는 활동을 한다. 아울러, 문학 작품을 수용하거나 생산하면서 인간의 다양한 삶을 총체적으로 이해하고 심미적 소양과 정서를 함양하는 활동을 한다.

### 2) 목표

국어로 이루어지는 이해 · 표현 활동 및 문법과 문학의 본질에 대하여 이해하고, 의사소통의 목적과 맥락을 고려하여 국어를 **개성적이고 품위 있게 사용**하며, 국어 문화를 누리면서 **국어의 발전과 국어 문화 창조**에 이바지하는 능력과 태도를 함양한다.

가. 비판적이고 창의적인 이해 · 표현 활동 및 문법 탐구와 문학 향유에 필요한 기본 지식을 기른다.

나. 다양한 유형의 담화, 글, 작품을 정확하고 비판적으로 이해하고 효과적이고 창의적으로 표현하며 소통하는 기능을 익힌다.

다. 국어의 가치와 국어 능력의 중요성을 인식하고 주체적으로 국어 생활을 하는 태도를 갖춘다.

'국어'의 교수 · 학습 내용은 듣기 · 말하기, 읽기, 쓰기, 문법, 문학 영역으로 나누어 구성한다.

## 3) 내용 체계 및 성취 기준

### (1) 내용 체계

각 영역의 내용은 전 교과 공통의 체계에 따라 **'핵심 개념'**, 핵심 개념과 연결되는 **'일반화된 지식'**과 **'학년(군)별 내용 요소'**, 그리고 핵심 역량에 바탕을 둔 **'기능'**으로 체계화된다. 학년(군)별로 제시한 내용 요소는 해당 학년(군)에서 집중적으로 다루되, 국어 능력의 발달 양상 및 관련 지식과 기능의 위계에 따라 **학년(군) 간에 연계성**을 추구하여야 한다.

[듣기 · 말하기]

| 핵심 개념 | 일반화된 지식 | 1~2학년군 | 기능 |
|---|---|---|---|
| • 듣기 · 말하기의 본질<br>– 구두 의사소통<br>– 사회적 의미 구성 | 듣기 · 말하기는 화자와 청자가 구어로 상호 소통하며 의미를 공유하는 행위이다. | | – 맥락 이해하기<br>– 관계 형성하기<br>– 아이디어 생산하기<br>– 자료 활용하기<br>– 담화 구성하기<br>– 표현하기<br>– 매체 활용하기<br>– 경청 · 몰입하기<br>– 이해 · 평가하기<br>– 의사 결정 · 문제 해결하기<br>– 기억 · 활용하기<br>– 상호 소통하기<br>– 점검 · 조정하기 |
| • 담화의 목적과 유형<br>– 정보 전달<br>– 설득<br>– 친교 · 정서 표현<br>• 담화와 매체 | 목적, 상황, 내용, 매체 등에 따라 다양한 담화 유형이 있으며, 이들은 고유한 표현과 소통의 원리를 지닌다. | – 인사말<br>– 대화<br>[감정 표현] | |
| • 듣기 · 말하기의 참여자<br>– 화자 · 청자<br>• 듣기 · 말하기의 방법<br>– 맥락 이해<br>– 관계 형성 · 상호 작용<br>– 내용 구성<br>– 표현 · 전달<br>– 평가 · 감상<br>– 계획 · 점검 · 조정 | 화자와 청자는 소통의 목적과 상황에 따라 적절한 전략과 방법을 사용하여 듣기 · 말하기 과정에서의 과제를 해결하며 듣고 말한다. | – 서사적 순서<br>– 자신 있게 말하기<br>– 집중하며 듣기 | |
| • 듣기 · 말하기의 태도<br>– 경청 · 공감<br>– 배려 · 협력 | 듣기 · 말하기의 가치를 인식하고 공감 · 협력하며 소통함으로써 듣기 · 말하기 능력이 길러진다. | – 바른 말 사용 | |

[읽기]

<table>
<tr><th>핵심 개념</th><th>일반화된 지식</th><th>1~2학년군</th><th>기능</th></tr>
<tr><td>• 읽기의 본질<br>– 글과의 소통<br>– 능동적 의미 구성</td><td>읽기는 독자가 자신의 배경 지식을 활용하여 의미를 구성하고 글을 바탕으로 한 세계와 소통하는 행위이다.</td><td></td><td rowspan="4">– 글 선정하기<br>– 몰입하기<br>– 보조 · 참고 자료 활용하기<br>– 이해하기<br>– 추론하기<br>– 평가하기<br>– 성찰 · 공감하기<br>– 전달 · 공유하기<br>– 기억 · 활용하기<br>– 필자와 교류하기<br>– 점검 · 조정하기</td></tr>
<tr><td>• 글의 목적과 유형<br>– 정보 전달<br>– 설득<br>– 친교 · 정서 표현<br>• 글과 매체</td><td>글의 목적, 내용, 매체 등에 따라 다양한 글 유형이 있으며, 이들은 고유한 구조와 표현상의 특성을 지닌다.</td><td>– 글자, 낱말, 문장, 짧은 글</td></tr>
<tr><td>• 읽기의 참여자<br>– 독자<br>• 읽기의 방법<br>– 내용 확인<br>– 추론<br>– 평가 · 감상<br>– 계획 · 점검 · 조정</td><td>독자는 읽기 목적과 상황에 따라 적절한 읽기 방법을 활용하여 읽기 과정에서의 과제를 해결하며 능동적으로 의미를 구성한다.</td><td>– 소리 내어 읽기<br>– 띄어쓰기<br>– 중요한 내용의 확인<br>– 글쓴이의 마음 짐작</td></tr>
<tr><td>• 읽기의 태도<br>– 흥미<br>– 읽기의 생활화</td><td>읽기의 가치를 인식하고 자발적 읽기를 생활화함으로써 읽기 능력을 기를 수 있다.</td><td>– 읽기에 흥미 가지기</td></tr>
</table>

[쓰기]

<table>
<tr><th>핵심 개념</th><th>일반화된 지식</th><th>1~2학년군</th><th>기능</th></tr>
<tr><td>• 쓰기의 본질<br>– 의미 표현<br>– 독자와의 소통</td><td>쓰기는 생각이나 느낌, 경험을 정리하여 글로 표현함으로써 독자와 소통하는 행위이다.</td><td></td><td rowspan="4">– 맥락 이해하기<br>– 독자 분석하기<br>– 아이디어 생산하기<br>– 자료 활용하기<br>– 글 구성하기<br>– 표현하기<br>– 매체 활용하기<br>– 편집 · 출판하기<br>– 독자와 교류하기<br>– 점검 · 조정하기</td></tr>
<tr><td>• 글의 목적과 유형<br>– 정보 전달<br>– 설득<br>– 친교 · 정서 표현<br>• 글과 매체</td><td>목적, 독자, 내용, 매체 등에 따라 다양한 글 유형이 있으며, 이들은 고유한 형식과 표현의 원리를 지닌다.</td><td>– 주변 소재에 대한 글<br>– 겪은 일을 표현한 글</td></tr>
<tr><td>• 쓰기의 참여자<br>– 필자와 독자<br>• 쓰기의 방법<br>– 맥락 이해<br>– 내용 생성 · 조직<br>– 표현 · 고쳐쓰기<br>– 표집 · 출판<br>– 계획 · 점검 · 조정</td><td>필자는 쓰기 목적과 독자에 따라 적절한 전략과 방법을 사용하여 쓰기 과정에서의 과제를 해결하며 글을 쓴다.</td><td>– 글자 쓰기<br>– 문장 쓰기</td></tr>
<tr><td>• 쓰기의 태도<br>– 쓰기 윤리<br>– 쓰기의 생활화</td><td>쓰기의 가치를 인식하고 쓰기 윤리를 지키며 즐겨 씀으로써 쓰기 능력이 길러진다.</td><td>– 쓰기에 대한 흥미</td></tr>
</table>

[문법]

<table>
<tr><th>핵심 개념</th><th>일반화된 지식</th><th>1~2학년군</th><th>기능</th></tr>
<tr><td>• 국어의 본질<br>– 의미 표현<br>– 사고 · 의사소통 · 문화<br>– 보편성과 고유성</td><td>국어는 사고와 의사소통의 수단이 되는 기호 체계로서 언어의 보편성을 바탕으로 고유한 국어 문화를 형성한다</td><td></td><td rowspan="4">– 문제 발견하기<br>– 자료 수집하기<br>– 비교 · 분석하기<br>– 분류 · 범주화하기<br>– 종합 · 설명하기<br>– 적용 · 검증하기<br>– 실생활 성찰하기</td></tr>
<tr><td>• 국어의 체계와 구조<br>– 음운<br>– 단어<br>– 문장<br>– 담화<br>• 국어의 변화</td><td>국어는 음운, 단어, 문장, 담화의 단위로 구성되고 이들은 시대에 따라 변화해왔다.</td><td>– 한글 자모 이름과 소릿값<br>– 문장과 문장 부호</td></tr>
<tr><td>• 국어의 탐구와 활용<br>– 발음<br>– 표기<br>– 어휘<br>– 어법 · 문법<br>– 화용</td><td>국어 및 국어 사용에 대한 탐구 활동을 통해 국어 지식이 신장되며, 국어 지식을 바탕으로 바른 국어 생활이 이루어진다.</td><td>– 낱말의 소리와 표기</td></tr>
<tr><td>• 국어에 대한 태도<br>– 국어 사랑<br>– 국어 의식</td><td>국어의 가치를 인식하고 국어를 바르게 사용함으로써 국어 능력이 길러진다.</td><td>– 글자, 낱말, 문장에 대한 흥미</td></tr>
</table>

[문학]

<table>
<tr><th>핵심 개념</th><th>일반화된 지식</th><th>1~2학년군</th><th>기능</th></tr>
<tr><td>• 문학의 본질<br>– 언어 예술<br>– 즐김 · 깨달음<br>– 문화 · 소통</td><td>쓰기는 생각이나 느낌, 경험을 정리하여 글로 표현함으로써 독자와 소통하는 행위이다.</td><td></td><td rowspan="4">– 맥락 이해하기<br>– 독자 분석하기<br>– 아이디어 생산하기<br>– 자료 활용하기<br>– 글 구성하기<br>– 표현하기<br>– 매체 활용하기<br>– 편집 · 출판하기<br>– 독자와 교류하기<br>– 점검 · 조정하기</td></tr>
<tr><td>• 문학의 갈래<br>– 서정<br>– 서사<br>– 극<br>– 교술<br>• 문학의 역사<br>• 문학과 매체</td><td>목적, 독자, 내용, 매체 등에 따라 다양한 글 유형이 있으며, 이들은 고유한 형식과 표현의 원리를 지닌다.</td><td>– 주변 소재에 대한 글<br>– 겪은 일을 표현한 글</td></tr>
<tr><td>• 쓰기의 참여자<br>– 필자와 독자<br>• 쓰기의 방법<br>– 맥락 이해<br>– 내용 생성 · 조직<br>– 표현 · 고쳐쓰기<br>– 표집 · 출판<br>– 계획 · 점검 · 조정</td><td>필자는 쓰기 목적과 독자에 따라 적절한 전략과 방법을 사용하여 쓰기 과정에서의 과제를 해결하며 글을 쓴다.</td><td>– 글자 쓰기<br>– 문장 쓰기</td></tr>
<tr><td>• 쓰기의 태도<br>– 쓰기 윤리<br>– 쓰기의 생활화</td><td>쓰기의 가치를 인식하고 쓰기 윤리를 지키며 즐겨 씀으로써 쓰기 능력이 길러진다.</td><td>– 쓰기에 대한 흥미</td></tr>
</table>

### (2) 성취 기준

**'국어'의 성취 기준**에서 '1~2학년군'의 성취 기준은 '취학 전의 국어 경험을 발전시켜 일상생활과 학습에 필요한 기초 문식성을 갖추고, 말과 글에 대해 흥미를 가진다'이다.

#### ① 듣기·말하기

1~2학년군 듣기 · 말하기 영역 성취 기준은 학습자가 학교생활에 적응하면서 다른 사람들과 자연스럽게 상호 작용하는 데 필요한 듣기 · 말하기 능력을 신장하는 데 중점을 두어 설정하였다. 다른 사람의 말을 **경청**하며 듣고 자신의 감정이나 경험을 자신감 있게 말하면서 **기초적인 듣기 · 말하기 습관과 태도**를 형성하는 데 주안점을 둔다.

[2국01-01] 상황에 어울리는 인사말을 주고받는다.
[2국01-02] 일이 일어난 순서를 고려하며 듣고 말한다.
[2국01-03] 자신의 감정을 표현하며 대화를 나눈다.
[2국01-04] 바른 자세로 자신 있게 말한다.
[2국01-05] 말하는 이와 말의 내용에 집중하며 듣는다.
[2국01-06] 바른 말을 사용하여 말하는 태도를 지닌다.

- 주요 학습 요소

인사말, 감정 표현하기, 대화, 일이 일어난 순서, 바른 자세로 말하기, 자신 있게 말하기, 주의 집중하며 듣기, 바른 말을 사용하려는 태도

#### ② 읽기

'1~2학년군 읽기 영역' 성취 기준은 정보를 수용하기 위한 수단으로 읽기가 있음을 알고 글자 읽기를 통해 **글의 내용을 이해**하는 데 중점을 두어 설정하였다. 또한 글자라는 약속된 기호가 있음을 알고 **스스로 글자를 읽으려는 태도**를 길러 읽기에 흥미를

가질 수 있도록 하는 데 주안점을 둔다.

[2국02-01] 글자, 낱말, 문장을 소리 내어 읽는다.
[2국02-02] 문장과 글을 알맞게 띄어 읽는다.
[2국02-03] 글을 읽고 중요한 내용을 확인한다.
[2국02-04] 글을 읽고 글쓴이의 처지와 마음을 짐작한다.
[2국02-05] 읽기에 흥미를 가지고 즐겨 읽는 태도를 지닌다.

- 주요 학습 요소

정확하게 소리 내어 읽기, 알맞게 띄어 읽기, 내용 파악하기, 글쓴이의 처지와 마음 알기, 읽기에 대한 흥미

### ③ 쓰기

1~2학년군 쓰기 영역 성취 기준은 학습자가 학교생활을 하면서 자신의 **생각이나 학습 결과를 문자로 표현**하는 데 필요한 **기초적인 쓰기 능력**을 신장하는 데 중점을 두어 설정하였다. 글자를 바르게 쓰고, 자신의 생각을 문장이나 짧은 글로 쓰면서 글쓰기에 흥미를 갖고 부담 없이 쓰는 태도를 기르는 데 주안점을 둔다.

[2국03-01] 글자를 바르게 쓴다.
[2국03-02] 자신의 생각을 한 문장으로 표현한다.
[2국03-03] 주변의 사람이나 사물에 대해 짧은 글을 쓴다.
[2국03-04] 인상 깊었던 일이나 겪은 일에 대한 생각이나 느낌을 쓴다.
[2국03-05] 쓰기에 흥미를 가지고 즐겨 쓰는 태도를 지닌다.

• 주요 학습 요소

글자 바르게 쓰기, 기본적인 문장 쓰기, 짧은 글 쓰기, 경험에 대한 생각이나 느낌 쓰기, 쓰기에 대한 흥미

### ④ 문법

1~2학년군 문법 영역 성취 기준은 학습자가 기초 문식성을 습득하여 학교에서의 국어생활에 쉽게 적응하도록 하는 데 중점을 두어 설정하였다. **한글을 해독**하고 **낱말과 문장, 문장 부호**를 바르게 쓰며 **말과 글에 대한 관심**을 함양하는 데 주안점을 둔다.

[2국04-01] 한글 자모의 이름과 소릿값을 안다.

[2국04-02] 소리와 표기가 다를 수 있음을 알고 낱말을 바르게 읽고 쓴다.

[2국04-03] 문장에 따라 알맞은 문장 부호를 사용한다.

[2국04-04] 글자, 낱말, 문장에 흥미를 가지고 관심 있게 살펴본다.

• 주요 학습 요소

한글 자모의 이름과 소릿값, 낱말 바르게 읽고 쓰기(소리와 표기의 관계), 문장 부호, 글자 · 낱말 · 문장에 대한 흥미와 관심

### ⑤ 문학

1~2학년군 문학 영역 성취 기준은 학습자가 **문학에 친밀감과 재미**를 느끼도록 하는 데 중점을 두어 설정하였다. 재미있는 발상과 표현이 담긴 작품을 활용하여 말의 재미를 느끼고 작품에 묘사된 인물이나 사건을 상상하는 한편, 자신의 생각이나 느낌, 경험을 자유롭게 표현하는 활동을 통해 문학에 대한 흥미를 높이는 데 주안점을 둔다.

[2국05-01] 느낌과 분위기를 살려 동시나 노래, 짧은 이야기를 들려주거나 듣는다.

[2국05-02] 인물의 모습, 처지와 행동, 마음을 상상하며 동시나 노래, 이야기를 감상한다.

[2국05-03] 재미있는 말을 사용하여 겪은 일에 대한 생각이나 느낌을 표현한다.

[2국05-04] 자신의 생각이나 겪은 일을 동시나 노래, 이야기 등으로 표현한다.

[2국05-05] 동시나 노래, 이야기에 흥미를 가진다.

- 주요 학습 요소

동시, 노래, 이야기, 느낌과 분위기, 낭송, 인물의 처지와 행동, 재미있는 말, 경험에 대한 생각과 느낌, 문학에 대한 흥미

[1~2학년군 국어 자료의 예]

- 가까운 사람들과 주고받은 간단한 인사말
- 사건의 순서가 드러나는 간단한 이야기
- 우리말 자음과 모음의 다양한 짜임을 보여 주는 낱말
- 친숙하고 쉬운 낱말과 문장, 짧은 글
- 주변 사람이나 흔히 접하는 사물에 관해 소개하는 글
- 인물의 모습과 처지, 마음이 잘 드러나는 이야기, 글
- 창의적 발상이나 재미있는 표현이 담긴 동시나 노래
- 상상력이 돋보이는 (옛)이야기, 그림책, 만화, 애니메이션
- 자신의 감정을 표현하는 간단한 대화, 짧은 글, 동시
- 재미있거나 인상 깊었던 일을 쓴 일기, 생활문, 노래, 이야기

[누리과정을 반영한 언어활동]

<table>
<tr><th>활 동 명</th><td colspan="3">내가 만약 반쪽이라면…</td></tr>
<tr><th>교육과정 관련요소</th><td>의사소통 – 듣기와 말하기<br>· 말이나 이야기를 관심 있게 듣는다.<br>· 자신의 경험, 느낌, 생각을 말한다.<br>· 의사소통 · 책과 이야기 즐기기<br>· 책에 관심을 가지고 상상하기를 즐긴다.</td><th>대상</th><td>만 5세</td></tr>
<tr><th>도 서 명</th><td colspan="3">『반쪽이』</td></tr>
<tr><th>활동목표</th><td colspan="3">1. 그림책의 등장인물의 마음을 이해한다.<br>2. 그림책을 보고 나의 생각을 표현할 수 있다.</td></tr>
<tr><th>활동자료</th><td colspan="3">『반쪽이』 동화책, 활동지, 쓰기도구</td></tr>
<tr><th>활동과정</th><th colspan="3">활동방법</th></tr>
<tr><th>도 입</th><td colspan="3">– 도서영역에 있던 『반쪽이』를 읽어 보았나요?<br>– 읽어 본 ㅇㅇ가 기억이 나지 않는 친구들을 위해 『반쪽이』이야기를 해줄 수 있을까요?<br>– (동화책을 보여 주며) 어떤 일들이 있었나요?<br>– 『반쪽이』 읽고 어떤 기분이 들었는지 표현해 줄 수 있을까요?<br>– 형들이 반쪽이를 따라오지 못하도록 바위에 묶을 때는 반쪽이 기분이 어땠을까요?<br>– 호랑이들이 반쪽이를 잡아먹으려고 할 때 반쪽이 마음을 어땠을까요?<br>– 내가 만약 반쪽이처럼 장애가 있다고 가족이나 친구들이 싫어하면 기분이 어떨까요?<br>– 반쪽이처럼 아픈 사람을 도와 준 적이 있나요?<br>– 몸이 불편한 사람에게 양보(배려)한 적이 있나요?</td></tr>
<tr><th>전 개</th><td colspan="3">〈활동명: 내가 만약 반쪽이라면… 소개한다.〉<br>– 오늘은 내가 만약 '반쪽이'라면 어떨까? 하고 생각해 보고, 표현해 볼 거예요.<br>– 활동지와 쓰기도구를 언어영역에 준비해 놓았어요.<br>– 우리 ㅇㅇ반 친구들이 만약 반쪽이라면…<br>– 어떨 것 같은지? 어떤 마음일지? 어떤 것을 하고 싶은지… 자유롭게 써 주세요.</td></tr>
</table>

| | |
|---|---|
| 마무리 | 〈자유롭게 표현하도록 안내하고 격려한다.〉<br>– 언어영역에 보니 우리 친구들이 쓴 내용을 보았어요.<br>– 어떤 친구가 썼던 내용을 말해 줄 수 있나요?<br>– ㅇㅇ는 왜 그런 마음이 들었나요?<br>– 어떤 기분이나 느낌이 드나요?<br>– 내가 만약 반쪽이라면 다른 사람들이 나에게 어떻게 했으면 좋겠나요? |
| 후속 활동 | – 아이들이 기록했던 기록물을 전시한다. |

<table>
<tr><td>활동명</td><td colspan="3">반쪽을 찾아줘요. (단어 만들기)</td></tr>
<tr><td>교육과정 관련요소</td><td>의사소통 - 읽기와 쓰기에 관심 가지기<br>주변의 상징, 글자 등의 읽기에 관심을 가진다.</td><td>대상</td><td>만 5세</td></tr>
<tr><td>도서명</td><td colspan="3">『반쪽이』</td></tr>
<tr><td>활동목표</td><td colspan="3">1. 단어에 관심을 갖는다.<br>2. 단어를 완성하기 위해 친구와 협동심을 기른다.</td></tr>
<tr><td>활동자료</td><td colspan="3">『반쪽이』 동화책, 신문지, 쓰기도구</td></tr>
<tr><td>활동과정</td><td colspan="3">활동방법</td></tr>
<tr><td>도 입</td><td colspan="3">동화책 『반쪽이』 읽고 생각나는 단어가 있나요?<br>(아이들이 단어라는 말을 이해하지 못하면 교사가 먼저 제시) (예: 호랑이, 눈, 귀 등)<br>동화책이 다양한 단어들이 있었네요.</td></tr>
<tr><td>전 개</td><td colspan="3">〈활동명: 반쪽을 찾아줘요.〉<br>– 오늘은 ‘반쪽을 찾아줘요’ 게임을 해 볼 거예요.<br>– 여기 선생님이 신문지 위에 자음만 붙여 놓았어요. 반쪽(짝꿍)을 찾아줘야 해요.<br>– 어떤 자음들이 더 필요할까요?<br>– 반쪽 글자를 찾아 줄 수 있을까요? (두 명이 짝궁, 함께 도우며 찾도록 안내)<br>– 동화책에서 글자를 찾아서 단어를 써보세요.<br>– 모든 단어를 완성하고, 그 다음 단어를 말해주는 팀이 이기는 거예요.<br>– 그럼 시작해 볼까요? (게임을 이해하지 못했으면 시범을 먼저 보임)</td></tr>
</table>

| | |
|---|---|
| 마 무 리 | 〈완성된 단어를 말해보도록 안내하고 격려한다.〉<br>– 몇 개의 단어를 완성했나요?<br>– 어떤 단어인가요? 말해 줄 수 있나요?<br>– 게임을 하면서 힘든 점은 무엇이었나요?<br>– 게임을 하면서 즐거운 점은 무엇이었나요? |
| 후속 활동 | – 현재 나의 마음을 표현한다. |
| 활동자료 |   |

| | | | |
|---|---|---|---|
| 활 동 명 | 움직임과 소리로 표현해요.(의성어, 의태어) | | |
| 교육과정 관련요소 | 의사소통 – 책과 이야기 즐기기<br>• 동화, 동시에서 말의 재미를 느낀다. | 대상 | 만 5세 |
| 도 서 명 | 『반쪽이』 | | |
| 활동목표 | 의태어 · 의성어에 관심을 갖는다. | | |
| 활동자료 | '반쪽이' 동화책, 의태어 · 의성어 단어카드 | | |
| 활동과정 | 활동방법 | | |
| 도 입 | 우리 친구들은 의태어, 의성어를 들어 본 적이 있어요.<br>의태어라는 것은 사람이나 사물의 모양이나 움직임을 흉내 내는 말이라고 해요.<br>의성어라는 것은 사람이나 사물의 소리를 흉내 내는 말이라고 해요.<br>동화책 '반쪽이'에는 움직임 흉내 낸 말(의태어)과, 소리를 흉내 낸 말(의성어)이 들어 있어요.(교사의 모델링이 중요)<br>우리 함께 찾아볼까요? | | |

| | |
|---|---|
| **전 개** | 〈활동명: 움직임과 소리로 표현해요.〉<br>오늘은 움직임과 특정 소리로만 듣고, 이게 무엇인지 맞추는 놀이를 할 거예요.<br>동화책에서 봤던 움직임을 나타내는 말, 소리를 나타내는 말을 기억하고 있나요?<br>(사전 활동으로 의태어 · 의성어 경험하도록 충분한 놀이시간 제공)<br>어떤 친구가 표현(동작, 소리를 이용) 해 줄 수 있을까요?<br>ㅇㅇ의 모습을 잘 보고 어떤 단어인지 알아 맞춰 보세요.<br>이렇게도 표현할 수 있네요.<br>(칭찬과 격려로 다른 친구들 참여 유도하기)<br>(흥미도에 따라 팀별 게임으로 확장시킬 수 있다.) |
| **마 무 리** | 〈표현에 참여한 친구들은 칭찬하고 격려한다.〉<br>• 놀이를 하면서 힘든 점은 무엇이었나요?<br>• 놀이를 하면서 즐거운 점은 무엇이었나요?<br>언어영역에 지금 활동한 자료는 놓을게요. |
| **후속 활동** | • 자유롭게 글자도 표현하고 따라 써 보도록 한다. |
| **활동자료** | • 의태어: 날름, 쑥쑥, 쑤욱, 성큼, 꽁꽁<br>• 의성어: 첨벙첨벙, 지글지글, 꾸역꾸역 |

## 생각해보기

1. 3~5세 연령별 누리과정 '의사소통 영역'의 교육과정 관련 요소를 포함하여 활동 계획을 세워보세요.

2. 표준보육과정 '의사소통 영역' 내용범주의 내용별로 교사가 지원할 수 있는 교수학습 방법을 생각해보세요.

Chapter 5

# 문자언어지도 접근법

영유아의 읽기, 쓰기는 어떻게 가르치는 것이 효과적인가에 대해 많은 논란이 있으며 문자언어 지도에 대한 관점에 따라 변화되어 왔다. 본 장에서는 문식성을 해독의 과정으로 볼 것인지, 의미 이해의 과정으로 볼 것인지에 따라 문자언어지도 접근법을 부호중심 접근법, 총체적 언어 접근법, 그리고 균형적 언어 접근법으로 구분하여 살펴보고자 한다.

1. 부호중심 접근법
2. 총체적 언어 접근법
3. 균형적 언어 접근법

# 1 부호중심 접근법

## 1) 개념

**부호중심 접근법**(code emphasis approach)은 발음중심 접근법, 분석적 접근법이라고도 불리며 읽기 지도를 발음중심으로 해야 한다는 주장으로 시작되었다(Chall, 1967). 부호중심 접근법은 특별히 **발음 지도**를 강조한다. 발음(phonics)은 글자를 말소리로 바꾸는 것을 말한다. 글자를 말소리로 바꾸기 위해서는 자·모 체계를 알아서 글자를 읽을 때 글자와 말소리의 관계를 알고 그것을 적용하여 주어지는 글자를 해당 말소리로 바꿔야 하는데 이것이 해독이다. 부호중심 접근법에서는 글자의 올바른 **해독**(decoding)과 **부호화**(encoding)를 강조하며 낱자나 낱말 수준의 언어학습을 강조한다. 읽기를 배우기 시작하는 처음부터 체계적으로 발음 지도를 하는 것이 훨씬 효과적이라는 것이다.

부호중심 접근법은 의미 이해보다는 해독을 중요하게 생각하며, 읽기를 유창하고, 정확하게 하기 위해서는 자모 체계, 글자와 소리 간의 대응 관계와 같은 읽기의 하위 기술부터 가르쳐야 한다고 본다. 또한 언어학습은 반복적인 자극과 강화를 통해서 소리(sound), 단어(word), 문장(sentence) 순으로 이루어지며, 언어발달은 음성 언어(듣기, 말하기)가 문자 언어(읽기, 쓰기)보다 먼저 이루어진다고 보는 언어교육 접근법이다.

## 2) 이론적 관점

부호중심 접근법은 **문식성 교육에 대한 전통적인 견해**로서, 읽기·쓰기 발달에 대한 성숙주의 이론과 학습에 대한 행동주의 이론, 두 가지 모두에 근거하고 있다.

먼저, 읽기·쓰기 발달에 있어서 신체적·신경학적인 성숙의 결과로 읽기·쓰기 학습이 가능하며, 유아가 일정 수준의 성숙에 도달하기 전에 이루어지는 읽기·쓰기 교수는 유아에게 해로울 수 있다는 성숙주의 이론의 관점을 반영하고 있다.

또한 행동주의 이론의 관점에도 근거하고 있는데, 준비도란 경험에 의해 앞당겨질 수 있다고 주장하며 반복 연습을 통하여 언어 학습이 가능하며 준비도를 가속화시킬 수 있는 구체적인 방법을 체계적으로 제시한다.

### 3) 교수원리

부호중심 접근법에서는 처음으로 글자를 배우는 유아들에게 **자·모 체계, 자소·음소의 대응관계, 철자법, 읽기 과정**에서 자·모 체계에 대한 지식의 적용 방법들을 강조하여 가르친다(Harris & Hodge, 1995). 문자 언어교육에서 특별히 발음 지도를 중시하여 글자의 올바른 해독과 부호화를 강조하며 체계적으로 발음 지도를 하는 것이 훨씬 효과적이라고 보기 때문에 발음 지도는 읽기를 배우기 시작하는 초기부터 지도해야 한다고 본다. 주로 낱자나 단어를 중심으로 매우 명시적이고, 직접적이고, 체계적으로 지도해야 한다고 본다.

**문어 학습의 방향**은 낱자에서 단어로, 단어에서 문장으로, 문장에서 이야기로 나아가는 **상향식 접근법**을 취한다. 상향식 언어교육에서는 유아의 자발적이고 실질적인 읽기나 쓰기보다는 맞춤법에 맞는 읽기, 쓰기 학습을 강조한다. 또한 읽기, 쓰기 학습을 하기 위해서는 위계적인 학습 계획과 반복적인 연습이 필요하다고 본다.

읽기 교육과 쓰기 교육은 별개의 교과라고 생각하고 쓰기 교육은 읽기 교육을 학습한 이후에 가능하다고 본다. 문자언어 학습에 있어 형식적인 지식 측면에 초점을 두기 때문에 교사의 역할도 유아에게 정해진 방법을 반복하도록 지시를 내리는 것이다(이영자, 이금구, 2020). 즉 유아의 자발적인 선택이나 참여보다는 교사가 주도적으로 학습을 계획하여 알려주도록 한다. 실제 교육과정에 있어서도 교사의 직접적인 감독 하에 대집단 교수를 많이 하며 학습지를 사용하며 표준적인 글자를 강조한다. 또래와의 상호작용이 적으며 구조적인 형태의 학습활동을 한다.

부호중심 접근법에서 강조하는 것은 **'정확한 글자의 형태'**이며 효율적인 읽기, 쓰기 학습이 이루어지기 위해서는 언어의 가장 기초단계인 음운 지식을 다 익힌 후에야 가능하다. 따라서 그 전에는 본격적인, 읽기, 쓰기를 유보하여야 하고 쓰기도 읽기 학습

후에 실시해야 효율적인 읽기, 쓰기 학습이 된다(이경화 외, 2014; McGee & Richgels, 1996)는 점에서 발음중심 지도법인 부호중심 접근법은 총체적 접근법과 크게 대비된다.

### 4) 교수방법

부호중심 접근법에서 **유아는 수동적인 학습자**로 본다. 제시되는 교수 자료 및 교수방법이 매우 구체적이고 체계적이다. 구체적인 교수방법은 다음과 같다.

- 위계적 순서에 따른 언어 학습

낱자에서 단어로, 단어에서 문장으로, 문장에서 문단으로, 문단에서 이야기 전체로 위계적 순서에 따라 읽기 · 쓰기에 필요한 기초 기술을 가르친다.

- 학습지를 사용한 반복, 연습

정확하게 읽고 쓸 수 있는가가 중요하므로 출판된 연습지 또는 학습지를 사용하여 표준적인 글쓰기와 관련된 반복, 연습을 한다.

- 읽기 쓰기에 필요한 기초 기술 연마

눈과 손의 협응력을 높이는 활동이나 읽고 쓰기 이전의 기술을 연습하는 데에 더 많은 시간을 할애한다(Deford, 1981). 예를 들면, 왼쪽에서 오른쪽으로 눈을 옮겨 가며 보기, 선 따라 줄 긋기, 글자 베껴쓰기, 색칠하기 등이다.

- 직접적인 교수방법과 대집단 활동 중시

교육의 효과를 높이기 위하여 긍정적인 강화나 모델링과 같은 직접적인 교수방법과 대집단 활동을 통한 문자교육을 선호한다.

- 교사 중심의 교수법 선호

영유아의 자발적인 선택이나 참여보다는 교사 중심의 교수법을 선호한다.

- 결과 중심 평가

영유아가 읽고 쓴 결과물이 중요하지, 어떤 목적이나 의도를 가지고 글을 읽고 쓴 것인지는 중요하지 않다. 즉 글을 읽고 쓰는 과정보다는 바르게 썼는지 답을 확인하거나 먼저 다 한 유아에게 교사가 도장을 찍어 주는 등 결과물을 중시하는 평가를 한다.

[그림 5-1] 부호중심 언어접근법 활동 예시

## 2 총체적 언어 접근법

### 1) 개념

**총체적 언어 접근법**(whole language approach)은 부호중심 접근법과 대비되는 접근법으로, **의미중심 언어 접근법**, **언어경험 접근법**, **문학적 접근법** 등으로 불리며 문자

언어를 지도할 때 글의 의미를 파악하는 이해의 과정을 중시한다. 총체적 언어 접근법에서 **'총체적'이라는 말의 의미**는 첫째, 언어의 기본 단위는 '의미'이며 둘째, 듣기, 말하기, 읽기, 쓰기가 통합적으로 경험될 수 있게 지도되어야 한다. 셋째, 언어교육을 다른 교과와 통합적으로 가르치는 것을 의미한다(박혜경, 1991). 총체적 언어 접근법은 현장의 교사들에 의해 시작된 접근법으로, 전통적으로 채택해 왔던 부호중심 접근법이 유아들에게 무의미한 언어 교수 접근이 되고 있다는 반성에서 시작되었다. 따라서 총체적 언어 접근법은 구체적이고, 상황적이며, 개개 유아들에게 보다 의미 있게 언어학습이 이루어지도록 하는 교수법을 말한다.

## 2) 이론적 관점

총체적 언어 접근법은 **발생적 문식성**, 즉 상호작용주의 이론에 근거하고 있다. 상호작용주의 관점은 유아가 환경과의 능동적인 상호작용을 통해 적극적으로 지식을 구성하면서 발달한다고 보는 입장이다. 인간의 언어는 의사소통하는 과정에서 사용되는 것이며, 학습될 수 있다고 보았다. 문자언어는 유아가 의미 있는 상황에서 읽기와 쓰기를 경험하는 가운데 학습된다. 총체적 언어 접근법에서는 언어, 그 자체를 목적으로 보지 않고 의미와 목적을 만들기 위해 존재하는 수단으로 본다. 따라서 유아가 언어기술만을 배우기보다는 언어를 적절히 사용할 줄 아는 것을 목표로 하며, 유아에게 언어를 가르칠 때 의미 있는 상황을 중요시한다(Edelsky et al., 1991).

**'발생적 문식성'** 관점은 문자언어 발달이 어느 한 순간에 급격히 이루어지는 것이 아니라 생후 초기부터 시작되고 서서히 나타나며, 일상생활에서 비형식적인 방법으로 자연스럽게 이루어진다고 보는 입장이다. 유아는 성장하면서 환경 속에서 자연스럽게 글과 글자를 인식하게 되고 이는 '읽고 쓰는 능력의 뿌리(the roots of literacy)'가 되어 글과 글자의 기능, 형태, 규칙 등을 알게 되며, 또한 음성언어와 문자언어를 관계 짓게 되는 것이다(Goodman, 1986).

언어심리학자인 **굿맨과 굿맨**(1981)은 실제 사회에서 사용되는 언어는 항상 총체적(whole)이라고 보았다. 즉 읽기와 쓰기가 상호 연관되어 있으므로 유아기 언어학습에 있어 조각조각 단편적으로 접근하는 것을 반대하며 **전체에서 부분으로의 접근**(top-down model)을 제안했다. 언어란 항상 총체적 구조로 유지되어야 한다고 보고 읽기와 쓰기를 위한 총체적 언어 접근인 이야기부터 시작해서 글자로 향하는 문자언어 지도 모델을 제시하였다(서소정 외, 2017).

### 3) 교수원리

총체적 언어 접근법에서 문자언어 교육의 목표는 언어적 규칙성보다는 읽기, 쓰기의 활용적인 면을 더욱 강조한다. 따라서 지도의 초점은 글자의 형태가 아니라 **글자의 의미**이다. 언어지도는 글자들을 분리해서 가르칠 것이 아니라, 그런 글자들이 의미가 있는 상황 속에서 자연스러운 방법으로 학습될 수 있도록 가르칠 것을 주장한다. 따라서 매우 어린 시기부터 유아들이 문자언어를 자주 접하고 사용해봄으로써 글자의 모양을 익힐 수 있고 상황과 맥락에 의존해서 글의 의미를 추측해보도록 한다. 유아는 아직 분석적이고 논리적인 인지능력이 발달하지 않았으므로 처음부터 음운 규칙을 가르치는 것은 발달적으로 적합하지 않다. 또한 읽기, 쓰기, 말하기, 듣기는 동시에 똑같은 방법으로 발달하므로 유아가 성장할 때까지 읽기, 쓰기 학습을 유보할 것이 아니라 처음부터 완전하고 실용적인 읽기, 쓰기를 제공하는 것이 더 효율적인 읽기, 쓰기 학습이 된다(Edelsky, Altwerger, & Flores, 1991).

총체적 언어 접근법에서는 문자 언어 학습 과정이 음성 언어의 학습과정과 다르지 않다는 것을 강조한다. 그러므로 매우 어린 시기부터 실생활에서 자연스럽게 문자 언어를 접하면서 습득한다고 본다.

총체적 언어 접근법에서는 **학습의 주체가 유아**임을 강조한다. 그러므로 반드시 실제적이고 자연스러운 언어활동을 통해서 의미를 전달하고 파악하는 가운데 유아가 스스로 언어를 학습하도록 한다. 즉 말이나 글을 사회의 표준적 형태에 맞게 쓰도록 강요하는 것이 아니라 유아 스스로 점차적으로 깨달아 갈 수 있도록 문어 환경을 계획하고 준비하여 격려한다.

총체적 언어 접근법에서 **문어학습의 방향**은 전체 이야기에서 문장으로 단어에서 낱자로 나아가는 **하향식 접근법**을 취하고 있다. 유아들은 실제적인 필요와 흥미에 의해서 언어를 사용할 경우에는 잘 모르는 언어라 할지라도 도전하게 되며, 이렇게 잘못 이해하고 실수하는 과정을 통해서 발전적인 언어를 사용할 수 있는 능력을 가지게 된다. 따라서 총체적 접근법에서는 유아에게 질이 **좋은 문학 작품**을 가능한 한 많이 접하게 함으로써 다양한 문학작품을 통해 자연스럽게 문식성을 알아나가도록 한다.

또한 유아가 교실 환경 곳곳에서 말하기, 듣기, 읽기, 쓰기의 필요성을 느끼고 적극적이고 자발적으로 활용하도록 하는 것이 무엇보다도 중요하다(이경화 외, 2014). 실제 교육과정에 있어서도 유아교육기관 하루 일과를 통해 읽기와 쓰기가 통합되는 활동을 하며 교사는 또래와의 상호작용이 활발히 일어나도록 도우며 유아가 한 이야기의 의미에 중점을 두고 문장의 의미를 중시한다. 다양한 흥미영역에서 읽기와 쓰기 활동이 이루어지며, 극화활동에서도 읽기와 쓰기가 일어난다. 유아들은 교사가 없어도 이야기를 만드는 활동을 함께 즐긴다.

### 4) 교수방법

총체적 언어 접근법에서는 유아를 능동적인 학습자로 본다. 구체적인 교수방법은 다음과 같다.

- 실제 사용을 통한 언어학습

언어는 연습이 아닌 실제적인 목적을 가지고 사용함으로써 의미 있는 언어 학습이 된다. 어린 영아라 할지라도 의사소통의 목적으로 읽고 쓰면서 읽기와 쓰기를 배운다.

- 개별화 교수

유아의 언어발달은 개인차가 두드러지기 때문에 개별 유아의 현재 능력에 맞는 과제를 수행할 수 있도록 다양한 선택 활동을 많이 제공해주어야 한다. 언어 교육은 유아가 자신의 경험과 배경 지식에 따라 스스로 선택할 때 의미가 있고 효과적이다.

- 유아주도의 언어 학습

언어 학습의 주도권은 유아에게 있다. 교사는 유아 스스로 깨달아갈 수 있도록 문자언어 환경을 제공해주는 것이 필요하다.

- 언어의 형태보다는 의미를 강조

언어 학습은 의미를 이루는 큰 부분을 이해하면 작은 단위는 자연스럽게 깨닫게 된다. 따라서 언어의 형태를 강조하기보다는 의미를 전달하고 파악하는 실제적이고 자연스러운 언어활동이 일어나도록 해야 하며, 이 과정에서 나타나는 유아의 실수는 발달의 자연스러운 현상으로 받아들여야 한다.

- 인쇄문자가 풍부한 편안한 교실환경

읽기와 쓰기는 다양한 흥미 영역에서 이루어진다. 극화활동에서도 읽기와 쓰기가 일어난다. 유아들은 교사의 도움 없이도 이야기 만드는 활동을 즐기며 책을 만들고 쓰기를 협동적으로 한다. 따라서 유아가 존중되고 보호받고 있다는 느낌을 가질 수 있도록 안락하고 편안한, 인쇄 문자가 풍부한 교실 환경이 제공되어야 한다. 이러한 환경 안에서 유아들은 개개인의 발달 속도에 적절한 읽기와 쓰기를 마음껏 실험해 볼 수 있을 것이다.

동화 속 그림으로 이야기 만들기

글없는 그림책 보고 이야기 구성하기

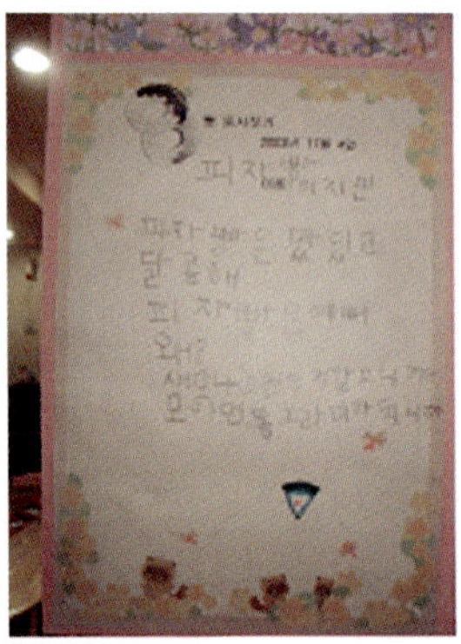

<좋아하는 빵> 주제로 동시짓기

동화 각색하기

[그림 5-2] 총체적 언어접근법 활동 예시

이상에서 살펴 본 내용을 바탕으로 부호 중심 접근법과 총체적 접근법의 특징을 비교하여 정리하면 다음과 같다.

[표 5-1] 부호중심 접근법과 총체적 언어 접근법 비교

| 구분 | 부호 중심 접근법 | 총체적 언어 접근법 |
|---|---|---|
| 이론 | • 행동주의 이론, 성숙주의 이론 | • 상호작용주의 이론, 진보주의 이론 |
| 교육 목표 | • 글자의 정확한 해독과 부호화 기술 습득<br>• 언어의 구조 이해 | • 글의 의미 파악 및 전달<br>• 의사소통을 위한 언어사용 능력 |
| 언어 학습 방향 | • 상향식 접근<br>(낱자→낱말→단어→문장→이야기) | • 하향식 접근<br>(이야기→문장→단어→낱말→낱자) |
| 언어 학습 주체 | • 교사 주도적인 계획과 진행 | • 유아 스스로 의미를 구성하는 과정 |
| 교수-학습 방법 | • 강화와 모방, 반복, 연습, 설명 | • 언어가 사용되는 실제 맥락에서 이루어지는 다양한 상호작용<br>• 교과내, 교과외 영역과의 통합적 활동 |
| 교수 자료 | • 자모 체계와 음소의 결합원리를 보여주는 자료<br>• 학습지 형태의 자료 | • 유아에게 의미 있는 자료(그림책, 달력, 편지, 안내장, 표지판, 반친구 이름, 사물의 이름글자 등) |
| 장점 | • 정확한 해독 능력의 습득<br>• 새로운 글자나 단어 해독에 적용 용이<br>• 초기 읽기나 문해 경험이 부족한 유아의 언어 학습에 효과적 | • 읽기, 쓰기에 대한 유아의 흥미나 동기 유발에 효과적<br>• 글의 의미 파악과 이해, 의미 전달 능력 발달 |
| 단점 | • 글의 의미 파악 및 구성 능력 발달을 돕는 데 제한적임<br>• 유아들에게 의미 없고 지루한 학습 | • 정확한 해독 능력 발달을 위한 지원이 어려움<br>• 언어를 체계적으로 습득하기 어려움 |
| 평가 | • 결과 중심 평가<br>• 표준화 검사 | • 과정 중심 평가<br>• 포트폴리오 |

출처: 서동미, 엄은나, 박성희, 이혜경(2017). 영유아 언어교육, 135p 발췌해서 수정함

# 3 균형적 언어 접근법

## 1) 개념

**균형적 언어 접근법**(balanced language approach)은 총체적 언어 접근법의 전체적인 접근(global approach)과 부호중심 접근법의 분석적인 접근(analytic approach)을 결합한 학습방법으로 부호중심 접근과 총체적 접근의 좋은 점을 모두 취하고자 하는 입장이다. 따라서 의미 있고 실제적인 상황에서 읽기와 쓰기를 접하도록 할 뿐 아니라 유아가 흥미와 관심을 보이는 한도 내에서 음운인식 · 자소–음소의 대응 · 낱자 지식 등 읽기 기초 기능도 교육내용에 포함한다. **균형적 언어접근법에서 '균형'**이라는 말에 내포되어 있는 의미는 첫째, 총체적 접근법과 부호 중심 접근법의 균형, 둘째, 의미 중심의 교수와 음운 중심의 교수 사이의 균형, 셋째, 교사 주도적 활동과 유아 주도적 활동의 균형, 넷째, 계획된 활동과 계획되지 않은 활동의 균형, 마지막으로 개별활동과 집단 활동의 균형이다(김남희, 2013; 임양금, 2005).

## 2) 이론적 관점

20세기 초까지의 언어교육은 대부분 부호중심 접근법으로 이루어지다가 20세기 중반부터 1980년대까지 총체적 언어 접근법이 강조된 언어지도가 이루어졌다. 총체적 언어 접근은 영유아 언어지도에 대한 많은 긍정적인 변화를 이끌었으나, 1990년대 초부터 미국 어린이의 읽기 능력 저하 현상이 나타나며 20세기 말에 다시 총체적 언어 접근법의 문제점을 보완하려는 의도에서 부호중심 언어 접근법도 일부 가미한 언어지도가 필요하다는 의견이 강조되었다. 균형적 언어 접근법은 총체적 언어 접근법과의 새로운 절충주의로서 부호중심 접근법과 총체적 언어 접근법의 좋은 점을 수용하여 만들어졌다.

균형적 언어접근법은 상호작용주의 이론에 근거한 총체적 언어 접근법에서 주장하듯이 유아에게 의미 있고 상황적인 언어 사용이 가능하도록, 단순히 읽기를 위한 읽기가 아니라, 실제적 이유가 있는 읽기 활동을 가능한 한 많이 경험시키는 것을 강조한다. 또한 읽기에 대한 유아들의 동기와 흥미를 지속시킬 수 있도록 의미 있는 읽기 자료들을 가능한 한 많이 제공하는 것은 물론이고, 필요한 유아에게는 총제적 언어 접근법에서 반대하고 있는 낱자 지식, 음운인식, 자 · 모 체계의 이해, 자소 · 음소의 대응 관계 이해, 단어 재인, 그리고 어휘력 등 읽기의 기초 기능들을 체계적이고, 직접적이며, 명시적인 방법으로도 가르친다는 접근법이다.

### 3) 교수원리

균형적 언어 접근법의 교수원리는 유아들에게는 총체적 언어접근법의 장점을 취하지만 좀 더 체계적인 성인의 도움이 필요하며, 특히 말과 글의 관계를 이해할 수 있도록 음운론적 지식의 직접적인 교수가 필요하다는 입장이다. 균형적 언어 접근법은 개개 유아의 특성과 환경, 발달 요구에 따라서 여러 가지 교수법을 적절하게 사용해야 한다는 개별화 교육의 필요성에 의한 것이라 볼 수 있다(이경화 외, 2014).

유아마다 환경이나 발달에 의한 개인차가 크기 때문에 각각의 접근을 결합하여 가르치는 것이 유아들에게 가장 적절하다. 따라서 문어 교육의 전체 틀은 문학 중심, 유아의 선택 존중, 흥미 위주, 자연스러운 글쓰기에 초점을 맞추지만 필요한 유아들에게는 단어 중심의 음운론적 지식을 직접적으로 가르치는 방법을 제시하고 있다.

균형적 언어접근법에서는 유아의 읽기 경험은 이야기에서 문장, 낱말에서 낱자의 순으로 이루어져야 한다는 총체적 언어 접근법의 틀을 지지하며, 그 틀 안에서 낱자에서 낱말, 문장에서 이야기 순의 음운론적 접근법을 함께 병행하도록 한다.

하지만 균형적 언어 접근법은 단순히 총체적 언어 접근법과 부호중심 접근법을 섞어 놓은 교수방법이 아니다. 균형적 언어 접근법의 교수방법은 여러 가지 다양한 상황에서 토론과 협동 활동을 통해 음운론적 지식을 가르칠 때에 비로소 많은 유아들이 효과를 볼 수 있다. 음운론적 지식을 지나치게 과대해서 강조해서는 안 되며 기술 중심의 읽기와 철자 프로그램을 제한하여야 한다. 이러한 활동은 전체 읽기, 쓰기 프로그램으로 사용하여서는 안 되며 전체 읽기, 쓰기 프로그램 내에서 음운론적 지식을 활용하여야 한다. 즐겁게 책을 읽고 해석하게 하기 위해서 의미 있는 의미의 연결과 함께 해독법을 가르치는 것이 필요하다(Adams, 1990).

균형적인 언어 접근법에서는 총체적 언어 접근법과 부호중심 접근법 사이에서 균형을 잡는 교사의 역할이 매우 중요한데 유아 개개인의 특성에 따른 균형점을 찾는 접근이 가장 중요한 교수방법의 요소이다(이경화 외, 2014). 유아의 이름 글자를 활용한 균형적 문식성 접근법의 목표 및 내용과 교육활동을 소개하면 다음과 같다.

**목적 및 목표**

▶ 유아의 전체적 지식의 발달, 부분적 지식의 발달, 정의적 태도의 발달이 조화된 유아의 읽기 · 쓰기의 기본능력 기르기

**교육 내용**

▶ 전체적 지식의 발달
- 큰 책 함께 읽기 활동, 반복읽기 활동, 문식성 관련된 놀이활동, 의미 있는 맥락 안에서 소리, 상징간의 관계 이해, 문식성이 풍부한 환경 제공

▶ 부분적 지식의 발달
- 글자의 이름과 소리를 이용해서 이야기하는 활동, 언어게임 활동, 천천히 글을 쓰면서 그 소리를 말하는 활동, 개념상 풍부한 이야기 읽기 활동, 간단한 어휘 형성 돕는 활동

▶ 정의적 태도 발달
- 이름 쓰기 활동, 읽은 것 · 쓴 것에 대한 이야기 나누기 활동,
  읽기 · 쓰기에 대한 긍정적인 모델링 활동,
  정서를 풍부하게 하는 문학적 읽어주기 활동
  읽기 · 쓰기에 대한 긍정적인 피드백 주기 활동

**교수 · 학습 방법**

▶ 총체적 접근과 음운론적 접근의 균형
- 전체적 지식 발달 : 좋은 문학책 제공, 신문 · 잡지 제공
- 부분적 지식 발달 : 음운 반복적인 쉬운책, 큰 책 제공, 어휘카드, 같은 반 친구들의 이름카드 이용
- 정의적 태도 발달 : 자유롭게 쓰기활동 할 수 있는 게시판 및 쓰기 책상 준비

▶ 교사중심학습과 유아중심학습의 균형
- 전체적 지식 : 유아중심의 환경 만들어주기, 호기심 자극하기, 호기심 촉진시키기
- 부분적 지식 : 교사중심의 활동으로 유아 개인의 특성에 따라 지적해주기, 설명해주기, 모델링 해주기
- 정의적 태도 : 주변 환경과 부모, 교사, 유아간 다양한 자원 활용, 가정통신문 활용

▶ 개별활동과 집단활동의 균형
- 대집단활동 : 이름 관련 개념, 지식 소개의 이야기 나누기 활동, 소집단 활동과 개별활동 소개하고 활동 결과 공유
- 소집단 활동 : 3–6명이 한 집단을 이루어 토의나 작업 활동을 함께하기
- 개별활동 : 자유선택활동 시간에 언어영역에서 금주의 이름글자 활동 게시판을 사용하여 개인적으로 활동하기

▶ 균형 잡힌 문자언어 환경
- 전체적 지식 발달 : 쉬운 책, 일과표 작성판, 각종 안내문, 노래 가사를 적은 표, 다양한 유형의 동화책
- 부분적 지식 발달 : 출석판, 이름글자 자료, 자석판과 자석글자
- 정의적 태도 발달 : 각종 쓰기 자료, 다양한 크기와 형태의 종이, 다양한 종류의 필기도구

**평가**

▶ 유아의 이름글자를 활용한 균형 잡힌 문자언어 접근법의 효과 알아보기
▶ 활동 결과물을 수집하여, 이름쓰기 단계와 변화양상 분석하기

[그림 5-3] 균형적 접근법의 목표 및 내용과 교육활동

출처: 임양금(2006). 유아의 이름글자를 활용한 균형 잡힌 문자언어접근법의 효과, p59

균형적 언어 접근법의 교수방법은 문자 언어의 활용에 대한 **전체적인 지식**(global knowledge)의 발달과 소리와 글자의 관계, 문어 규칙 등과 같은 **부분적인 지식**(local knowledge)의 발달, 그리고 읽기, 쓰기에 대한 정의적인 태도의 발달을 모두 포함하여야 한다(2006, 임양금).

첫째, 전체적인 지식을 발달을 위해서는 너무 어린 시기부터 음운 지식을 지나치게 강조하여 가르치는 것은 위험하며 풍부한 문식성 환경과 문학적인 경험을 많이 제공해주어야 한다.

둘째, 문자언어에 대한 부분적인 지식을 발달시켜야 한다. 한글은 음소문자이면서 음절단위로 모아쓰기를 하기 때문에 글자의 경계가 분명하다. 글자와 음절을 일대일 대응시키기만 하면 모르는 글자도 쉽게 읽을 수 있다. 일단 한글의 자소 대응 규칙만 습득하면 영어와 같은 다른 음소 언어보다 훨씬 습득하기가 쉽다. 따라서 효율적인 한글 읽기, 쓰기 교육을 위해서는 음운을 인식하기 시작하는 시기에 음운 지식을 직접적으로 가르쳐 주는 것이 효과적이다.

셋째, 문자언어에 대한 정의적인 태도를 발달시켜야 한다. 유아가 충분한 문자 언어 경험을 갖도록 하기 위해서는 문자언어에 대한 유아의 긍정적인 태도가 먼저 형성되어야 한다. 유아의 적극적이고 능동적인 학습 태도를 유지시키기 위해서는 흥미 유발이 중요하며 유아에게 항상 읽기, 쓰기가 즐거운 경험이 되도록 하여야 한다.

위의 세 가지 교육내용 및 활동을 정리하면 다음과 같다.

[표 5-2] 균형적 언어 접근법의 교육내용 및 활동

| 내용 영역 | 교육 활동 |
|---|---|
| 전체적 지식의 발달 | (1) 큰 책 함께 읽기 활동 |
| | (2) 친숙한 책 반복읽기 활동 |
| | (3) 문식성 관련된 놀이활동 |
| | (4) 의미 있는 맥락 안에서 소리, 상징 간의 관계 이해 |
| | (5) 문식성이 풍부한 환경 제공 |
| 부분적 지식의 발달 | (1) 글자의 이름과 소리를 이용해서 이야기하는 활동 |
| | (2) 언어게임 활동 |
| | (3) 천천히 글을 쓰면서 그 소리를 말하는 활동 |
| | (4) 다양한 개념이 포함된 이야기 읽기 활동 |
| | (5) 간단한 어휘 형성 돕는 활동 |
| 정의적 태도 발달 | (1) 자유로운 쓰기 활동 |
| | (2) 읽은 것, 쓴 것에 대한 이야기 나누기 활동 |
| | (3) 읽기, 쓰기에 대한 긍정적인 모델링 활동 |
| | (4) 정서를 풍부하게 하는 문학책 읽어 주기 활동 |
| | (5) 읽기, 쓰기에 대한 긍정적인 피드백 주기 활동 |

## 4) 교수방법

균형적 언어 접근법에서는 전체적 지식의 발달, 부분적 지식의 발달, 정의적 태도 발달이 균형 있게 골고루 이루어질 때 비로소 유능한 문해자로 발달하기에 적합한 최적의 환경이라고 할 수 있다. 구체적인 교수방법은 다음과 같다.

- 총체적 언어접근법의 철학을 바탕으로 부호중심 교육 병행

총체적 언어접근법에서 강조하는 영유아에게 친숙한 경험과 흥미를 고려하여 그림

책 등을 읽어 주며, 그림책 속의 단어를 통해 글자와 음절의 대응전략, 자모음 결합원리의 이해 등을 함께 병행하여 지도한다.

- 의미중심과 발음중심 자료의 균형 고려

한글은 음절단위의 학습으로 시작하여 가르칠 수 있으며, 문장과 같은 큰 단위에서 작은 단위로의 분석도 가능하다. 한글 지도 시에는 이 두 과정이 모두 가능하므로 균형적인 교수-학습 자료를 제시한다.

- 흥미 있으면서도 체계적인 학습 내용 제시

영유아의 동기를 유발할 수 있는 흥미 있는 문자 학습이 제시되어야 하며, 동시에 문자언어에 대한 체계적인 학습내용이 균형적으로 제시되어야 한다.

- 형식적 평가와 비형식적 평가의 균형 제시

영유아의 언어능력을 평가할 때는 표준적인 평가와 함께 학습자의 자기 평가 및 관찰과 같은 비표준적인 평가의 균형을 고려해야 한다.

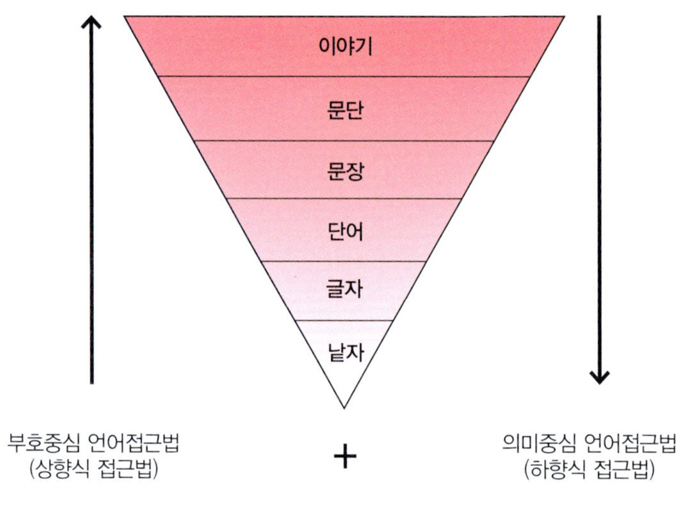


[그림 5-4] 균형적 언어접근법

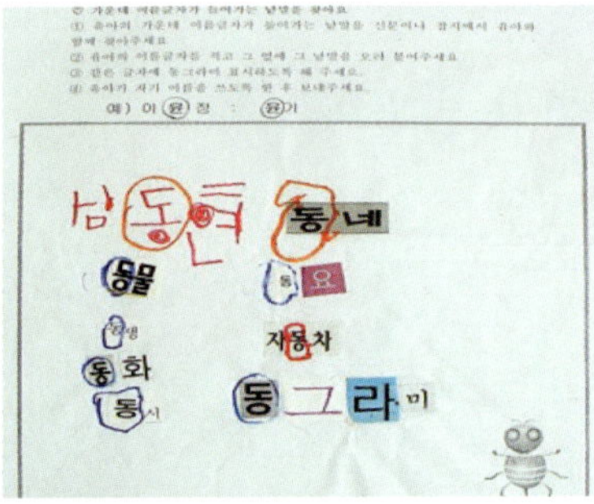

〈가정연계활동: '가운데 글자'를 찾아요〉
내 이름의 가운데 이름글자가 들어가는 낱말을
신문이나 잡지에서 찾아오는 놀이

〈색모래 글자놀이〉
종이 위에 글자판을 놓고 풀을 바른 후 색모래를 뿌린
다음, 글자판 밑의 종이를 꺼내 색모래 글자를
확인하는 놀이

〈과자 이름 게임〉
과자 이름 주사위를 던져서 게임판의 과자 이름이
나오면 한 칸씩 말을 이동하여
먼저 도착하는 유아가 이기는 게임

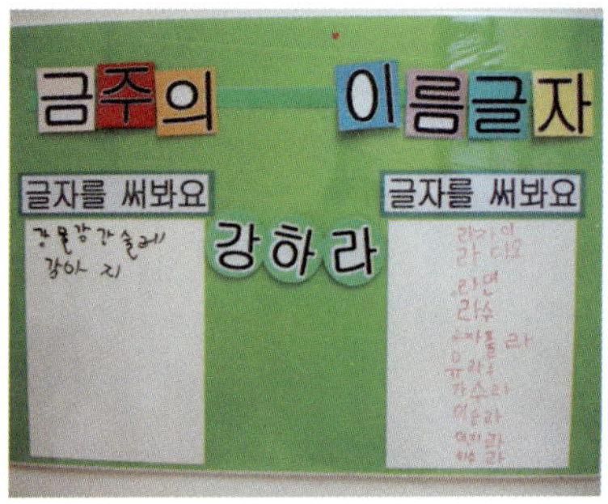


〈이번주의 이름 글자〉
매주 같은 반 친구 이름을 한 명씩 돌아
가며 주제로 삼고, 친구 이름이 들어가는 낱말을 찾아
게시판에 적어 보는 놀이

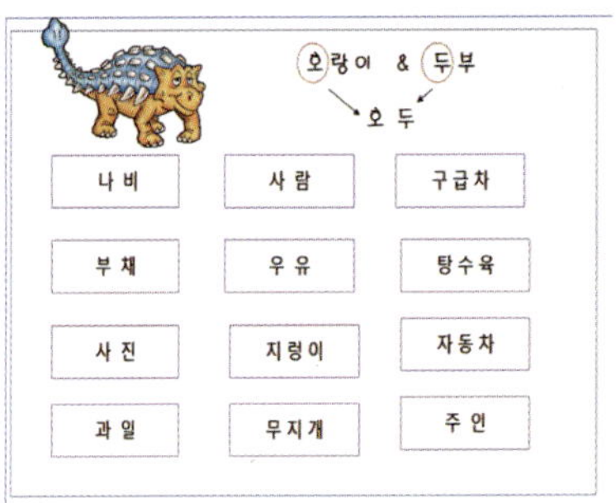


〈단어 입양 놀이〉
카드 두 장을 골라 각 카드에서 한 글자씩 가져와
새로운 낱말을 맞추는 놀이

〈동물 이름으로 삼행시 짓기〉
동물 이름이나 친구 이름으로
삼행시를 지어 보는 놀이

[그림 5-5] 균형적 언어 접근법 활동 예시

## 조별로 마인드맵을 만들어 보고 발표해보세요

**활동주제** 문자언어지도 접근법 세 가지 중 택 1 (조별 4~5인으로 구성)

**활동방법**

마인드맵 제작 순서

① 주제와 관련된 개념, 용어 브레인스토밍(생각 모으기)

② 비슷한 개념끼리 묶기-유목화하기

③ 유목화된 각 묶음에 소주제 붙이기

④ 맵 중앙에 주제 → 소주제 → 세부개념 순으로 제작하기

※ 주의! 글과 함께 이미지를 같이 그리기

Chapter 6

# 언어 영역별 지도

영유아의 언어발달을 위해서는 언어의 제 영역에 대한 통합적 지도가 이루어져야 한다. 듣기, 말하기, 읽기, 쓰기의 상호작용을 바탕으로 영유아의 언어발달은 활발하게 이루어지기 때문이다. 특히, 음성언어는 말하기, 듣기로 구성되며 문자언어는 읽기, 쓰기로 구분되는데, 본 장에서는 음성언어와 문자언어의 지도방안을 구체적으로 살펴보고자 한다.

1. 음성언어 지도
2. 문자언어 지도

# 1 음성언어 지도

## 1) 듣기 지도

**듣기**는 말소리를 의미로 전환하여 해석하는 인지적 정보처리과정을 포함한다. 듣기는 소리를 청각으로 받아들인 뒤, 말소리에 대한 의미를 구성하고, 말소리를 이해하는 과정이다. 유아는 듣기를 통해 정보를 확인하고 내용을 이해하며 청자의 의도와 숨은 뜻을 파악할 수 있을 뿐만 아니라, 자연 소리, 노래, 연주 등의 감상적 듣기를 할 수 있다. 자롱고(Jalongo, 2010)는 듣기를 **들리기, 듣기, 이해하기**의 3가지 요소가 작동하는 과정이며, 소리의 듣기과정과 의미화를 포함한 복잡한 과정으로 본다.

- 들리기(hearing): 소리의 음파를 귀로 받아들이는 것
- 듣기(listening): 여러 소리 중 말소리를 구분하여 언어로 인지하고 의미 있는 단위로 처리
- 이해하기(comprehending or auding): 듣기과정을 통해 정보를 종합, 분석, 비판하는 인지과정

듣기는 청각적 자극의 수용단계, 주의집중단계, 의미해석단계를 포함하기 때문에, 영유아의 듣기능력을 증진하기 위해 교사는 4가지 듣기 지도 원리를 고려해야 한다.

듣기 지도의 일반적 원리

- 교사는 영유아의 말에 귀를 기울이는 경청의 모델자가 되어야 한다.
- 교사는 영유아에게 흥미로운 듣기 자료를 제공한다.
- 교사는 실생활과 연계된 듣기 경험을 제공한다.
- 교사는 통합적인 이해 경험을 제공한다.

### (1) 교사는 영유아의 말에 귀를 기울이는 바른 경청의 모델자가 되어야 한다

교사가 눈을 마주치고 미소를 지으며 듣기를 할 때, 영유아의 말하기는 촉진된다. 영아가 옹알이나 쿠잉을 할 때 교사는 눈을 맞추고 응시하기, 끄덕이기, 미소짓기 등을 통해 영유아의 언어발달을 촉진한다. 영아가 가족사진을 가리키며 '아'라고 말하면 교사는 영아의 언어를 듣고 '아빠'라고 바른 언어로 표현해준다. 교사가 말하는 것을 들은 영아는 교사의 민감하고 반응적인 듣기를 통해 긍정적 관계를 형성한다.

교사는 영유아에게 눈을 맞추고 적절하게 반응하고 끝까지 듣는 모습을 보이며, 영유아의 언어반응을 듣고 민감하게 반응해 주어야 한다. 교사가 주의를 기울이며 영유아의 말에 관심을 갖는 과정을 보며, 영유아는 올바른 듣기 모델자로서의 교사행동을 모방하려고 한다. 특히, 교사는 간단하고 명료하게 표현하여 핵심적인 내용 위주로 의미를 전달하는 것이 좋으며 집중해야 할 부분에 대해서는 '잘 들어보세요', '귀를 쫑긋해서'라고 표현하며 영유아가 필요한 정보에 귀 기울이도록 해야한다.

### (2) 교사는 영유아에게 흥미로운 듣기 자료를 제공한다

교사는 일상생활의 다양한 맥락 속에서 유아가 관심을 갖고 주의집중하여 듣도록 도와야 한다. 같은 소리와 다른 소리를 변별하고 소리 패턴을 식별하는 경험은 문해력 발달에 도움을 주기 때문에 변별적 듣기 경험을 제공해야 한다.

- 친구 목소리, 동물 소리를 듣고 누구인지 알아맞히기, 곡식(콩, 쌀, 조 등)을 넣은 뒤 달라지는 마라카스 소리 구분하기 등을 통해 소리를 변별한다.
- 말의 크기(작게, 보통, 크게)와 속도(느리게, 빠르게)에 변화를 둔 듣기를 실시한 뒤, 어떤 점이 다른지 이야기를 나눈다.
- '밥을 먹다', '귀가 먹다', '애를 먹다' 등 동음이의어 단어를 듣고 구별한다.
- 재미있는 의성어, 의태어가 포함된 동시와 동화를 듣고 의성어와 의태어가 몇 번 나왔는지 세어 본다. **의성어**는 소리를 흉내 내는 말(냠냠, 멍멍, 콕콕콕)이고, **의태어**는 모양이나 움직임을 흉내 낸 말(번쩍번쩍, 쭈글쭈글, 총총총)로, 우리말의 재미를 느끼도록 돕는다.

[그림 6-1] 의성어와 의태어

- 말소리를 듣고 소리분별을 하기 위해서는 낱말, 음절, 음소 순으로 실시하는 것이 좋다.

| 낱말 듣기 | 음절 듣기 | 음소 듣기 |
|---|---|---|
| 바지<br>반바지 | 바지<br>바구니 | 박수<br>반지 |

- 낱말에 자음과 모음이 합쳐져 다양하게 만들어 볼 수 있는 방법을 알 수 있는데 '무'에 받침이 무엇이 오는지에 따라 의미가 달라진다는 점을 듣기를 통하여 파악할 수 있다. /무/소리에 /ㄴ/과 /ㄹ/ 중 어떤 소리가 나는지에 따라 뜻이 달라질 수 있다는 점을 알고, 단어 의미의 차이를 이해하도록 돕는다.

[그림 6-2] 자음과 모음의 조합으로 구성한 글자 사례

### (3) 교사는 실생활과 연계된 듣기 경험을 제공한다

영유아는 지나치게 복잡한 내용을 전달하면 이해하기 어려워한다. 그래서 긴 설명보다는 간단하고 명료한 말로 전달하는 것이 좋다. 교사는 짧게 지시하기, 설명 후 요약하기, 집중해야 할 부분 강조하기 등의 전략을 사용하여 영유아의 듣기지도를 실시하는 것이 필요하다. 또한 듣기활동은 소리에 대한 민감성을 기르고 활동에 집중할 수 있는 능력을 기를 수 있다.

- **말 전달하기 놀이**는 처음하는 말을 듣고 순서대로 말을 전달하는 말놀이이다. 말의 내용이 달라지지 않고 정확하게 말의 뜻이 전달되었을 경우 마지막에 영유아가 전달받는 내용이 처음 지시한 용어와 일치한다. 단어로 시작하여 점차 문장으로 말 전달하는 지시내용을 늘려가는 것도 좋다.

- **말잇기놀이**는 끝말잇기, 가운뎃말잇기 등이 있다. **끝말잇기**는 순서를 정한 뒤, 낱말의 마지막에 끝나는 단어를 연결하여 말하는 놀이이다. 한글은 음소를 표기하지만 음절단위로 모아서 만들어지기 때문에 **가운뎃말잇기** 등의 파생규칙을 적용하여 놀이를 변형시킬 수 있다.

[그림 6-3] 끝말잇기와 가운뎃말잇기 사례

- **'○○에 가면'** 놀이는 장소를 정한 뒤 그 장소에서 볼 수 있거나 구매할 수 있는 것을 누적적으로 제시하는 듣기놀이이다. 마트에 가면, 우체국에 가면, 놀이터에 가면 등의 다양한 장소를 만들어 유아들이 일상맥락 속에서의 경험을 표현하는 방법이다. 순서가 뒤로 갈수록 기억해야 하는 양이 많아지며 순서가 되었을 때 이제까지 나온 것을 먼저 말하고, 그 뒤에 자신의 언어표현을 추가해간다.

- 놀이터에 가면
- 놀이터에 가면 그네도 있고
- 놀이터에 가면 그네도 있고 미끄럼틀도 있고
- 놀이터에 가면 그네도 있고 미끄럼틀도 있고 시소도 있고

- **언어지시 따르기**는 가라사대 게임이라고 부르기도 하는데, 말에 '가라사대'가 붙으면 그 말을 따라 하고, 붙지 않으면 따르지 말아야 한다. 다른 사람의 말에 주의를 기울이고 듣고 행동하는 게임이다.

- 가라사대 손을 머리에 올리세요. 지시에 따르기(손을 머리 위에 올리기)
- 가라사대 손을 반짝반짝 흔드세요. 지시에 따르기(손을 반짝반짝 흔들기)
- 그대로 멈추세요. 지시에 따르지 않기

- **수수께끼 맞추기**는 어떤 사물에 대해 직접적으로 말하지 않고 빗대어 표현하는 것이다. 은유적으로 표현하고 어떤 사물의 의미를 숨기며 지적 상상력을 계발시키는 용어로 표현한다.

- 세상에서 가장 빠른 닭은? 후다닥
- 북은 북인데 바다에서 사는 것은? 거북이
- 개는 개인데 가장 빠른 개는? 번개
- 내려올 때는 천천히, 올라갈 때는 급한 것은? 콧물
- 임꺽정이 타고 다니는 차는? 으라차차차
- 금은 금인데 아무 집에나 있는 금은? 소금

[그림 6-4] 수수께끼 맞추기 사례

## (4) 교사는 통합적인 이해 경험을 제공한다

하루일과 중에 영유아의 행동적 특성을 언어로 표현하며 듣기경험을 할 수 있다. 영아에게 양말을 신겨줄 때는 음조, 억양, 속도 등을 조절하여 리듬감 있게 '양말을 신자, 양말을 신자'와 같이 표현할 수 있다. 유아교육기관의 중요한 소식이나 정보, 중요한 사건 등을 뉴스형식으로 만들어서 기자놀이를 하는 것도 듣기능력을 기를 수 있다. 누가, 언제, 어디서, 무엇을, 어떻게, 왜라고 하는 **육하원칙**에 따라 듣기 경험을 한다면 뉴스를 사실적으로 전달하는 데 도움이 될 것이다.

안녕하세요. 저는 가온누리반 기자 이상봉입니다. 가온누리반 놀이 뉴스를 말씀드리겠습니다. 오늘 모래놀이터에서 도토리들이 삽과 나뭇가지로 터널공사를 했습니다. 터널공사 후 5분이 지나서 모래놀이터 터널이 무너졌다고 합니다. 그래서 도토리들이 병원에 입원했다고 합니다.

[표 6-1] 듣기활동의 유형

| 유형 | 내용 | 사례 |
|---|---|---|
| 목적적 듣기 | • 언어적 지시 따르기<br>• 집중하여 듣고 내용을 기억하여 지시대로 행동하기 | 선생님이 '손을 머리에 올려보세요' 라고 하자 상봉이는 내용을 기억하여 손을 머리에 올린다. |
| 감상적 듣기 | • 말소리를 듣고 리듬을 만들며 표현하고 리듬과 소리를 듣기 | 엉덩이탐정 노래에서 '뿡뿡'소리를 듣고, 리듬 비트를 만들며 몸을 움직인다. |
| 비판적 듣기 | • 동화를 듣고 내용을 이해한 뒤 평가하기 | 꿈에서 맛본 똥파리 동화를 듣고 가장 재미있는 장면을 찾아본다. |
| 변별적 듣기 | • 다양한 소리를 변별하여 들으며 같은 소리, 다른 소리를 구별하기 | '물병자리, 염소자리, 처녀자리'에 대해 듣고 '자리'가 반복된다고 말한다. |
| 창의적 듣기 | • 정서적 반응을 가져오는 동시, 동화, 상상적 내러티브를 들으며 창의적 표현하기 | 빗소리 동시를 듣고 물방울 이야기를 상상한 뒤, 이미지를 극놀이로 표현한다. |

출처: Machado(2010).

## 2) 말하기 지도

말하기는 자신의 생각, 느낌, 감정, 요구, 알고 있는 정보를 음성언어로 표현하는 방법이다. 말하기는 정보전달, 설득, 친교, 정서표현의 목적이 있으며 사회구성원들과 약속된 발음, 어휘, 문법을 적용하여 생각과 느낌을 목적에 맞게 음성언어로 표현하는 것이다. 따라서 교사는 영유아에게 편안한 분위기를 조성하여 영유아가 자신의 생각을 자유롭게 언어로 표현할 수 있도록 해야 하며, 실수를 하더라도 잘못된 부분을 바로잡기보다는 바르게 표현할 수 있도록 도와 주어야 한다.

말하기는 경험 말하기, 창의적 말하기로 구분할 수 있는데, **경험 말하기**는 유아가 직접 경험한 사실에 근거하여 자신의 경험이나 생각을 표현하도록 하는 **개인적 내러티브**이고, **창의적 말하기**는 꾸며내거나 이야기를 지어서 가상의 상황을 언어로 표현하는 **가상적 내러티브**이다. 영유아의 말하기 능력을 증진하기 위해 교사는 4가지 말하기 지도 원리를 고려해야 한다.

말하기 지도의 일반적 원리

- 교사는 영유아가 자신의 생각과 느낌을 자유롭게 표현하도록 격려해야 한다.
- 교사는 영유아에게 흥미로운 말하기 자료를 제공한다.
- 교사는 실생활과 연계된 말하기 경험을 제공한다.
- 교사는 창의적인 말하기 경험을 제공한다.

### (1) 교사는 영유아가 자신의 생각과 느낌을 자유롭게 표현하도록 격려해야 한다

교사는 다른 사람에게 알리고 싶은 정보나 내용, 동화를 읽고 느낀 점에 대해 말하는 경험을 영유아에게 제공한다. 개방적이고 확산적 질문을 제시하여 영유아가 다양한 생각을 말하도록 한다. 자신의 생각과 느낌, 정서적 기분 등을 적절한 단어와 문장으로 표현하도록 하며, 궁금한 사항에 대해 질문 목록을 만든 뒤 인터뷰를 진행한다. 교사는 표준적 말하기 방식을 사용하기 위해 정확한 발음, 어휘, 문법을 지켜서 표현하고, 바른 언어 사용 모델이 되어야 한다. 영유아의 말에 문법적 오류가 있는 경우 직접적으로 고치려고 하기보다는 유아의 말을 다시 받아 말해주며 자연스럽게 말하기의 관습적 특성을 이해하도록 돕는다.

- 그림책 속 등장인물 인형으로 표현하기는 그림책을 읽고 느낀 점, 등장인물에게 하고 싶은 말, 등장인물이 반복적으로 표현하는 말이나 행동요소를 인형을 활용하여 표현해 보도록 하는 것이다. 동화 내용이 익숙해지면 동화를 읽고 등장인물의 모습을 흉내 낸 뒤, 어떤 등장인물을 표현했는지 맞추어 보는 놀이를 할 수 있다.
- **글 없는 그림책**을 보고 각 장면의 내용을 이야기로 꾸민 뒤, 적절한 목소리톤, 큰 소리/작은 소리, 빠르게/느리게 등 속도를 조절하여 녹음한다. 녹음한 자료는 동영상으로 만든 뒤 함께 감상한다.

[그림 6-5] 글 없는 그림책과 유아반응사례

### (2) 교사는 영유아에게 흥미로운 말하기 자료를 제공한다

마이크, 전화기 등은 유아의 언어적 표현을 장려할 수 있는 말하기를 촉진하는 도구이다. 소리 크기를 측정하는 앱, 녹음기 등을 이용하여 흥미로운 말하기 놀이를 할 수 있다.

- **큰 소리/작은 소리로 말하기**는 두 명 이상의 영유아가 소리를 내어 누가 더 큰 소리/작은 소리를 내었는지를 앱으로 측정하는 놀이이다. 유아가 주의집중하는 것이 필요하다면 큰 소리를 내다가 작은 소리 만들기로 진행하는 것이 좋다.
- **소리 없이 말하기**는 소리를 내지 않고 입 모양으로 어떤 소리를 나타내는지를 맞추는 놀이이다. 정확한 발음을 연습하는 데 도움이 된다.

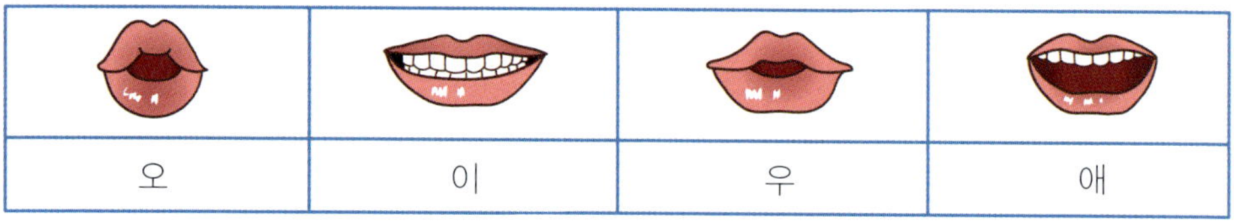


[그림 6-6] 소리 없이 말하기 입 모양 사례

### (3) 교사는 실생활과 연계된 말하기 경험을 제공한다

유아는 자신의 개인적 경험을 언어로 표현할 때 보다 구체적으로 말하기 경험을 가질 수 있다. 언제, 어디서, 누구와, 무엇을, 왜, 어떻게 했는지를 적절하게 질문하여 유아의 생각을 촉진한 뒤 말하기 경험을 제공하는 것이 좋다. 다른 사람들 앞에서 이야기하는 경험을 통해 말하는 태도, 목소리 크기, 듣는 사람을 바라보며 말하기 등을 경험할 수 있다.

- **나의 생일 이야기**는 유아가 태어난 날, 태몽 이야기 등을 친구들에게 들려주거나 생일 모습이 담긴 사진에 대해 말하는 방법이다. 나의 생일이라는 주제로 이야기를 나누는 과정에서 궁금한 점에 대해 친구들과 자연스럽게 묻고 답하는 기회를 가질 수 있다.
- **주말/방학 지낸 이야기**는 주말이나 방학 동안 어떻게 지냈는지 기억을 회상하며 유아가 자신의 경험을 표현하도록 한다. 말하기에 앞서 주말/방학을 지낸 경험에 대해 생각한 뒤 그림으로 표현하거나 사진을 보고 친구들에게 주말/방학 지낸 이야기를 말로 설명하도록 한다. 장소, 시간, 함께한 사람에 대한 정보도 구체적으로 표현할 수 있도록 한다.
- **새 소식 이야기하기**는 동생의 탄생, 고양이 입양, 우리반에 새로운 친구, 가족과 함께 만든 작품, 좋아하는 장난감, 현장 견학 경험 등에 대해 이야기를 나눈다.
- **토론-토의하기**는 하나의 주제에 대해 논리적으로 말하는 방식이다. **토론**은 주제에 대한 자신의 주장을 언어로 표현하는 것으로, 다른 주장에 대한 모순점을 지적하고 자신의 주장을 정당화하는 의사소통방식이다. 토끼와 거북이 동화에서 잠자고 있는 토끼를 깨우지 않은 거북이의 행동에 대한 찬반의견을 들어본 뒤 주장, 근거, 반론을 바탕으로 상대방의 의견에 대해 설득하는 말하기를 할 수 있다. **토의**는 다양한 문제에 대한 적절한 해결방안을 찾기 위해 협동적으로 의사소통하는 방법이다. 안전하게 놀이하는 방법에 대해 서로 의견을 공유하고 상호합의를 바탕으로 놀이 규칙판을 만들어 교실에 게시할 수 있다.

### (4) 교사는 창의적인 말하기 경험을 제공한다

상상하여 말하기는 현실에서 벗어나 유아가 상상하여 말하며 정답 없는 확산적 질문을 통해 상상력을 증진할 수 있다. '만약 ~이라면'의 상상력을 바탕으로 세상에 없는 동물, 가장 힘이 센 배 등 다양한 가상적 상황을 바탕으로 표현하도록 한다. 만약 내가 날 수 있다면, 만약 내가 힘이 세진다면 등 가상의 상황에서 어떤 모습일지를 예측해보고 언어로 구체적 표현이 이루어질 수 있도록 한다. 정답이 없는 확산적 질문은 상상력과 언어표현 능력을 증진시키는 데 도움이 된다.

만약 아이스크림 비가 내린다면 세상이 달콤해질 거야.

세상에서 가장 힘이 센 배는 대포가 있고 정말 크지.

해적이 사는 무시무시한 배에는 귀신도 있어.

[그림 6-7] '만약 ~이라면'의 상상력 말하기 사례

## 2 문자언어 지도

### 1) 읽기 지도

영유아가 읽기에 흥미를 가지기 위해서는 교사가 풍부한 문해환경을 제공해 주어야 한다. 읽기는 문자의 상징을 해독하고 의미를 이해하는 과정이다. 문해력이 길러짐에 따라 그림 중심에서 **글자 중심**으로, 맥락적 읽기에서 **탈맥락적 읽기**로, 문자의 기능 인식에서 **해독 및 유창한 읽기**로 유아의 읽기능력이 발달된다. 따라서 유아교육기

관의 현관, 도서관, 교실, 복도, 화장실 등 다양한 장소에서 **문해환경**을 경험할 수 있도록 제공해 주는 것이 필요하다.

> 읽기 지도의 일반적 원리
>
> - 교사는 소리 내어 책을 읽어 주는 경험을 제공한다.
> - 교사는 동시 읽기 경험을 제공한다.
> - 교사는 환경 인쇄물 읽기 경험을 제공한다.

### (1) 교사는 소리 내어 책을 읽어 주는 경험을 제공한다

교사가 영유아에게 소리 내어 책을 읽어 주면 말과 글의 관계를 경험하게 된다. 글이 말로 바뀌는 것을 알게 되면서 영유아는 책을 읽는 즐거움을 느끼고, 혼자서 책을 읽을 수 있는 유아는 읽기에 대한 흥미와 책 읽기를 좋아하게 된다. 좋아하는 책 반복해서 읽기, 표지를 보고 읽을 내용 예측하기 등을 통해 읽기의 즐거움을 느낄 수 있도록 지원할 필요가 있다. 동화책을 읽고 나서는 '네가 만약 주인공이었다면', 'ㅇㅇ이는 어떤 기분이었을까?', '왜 ~이 일어났을까?', '가장 기억에 남는 장면은 무엇이니?'와 같은 질문을 통해 읽은 내용에 대해 이해하고 추론하는 경험을 제공한다.

> 영아의 읽기를 촉진하는 방법
>
> - 0세: 헝겊책, 비닐책, 두꺼운 책, 패턴그림책
> - 1세: 영아가 좋아하는 그림이나 동물, 자동차 등 사물 이름을 명명할 수 있는 그림책
> - 2세: 명확한 주제, 예측 가능한 내용, 대사가 반복되어 리듬감을 느낄 수 있는 책, 의성어/의태어가 풍부한 책

비닐책

두꺼운 책

헝겊책

### (2) 교사는 동시 읽기 경험을 제공한다

동시는 글자 수가 적고 반복되는 구절로 인해 리듬감을 느낄 수 있는 문학작품이다. 동시를 읽어보는 경험은 읽기에 능숙하지 않은 유아들이 쉽게 읽기 경험을 할 수 있게 한다. 동시활동은 반복해서 읽어 봄으로써 유아들이 동시를 기억하고 즐길 수 있다. 동시활동이 익숙해지면 동사변형, 동작으로 표현하기 등을 할 수 있다.

**동시가 문자 언어지도에 적합한 이유**

- 유아에게 친숙한 주제의 경우에는 흥미유발이 가능
- 같은 구문이 반복적으로 표현되어 쉽게 기억 가능
- 억양, 강세, 속도 등 운율적 특성과 리듬감

**동시 낭송 방법**

| | |
|---|---|
| 전체 읽기 | 처음부터 끝까지 같이 읽기 |
| 행별 읽기 | 한 행씩 그룹별로 읽기<br>(교사-유아, 바닥에 앉은 유아-의자에 앉은 유아, 남아-여아 등) |
| 후렴 읽기 | 한 그룹이 전개 부분을 읽고 나머지 그룹이 후렴구 읽기 |
| 대화식 읽기 | 질문을 주고받듯이 읽기 |
| 누적식 읽기 | 소리를 점차 크게 내며 읽기 |

출처: 노영희, 김창복, 전유영(2019). 영유아언어교육. p. 262 발췌.

### (3) 교사는 환경 인쇄물 읽기 경험을 제공한다

주변 환경 속에서 광고 전단지, 교통표지판, 그림책 표지, 메뉴판, 과자상자 등은 유아가 주변에서 쉽게 접할 수 있는 **환경 인쇄물**이다. 교사는 영유아가 다양한 환경 인쇄물에 관심을 갖고 읽어 볼 수 있는 경험을 제공하고 의미가 무엇인지 이해하도록 한다.

그림과 색깔 단서가 포함된 환경 인쇄물 | 그림을 제외하고 색깔 단서만 포함된 환경 인쇄물 | 단어카드

[그림 6-8] 단계적 환경인쇄물 읽기 경험 제공 사례

- **이름 읽기**는 물건에 이름을 쓰며 소유의 개념을 이해하고, 자신의 이름과 친구의 이름을 읽어 보며 음운인식능력을 증진시킬 수 있다.
- **설명서 읽기**는 물건을 구매한 뒤, 사용설명서를 함께 살펴보며 사용방법, 주의사항 등을 살펴본다. 읽기 경험을 통하여 정보를 얻고 편리함을 경험할 수 있다는 점을 이해할 수 있으며 작품 제작 후 직접 설명서를 만들어 읽어 본다.

책상 이름표 | 사물함 이름표 | 사용설명서 쓰고 읽어 보기

[그림 6-9] 읽기 경험 지원을 위한 환경구성

## 2) 쓰기 지도

쓰기는 생각, 느낌, 경험을 이해하고 조직하여 활자의 형태로 표상하여 의미를 전달하는 것이다. 글자를 손으로 쓰는 것과 더불어 메시지를 구성하는 능력이 포함된다. 유아의 쓰기 능력을 증진하기 위해 다양한 쓰기 도구를 가지고 끼적이기, **창안적 글자**쓰기 과정을 경험하도록 하는 것이 좋다. 또한 영유아가 쓰고 싶은 내용이, 말이 글로 표현되는 과정을 통해 **말과 글**의 **관계**에 대해 이해할 수 있도록 지원하는 것이 필요하다.

쓰기 지도의 일반적 원리

- 교사는 쓰기 과정의 모델자가 되어야 한다.
- 교사는 영유아에게 흥미로운 쓰기 자료를 제공한다.
- 교사는 실생활과 연계된 쓰기 경험을 제공한다.
- 교사는 통합적인 쓰기 경험을 제공한다.

### (1) 교사는 쓰기 과정의 모델자가 되어야 한다

쓰기 경험은 문자를 즐겁고 의미 있게 사용하는 경험이라는 것을 영유아들이 느낄 수 있도록 교사는 바람직한 언어모델자가 되는 것이 필요하다. 교사는 교실에서 바람직한 쓰기 모델자로서의 역할을 해야 한다. 쓰기를 위한 기회를 영유아에게 지속적으로 제공하고 카드, 편지, 이름짓기 등 개인적이고 사회적인 목적으로 글쓰기 경험을 제공하는 것이 좋다. **마침표, 반점, 띄어쓰기 등의 구두법**을 사용하는 경험을 제공하며 유아가 쓴 것을 함께 읽어 보는 기회를 갖는다. 효과적인 글쓰기를 위해서는 글씨쓰기, 철자에 맞게 기록하고 문법에 맞게 문장을 구성해야 하며, 조리 있게 글로 표현하는 작문능력을 갖는 것이 필요하다.

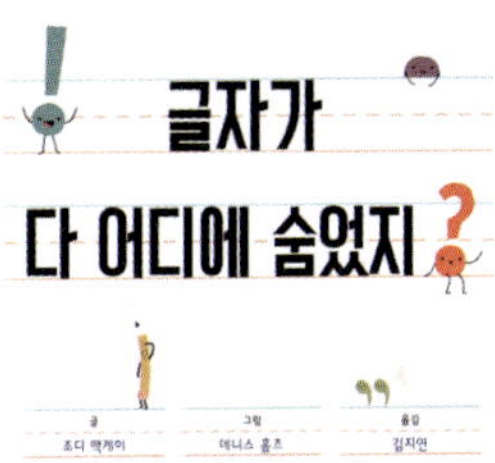


. 마침표 ? 물음표 ! 느낌표
( ) 괄호 : 쌍점 “” 따옴표 등 다양한 문장기호에 친숙해 지는 동화

선생님은 이상하다. 아빠가 죽을 드신다. 시어머니 합창단 등 띄어쓰기에 대해 생각해 볼 수 있는 동화

새로운 단어를 찾아 수집한 뒤, 쓰기로 단어를 기록하며 새롭게 알게 된 단어를 찾는 동화

### (2) 교사는 영유아에게 흥미로운 쓰기 자료를 제공한다

언어영역에 쓰기 활동이 자연스럽게 이루어질 수 있도록 다양한 재질의 종이류와 쓰기 도구를 비치하는 것이 좋다. 흥미로운 쓰기 자료를 제공한다면 관습적인 규칙에 얽매이지 않고 **실험적 쓰기**를 할 수 있는 기회를 제공할 수 있다. 화이트보드, 벽면에 부착한 종이, 글자도장을 제공할 수 있으며 촉감글자, 자석글자, 글자스티커를 제공하거나 다양한 굵기와 색깔의 필기도구를 제공하여 이야기 짓기를 즐길 수 있도록 도울 수 있다. 다양한 쓰기 자료는 바르게 쓰기 도구를 사용하는 방법을 경험할 수 있도록 하며 쓰기도구의 특징을 유아가 경험하는 데 도움을 제공한다.

그림에 나타난 감정쓰기

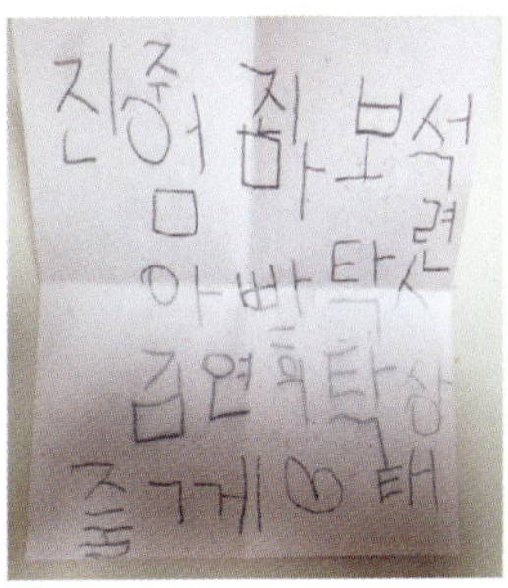

쪽지쓰기

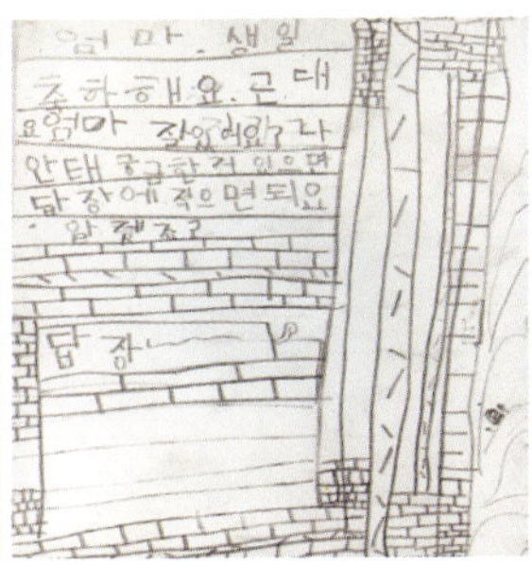

생일축하 편지쓰기

[그림 6-10] 유아의 자발적 쓰기 사례

- **타이포그래피**(typography)는 그림책의 미적 요소를 구성하는 요소로 글자를 이미지화하여 인물의 감정, 사건, 상황 등을 표현하는 역할을 한다. 글자체, 글자크기, 글자배열을 통하여 쓰기 경험을 흥미롭게 만들 수 있다.

[그림 6-11] 다양한 타이포그래피 동화

### (3) 교사는 실생활과 연계된 쓰기 경험을 제공한다.

교사는 교실에서 영유아가 실생활과 연계된 다양한 쓰기 경험을 할 수 있도록 지원해야 한다. 단순한 베껴쓰기, 반복 연습하기가 아닌 유목적적인 쓰기 활동을 제공하는 것이 필요하며, 역할놀이, 쌓기놀이를 하며 필요한 소품이나 간판 등을 만들어 보는 경험을 통하여 자연스럽게 쓰기 경험을 할 수 있도록 하는 것이 좋다. 또한 미술작품을 만들고 나서 제목과 이름을 쓰는 경험도 실생활과 연계된 좋은 쓰기의 사례이다. 실생활과 연계된 쓰기는 말이 글로 옮겨지는 과정을 자연스럽게 경험하도록 돕는다.

- **시작하는 말과 끝말잇기**는 유아에게 친숙한 글자를 이용한 말잇기 놀이를 통하여 쓰기에 대한 흥미를 자연스럽게 높일 수 있다.
- **베껴쓰기**는 다양한 쓰기 도구와 종이를 함께 제공하여 영유아가 자연스럽게 글자를 따라쓰는 경험을 제공하는 것이다. 편지 주고받기, 책 만들기, 정보를 기록한 백과사전 만들기 등을 통해 유의미한 쓰기 경험을 하도록 지도하는 것이 필요하다.

- **동시 · 이야기 만들기**는 일상생활 경험이나 동시를 읽고 새로운 문학작품을 만들어 보는 것으로 상상력, 창의성, 우리말의 아름다움을 경험할 수 있는 활동이다.

말잇기 시작-수박수영장-장영실-실수-수박-박수-수영-말잇기 끝

5단어 말잇기놀이

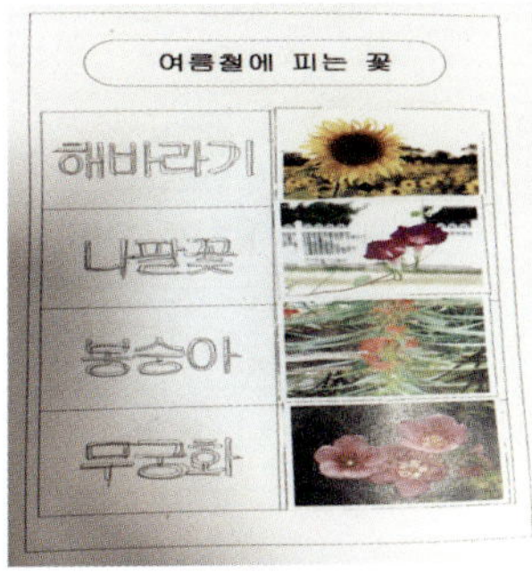


베껴쓰기

동시 만들기

[그림 6-12] 실생활과 연계된 유아쓰기 사례

### (4) 교사는 통합적인 쓰기 경험을 제공한다

쓰기는 교육과정과 통합될 때 유의미한 경험이 된다. 쓰기는 말하기, 듣기, 읽기와 같이 언어영역 활동 안에서 통합적으로 이루어질 필요가 있으며, **발달적 통합, 다른 영역 간의 통합, 활동 간 통합**이 이루어질 수 있어야 한다. 이야기 짓고 극놀이하기, 요리책 만들고 요리하기, 이야기지도 만들기 등을 통해 통합적 쓰기를 경험하도록 해야한다.

- **이야기지도 만들기**는 처음-중간-끝의 시간 순서에 따라 내용을 구조화하여 조직화해 보는 것이다.
- **요리책 만들기**는 요리단계마다 사진을 찍어둔 뒤, 사진을 출력하고 음식 만드는 방법을 글로 써서 요리책을 만든다.

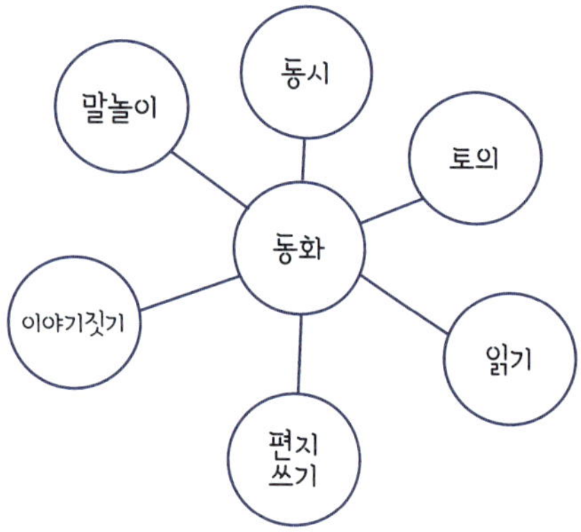


언어영역 활동 안에서의 통합적 접근

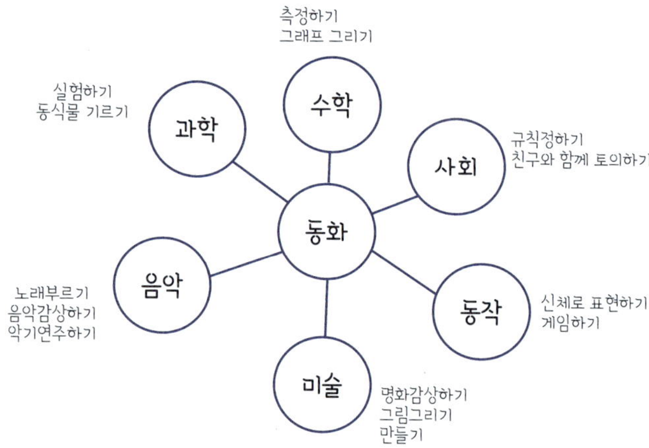


타영역과의 통합적 접근

**Kakao i 테크놀로지를 활용한 언어지원방안**

카카오 아이(Kakao i)는 인공지능, 머신러닝 등 핵심기술을 프로그래밍하여 개발한 인공지능 플랫폼이다. 음성을 알아듣고 대화를 이해하여 이미지, 수많은 데이터를 확인하여 정보를 제공한다.

| | | |
|---|---|---|
| 받아쓰기 | | – 음성 대화를 텍스트로 받아쓰고 싶거나 쉽고 빠르게 텍스트로 변환하여 사용 가능<br>– 유아의 말이 글로 옮겨질 수 있음을 인식하고 말하기가 쓰기로 연결되는 표현언어발달 |
| 날씨 | | – 현재 날씨, 시간별 날씨, 일자별 날씨, 생활 날씨에 대한 정보를 음성언어로 제공<br>– 날씨정보에 대해 말하고 아나운서와 기자가 되어 날씨뉴스놀이 진행 |
| 즐거운 대화/게임 | | – 인사, 가벼운 대화, 야자타임, 삼행시, 내 목소리 분석, 스무고개 게임, 끝말잇기, 속담퀴즈 등을 실시하며 음운인식과 문해력 증진 가능<br>– 삼행시, 스무고개 게임을 통해 차례지켜 말하기 등을 시도 |
| 정보검색 | | – 영화 정보제공하여 영화명대사, 영화주제가 불러보기<br>– 국어사전, 영어사전 등 단어 뜻을 살펴보며 이해언어능력 발달 |

### 생각해보기

1. 언어 영역별 지도를 위해 음성언어와 문자언어 간의 통합이 필요하다. 유아들과 함께 할 수 있는 말놀이 사례를 찾고, 말놀이 속에서 음성언어와 문자언어 지도방안을 찾아 보세요.
2. 모둠별로 말하기, 듣기, 읽기, 쓰기를 통한 놀이확장 방안을 구상해 보세요.

Chapter

# 7

# 언어 구성 요소별 지도

영유아는 말이나 글로 자신의 생각을 표현하며 언어를 사용하여 타인과 의사소통한다. 언어적 의사소통이 원활하게 이루어지기 위해서는 음운인식능력과 다양한 어휘, 구문에 대한 이해가 필요하다. 또한 한글에 대한 이해와 놀이에서 드러나는 내러티브를 통해 영유아의 언어능력을 알아볼 수 있다. 따라서 본 장에서는 영유아의 언어발달에 도움을 주는 언어 구성요소별 지도방법에 대해 살펴보고자 한다.

1. 음운인식 지도
2. 한글 지도
3. 어휘 지도
4. 구문 지도
5. 내러티브 지도

## 1 음운인식 지도

### 1) 음운인식의 개념

**음운인식**(phonological awareness)이란 낱말들 속에 들어 있는 소리의 여러 단위를 지각하고 인식할 수 있는 능력이다. 이는 말소리를 지각하는 과정에서 소리가 결합하여 낱말이 되며, 낱말은 다시 음절, 음소와 같은 더 작은 소리로 분절될 수 있다는 사실을 알게 되는 것이다. 즉 유아가 말소리의 최소 단위인 음소(phonemes)를 합치고 분절하고 빼고 삽입하며 대체할 줄 아는 능력이라고 볼 수 있다(서소정, 2017; 이차숙, 2000; 조희숙, 김선옥, 정정희, 2006).

음운인식은 말소리와 글의 관계에 대한 인식이 아니라 순수하게 소리에 대한 인식이다. 어린 유아에게는 말소리를 가지고 노는 능력이 강조되어야 하며 글자를 조작하는 능력이 강조되어서는 안 된다(Yopp & Yopp, 2007).

### 2) 음운인식 능력의 발달

영유아기 음운인식 발달은 약 3세부터 소리를 탐지하는 것으로 시작하여 4세에는 음절 인식이 시작된다(김선옥, 2005; 박향아, 2000; 윤혜경, 1997). 이 때 한 음절이 하나의 글자와 대응된다는 것과 함께 글자와 발음의 항상성 관계를 자각하기 시작한다.

음소문자이면서 동시에 음절문자인 한글의 경우 대부분의 유아들은 음운인식 중 **음절 단위**를 먼저 지각하고 점차 **음소 단위**의 순서로 지각한다(곽경화, 김영실, 2014). 예를 들어, '사람'과 '사과' 단어를 들려 주었을 때 유아는 이 두 단어는 음절 2개로 구성되어 있고 동일한 음절 '사'가 있음을 먼저 자각하게 되는 것이다. 음절 단위를 인식하게 된 유아들은 점차 음소 단위도 관심을 갖고 인식하기 시작하게 된다.

4세 유아는 음절의 하위 단위인 초성자음과 종성모음, 중성모음과 종성자음에 대한 인식을 가지고 있는 것으로 나타났고(김현자, 조증열, 2001), 이와 함께 글자 읽기가 가능해진다. 음소 수준의 인식은 유아가 '기차'와 '고래'의 단어의 소리를 듣고 '기차'의

'ㄱ'소리와 '고래'의 'ㄱ'의 첫소리가 같음을 자각하게 되는 것이다(남규 외, 2016). 이렇듯 유아는 단어가 더 작은 요소로 나뉠 수 있고 음이 여러 방법으로 자각될 수 있다는 것을 점차 이해하게 되며, 각각의 자음과 모음을 정확하게 구분하여 발음할 수 있게 되면서 정확한 억양으로 읽을 수 있게 된다.

비로소 5세경이 되면 가장 작은 소리인 음소에 대한 인식이 나타나기 시작한다. 이러한 음운인식 능력은 후에 유아의 읽기 발달에 영향을 미친다(이차숙, 1999).

### 3) 음운인식 지도방법

음운과 운율을 인식하는 능력은 글을 읽고 쓰는 능력의 기초가 된다. 어린 유아를 종단연구한 자료에 의하면 운율에 민감한 아기가 이후 음운인식 능력이 뛰어나다고 하였다(Anthony & Lonigan, 2004). 유아의 음운인식을 길러주는 데 좋은 방법을 소개하면 다음과 같다.

첫째, 운율이 풍부하게 담긴 **전래동요나 동시 · 동요**를 활용하는 것이다. 교사가 소그룹이나 대그룹으로 전래동요나 동요를 유아들과 함께 부르는 것은 문식성 발달에 여러 가지 장점이 있으며(Holdaway, 1979), 음운인식 같은 초기 읽기 기술에 도움이 되고 이후의 읽기와 철자법의 발달과도 높은 관련성이 있다(Cullinan, 1999; MacLean, Bryant & Bradley, 1987). 그리고 동시를 같이 읽거나 암송하는 과정 중에 유아는 소리와 글자의 관계에 대하여 이해하게 되며 이는 문식성 발달에 긍정적인 영향을 미치게 된다(임양금, 2005). 전래동요 혹은 동시를 읽으면서 연극놀이를 하는 것은 듣기, 말하기뿐만 아니라 유아의 표현력 향상에도 도움이 된다(Roush, 2005). 이와 같이 전래동요나 동시 동요를 활용하는 방법은 유아의 음소 인식을 키워주고 언어의 아름다움을 느낄 수 있는 경험을 제공하게 된다.

둘째, **의성어, 의태어**가 반복적으로 등장하는 그림책을 주기적으로 제공하는 것이 필요하다. 그림책 읽기는 음운 관련 활동으로 연계하기에 활용도가 높으며 그림책 속에는 아이들이 좋아하는 의성어, 의태어 등이 많이 들어 있기 때문에 놀이나 게임으로 흥미 있게 활동할 수 있다. 그림책 속 소재를 활용하여 음운인식을 할 수 있는 신체를 이용한 게임활동을 제공하는 것도 효과적이다.

음운인식 활동은 음절 수준의 단위를 인식하는 활동과 음소 수준의 단위를 인식하는 활동으로 구분할 수 있다. **음절 인식 활동**은 음절이라는 단위를 인식하고 음절이 모여서 단어가 구성되는 것을 이해하는 놀이를 뜻한다. **음소 인식 활동**은 음소라는 단위와 음소들이 모여서 음절을 구성한다는 것, 그리고 음소의 음가를 인식하는 놀이이다. 음운인식 활동의 시간은 하루에 10분 이상을 넘지 않도록 하는 것이 좋다(김은심, 2019; Brady & Moats, 1998).

### (1) 음절 인식 활동

음절 인식 활동을 효과적으로 활용하는 방법과 예는 다음과 같다.

첫째, **이름 글자를 활용**하는 방법이다. 이름 글자는 대부분의 유아들이 맞춤법에 맞춰 쓰도록 요구되는 첫 번째 단어이다. 유아들은 일상생활, 특히 유아교육기관에서의 일과 중에 곳곳에서 자신의 이름이 쓰여 있는 것을 보게 될 뿐 아니라 수시로 쓸 기회가 생긴다. 이러한 이유로 다른 글자에 비해 낱자의 구조가 복잡한 이름을 가진 유아라도 일찍부터 자기 이름의 글자에 흥미를 갖고 빨리 알아보게 되고 자기 이름뿐 아니라 가족 및 친구의 이름을 배우는 데에도 큰 관심을 보인다. 이와 같이 이름 글자를 사용하여 놀이를 하는 것은 유아에게 자연스러우면서도 인쇄된 글자의 기능에 대해 쉽게 이해하도록 돕고 음절에 대한 인식을 향상시킨다.

- 매주 돌아가며 같은 반 친구들의 이름 글자를 찾아보는 〈오늘의 이름〉 놀이

예) 오늘의 이름이 '강하라'인 경우 첫 글자인 '강'과 같은 소리로 시작하는 낱말이나 그림, 끝 글자인 '라'로 시작하는 낱말이나 그림을 잡지책에서 찾아 오려서 게시판에 붙여 보기

- 단어입양 놀이

예) 단풍잎 + 밤나무: 단+밤(낱말을 음절 단위로 분리해서 인식하거나 음절은 조합하여 새로운 낱말을 만들어 보기)

둘째, 음운인식을 할 수 있는 **신체 게임을 활용**하는 방법이다. 음성 단어의 구성요소인 음절과 시각 단어의 구성요소인 글자가 서로 일대일 대응한다는 것을 인식시키기 위하여 음절 수 세기 활동을 할 수 있다. 이를 통하여 음절 수와 글자 수가 동일함을 알게 한다.

- 그림카드 보고 박수치기

예) '곰' 그림카드를 보고 박수 한 번 쳐 보고 '사과' 그림카드를 보고 박수를 두 번 쳐보는 놀이

- 이름표 따오기 게임

예) 유아들의 이름을 한 글자씩 잘라서 3장의 카드를 만들고 게시판에 같은 반 친구들의 이름 글자들을 섞어 놓은 후 출발선에서 출발해서 반환점에 있는 게시판에서 자신의 이름 글자를 찾아 돌아오는 게임

### (2) 음소인식 활동

**음소인식 활동**을 효과적으로 활용하는 방법과 예는 다음과 같다.

첫째, 다양한 의성어, 의태어가 많이 등장하는 그림책을 보여 준다.

- [곰사냥을 떠나자] 그림책 속 의성어, 의태어로 유아들과 함께 달라진 소리 찾아보는 놀이

예) '사각 서걱'(모음 대치), '덤벙 텀벙'(자음 대치), '처벅 철벅'(자음 첨가)

둘째, 끝소리가 같은 그림카드를 제시하여 음소를 인식하도록 돕는다.

- 다양한 그림카드를 보고 첫소리나 끝소리가 같은 그림카드 찾기 게임

예) '쿵'과 '콩'(첫소리), '밤'과 '곰'(끝소리)

셋째, 그림책 속에 나오는 같은 소리로 시작하는 글자를 찾아본다.

- 같은 소리로 시작하는 낱말 그림카드를 찾아 소리 내며 말해보는 놀이

예) '바다', '보물'(바다의 'ㅂ'과 보물의 'ㅂ'은 같은 색깔로 표시)

## 2 한글 지도

한글은 고유한 특징을 가지고 있다. 따라서 한글의 고유한 특징에 맞는 언어교육법을 찾는 노력이 있어야 하며, 이를 위해서 한글의 문자적인 특성과 한글의 특성을 고려한 지도 방법을 알아보면 다음과 같다(임양금, 2005).

### 1) 한글의 문자적 특성

문자언어의 형태는 각 문자의 역사적 배경에 따라 그림문자, 음절문자, 음소문자, 자질문자 등으로 다양하게 발전하여 왔다. **한글**은 여러 문자언어 형태 중에서도 가장 발전된 형태의 **음소문자이면서 자질문자**의 성격을 띠고 있으며 세계에서 가장 과학적이고 체계적인 문자로 인정받고 있다(송기중, 1991). 한글은 창제 시기와 창제자를 알 수 있는 역사적으로 유일한 언어이며 창제 당시, 통용되는 문자들의 장·단점을 수렴하여 창제된 것으로 기록되고 있다(이익섭, 2000). 지구상에 존재하는 대부분의 문자는 그림문자로부터 발생하여 현재의 문자로 변형·발전되어 온 자연발생적인 문자라는 점, 그 문자를 언제 누가 만들었는지 알 수 없다는 점을 볼 때 한글의 독창성과는 크게 대비된다고 볼 수 있다. 이러한 **한글의 특성**을 다음 다섯 가지 특성으로 정리해 볼 수 있다.

첫째, 한글은 **음소문자**이다. 음소문자란 글자의 가장 기본이 되는 단위가 음소로 이루어져 있는 문자를 말하며 이 음소들이 모여서 음절과 단어를 형성한다(이익섭, 2000).

둘째, 한글은 음소문자이면서 **음절 단위로 모아쓰기**를 한다. 음소문자는 영어의 스펠링을 쓸 때 음소를 옆으로 쭉 나열해서 풀어쓰는데 한글은 말소리의 최소 단위인 음소에 해당하는 2~4개의 자 · 모음자를 조합하여 음절 단위의 글자를 만들어 낸다. 자 · 모음자를 조합해서 모아쓰기를 하기 때문에 글자의 경계가 분명하다. 이처럼 자 · 모음자나 단어 이 외에 '글자'라는 단위를 가지기 때문에 글자와 음절을 일대일 대응시키기만 하면 모르는 글자도 쉽게 읽어진다.

셋째, 한글은 **14개의 자음자와 10개의 모음자**로 구성된 매우 조직적인 자질문자이다. 자질문자는 획이 하나 더해질 때마다 음성의 자질이 달라지면서 다른 글자가 되는 문자를 말한다. 한글은 제작될 때 발성기관의 모양을 따서 기본 자음 글자 'ㄱ, ㄴ, ㅁ, ㅅ, ㅇ'이 만들어졌고, 기본자에 획을 더하여 'ㅋ, ㄷ, ㅂ, ㅈ, ㅎ' 등의 다른 자음 글자를 만들었으며, 모음 역시 'ㅏ, ㅓ, ㅗ, ㅜ'에 획을 더하여 'ㅑ, ㅕ, ㅛ, ㅠ'의 다른 모음을 만든 자질문자이다. 따라서 한글은 이런 조직성 때문에 음운 규칙을 깨닫기 매우 쉽다(Sampson, 2000).

넷째, 한글은 뛰어난 **표음(表音)문자**이다. 한글은 거의 대부분의 소리를 한글의 자음과 모음 글자를 가지고 소리 나는 대로 표현할 수 있다. 한글에서는 'ㅓ, ㅡ, ㅐ, ㅚ, ㅟ'와 같은 단모음이 5개가 더 있으며 11자의 중모음(ㅑ, ㅕ, ㅛ, ㅠ, ㅒ, ㅖ, ㅢ, ㅘ, ㅙ, ㅝ, ㅞ)을 가지고 있어서 훨씬 풍부한 소리를 표현해낼 수 있다. 또한 한글은 자소와 음소의 대응이 매우 규칙적이므로 표음성이 매우 뛰어난 표음문자라고 할 수 있다. 한글은 같은 소리는 항상 같은 글자로 쓰여진다. 한 글자가 다른 소리로 발음되는 경우는 없다. 한글은 자음의 경우 자음 소리:자음 글자가 19:19이며, 모음의 경우에도 총 모음 소리:총 모음 글자의 수가 21:21로 자모음 모두 1:1의 형태를 가짐으로써 매우 이상적인 표음언어라고 할 수 있다(김정수, 1990; 이익섭, 2000).

다섯째, 한글은 **표기상 표의(表意)주의**를 취하고 있다. 표의주의란 언어를 발음나는 대로 표기하는 것이 아니라 그 단어의 뜻을 문자로 나타내기 위하여 기본형태소의 원형을 그대로 둔 채 분절하여 표기하는 것을 의미한다. 예를 들어, '겨울이 왔어요.'는 본래 표음주의의 원칙에 의하여 소리나는 대로 '겨우리 와써요.'라고 표기를 하여야 하는데 '겨울'과 '왔다'라는 단어의 의미를 분명히 전달하기 위하여 '겨울'과 '이'를 분절하여 '겨울이', '왔'과 '어요'를 분절하여 '왔어요'라고 표기를 한다. 따라서 한글은 글자를 표기하는 데 있어서 소리보다는 의미를 더 중요시하는 표의주의를 채택하고 있다.

이와 같이 한글의 특성 안에는 서로 상반되고 모순되는 성질이 있다. 한글 외의 다른 언어는 음소문자이거나 음절문자이든지, 표음문자이거나 표의문자이든지 둘 중 한 가지 특성만을 가진다. 그런데 한글은 음소문자이면서 음절문자와 같이 모아쓰기를 하고 표음문자이면서 표기상으로는 표의주의를 채택하고 있어서 언어적으로 이중적인 양면성을 가진 매우 독특한 성질의 언어이다. 이러한 한글의 특성은 한글의 지도 방법에도 영향을 준다.

### 2) 한글의 특성을 고려한 지도 방법

한글의 특성에 적합한 읽기 · 쓰기 지도는 한글의 양면적인 특성을 고려한 교육방법이어야 한다. 일반적으로 음소문자와 표음문자는 상향식 언어교육법이 더 적합하고 음절문자와 표의문자는 하향식 언어교육법이 더 적합한 것으로 알려져 있으나 한글은 양면성을 가지고 있기 때문에 어느 한 가지 면만을 강조하는 교육방법은 효과적이지 못하다.

음소 언어에서는 글을 읽거나 쓰는 데 없어서는 안 되는 필수적인 지식이 바로 음운 인식 능력이며 음소인지에서 음절인지, 음절인지에서 단어인지의 순으로 글자를 해독하게 된다. 따라서 영어와 같은 음소 언어를 습득하는 초기 읽기나 쓰기에서는 음운법칙에 의존해서 읽기나 쓰기를 하는 것이 정상이며, 음운 법칙을 먼저 습득한 후에 단어와 문자를 읽고 쓰는 상향식 언어교육법이 효율적이다.

반면, 한글은 음소 언어이면서 음절문자인 양면성을 가지고 있으므로 음소문자로서의 한글은 음소인지에서 음절인지, 단어인지의 순으로 글을 읽는 것이 원칙이지만 음절문자처럼 모아쓰기를 하고 있기 때문에 음운 분석의 과정 없이 시각적으로 단어를 포착하여 사용한다. 한글은 음절 단위로 모아쓰기를 하기 때문에 시각적으로 음소보다는 음절 단위로 구별이 되며 음소가 음절 속에 내재되어 있어서 음소 대응 관계를 터득하기가 어렵다.

매우 어린 시기부터 인쇄된 문자와의 풍부한 경험을 많이 할수록 많은 글자를 기억하게 되며 다양한 맥락에서 문자를 사용해 본 경험이 문식성 발달을 위해 중요하다. 그러므로 한글은 한글 자체가 가지고 있는 양면적인 특성상 음운인식과 문어 경험 중 어느 하나도 경시할 수 없으며 한 가지만을 강조하는 언어교육은 어느 것도 효율적인 읽기, 쓰기 지도가 될 수 없다(이익섭, 2000; McGuinness, 1997).

또한 한글은 문자 언어적 측면에서 봤을 때는 음소 언어이자 표음문자로서 음운 중심의 상향식 언어교육이 적합하지만 활용적 측면에서 봤을 때는 음절 언어와 표의주의를 택하고 있으므로 전체적인 하향식 언어교육이 더 적합하다. 이러한 한글 자체의 양면적인 특성은 음운중심 언어교육이나 의미 중심의 언어교육과 같은 일방향적인 언어교육만으로는 효율적인 문식성을 얻기 어려우므로 양방향적인 문식성 지도가 적절함을 알 수 있다.

따라서 **한글의 특성을 활용한 문식성 지도**를 위해서는 유아들이 흥미 있어 하는 **그림책을 활용하여 의미 중심의 활동**을 하는 동시에 그림책 속 소재나 낱말 등을 활용하여 **음운인식 지도**를 하는 것이 효과적이라는 것을 알 수 있다. 한글의 특성을 활용한 그림책 관련 음운인식 활동의 예는 [표 7-1]과 같다.

[표 7-1] 한글의 특성을 활용한 그림책 관련 음운인식 활동

| 구분 | 그림책 | 활동 내용 | 활동 실제 예 |
|---|---|---|---|
| 음절 인식 |  | 음절 수 세어보기 | · 동화 제목 음절 수 세기<br>예) 사+과+가+쿵= 4개 |
| |  | 첫(끝)음절이 같은 낱말 찾기 | 예) 사랑: 사과, 사탕<br>오리: 오두막, 오빠 |
| |  | 낱말을 음절 단위로 분리하기 | · 음절로 분리된 동화 주인공 이름카드 찾기<br>예) 프 레 드 릭 |
| |  | 음절을 조합하여 새로운 낱말 만들기 | 예) 우유+주방→ 우주 |
| 음소 인식 |  | 자(모)음 대치, 첨가, 탈락 등을 통해 음소 변별하기 | · 의성어, 의태어의 느낌 알아보기<br>· '사각'과 '서걱', '덤벙'과 '텀벙' 등의 철자와 소리의 차이 찾아보기 |
| |  | 자(모)음 대치를 통해 음소 인식하기 | · '구리'의 'ㄱ'대신 다른 자음 넣어보기<br>· '구리'와 '구라' 이름에서 철자와 소리의 차이 알아보기 |
| |  | 초성이 같은 낱말 분류하며 음소 변별하기 | 예) ㄱ: 기차, 고래<br>ㄴ: 나무, 나비 |
| |  | 자(모)음 대치, 첨가, 탈락 등을 통해 음소 인식하기 | · '미키'와 '밀크' 비교하기<br>예) 미→ 밀(자음 첨가)<br>키→크(모음 대치) |

## 3 어휘 지도

### 1) 어휘의 개념

인간이 타인과의 언어적 의사소통을 하기 위해서는 음성, 어휘, 어조, 발음, 문법규칙 파악, 의미 파악, 언어사용 태도와 같은 다양한 요소가 필요하다. 이 중에서 의사소통 시 기본적이고 핵심적인 요소는 어휘이다(이차숙, 2004). 누구든지 어휘력이 부족하면 언어로 표현하고 이해하는 데 어려움을 겪으며, 언어적 의사소통이 원활하게 이루어질 수 없기 때문이다.

**어휘**는 어떤 일정한 범위에 쓰이는 단어의 수요 혹은 단어의 총체이며(국립국어원 표준국어대사전), **어휘력**은 개인이 알고 있는 어휘의 양적인 측면과 더불어 한 어휘를 얼마나 깊이 있게 이해하고 사용할 수 있는지의 질적인 측면에 대한 능력도 포함한다. 즉 어휘력은 개인이 습득하여 가지고 있는 개별 어휘의 양과 그 어휘에 대한 의미와 용법을 알고 적절히 사용할 줄 아는 능력으로 볼 수 있다(이차숙, 2004). 따라서 영유아가 어휘를 안다는 것은 단어를 아는 것만이 아니라 그 단어를 이해하고 적절하게 구사하는 능력까지 포함하는 것을 말한다(남규, 최은영, 장석경, 2020). 영유아가 사용하는 어휘에는 수용 어휘와 표현 어휘가 있는데, 영유아는 단어의 의미를 이해하고 적절한 단어를 산출하면서 어휘력이 발달된다. **수용 어휘력**은 말을 듣거나 글을 읽으면서 주어진 단어에 대한 특정한 의미를 연상하여 이해할 수 있는 능력을 말하며, **표현 어휘력**은 말이나 글로 나타낼 때 상황, 맥락, 의미를 고려하여 적절하게 단어를 산출하는 능력을 의미한다.

### 2) 어휘의 발달과정

어휘 능력은 출생하면서부터 시작되어 죽을 때까지 이루어진다. 영아는 1살 무렵에 첫 단어를 말하고, 18개월 정도가 되면 약 50개의 단어를 산출한다. 어휘 학습의 폭발적 시기인 2~4세를 거쳐, 5~6세경의 유아는 대개 4,000~6,000개 정도의 단어를 말할 수 있다(남규, 최은영, 장석경, 2020). 대부분의 유아들이 읽기를 배우기 시작하는 초등학교 1학년이 되면 어휘 발달은 다시 급속도로 이루어지며, 어휘력의 격차는 연령이 증가할수록 더 크게 벌어지게 된다. 유아기의 성공적인 어휘 습득은 평생동안 이루어지는 독서 및 학습에 절대적인 영향력을 미치므로(Adams, 1990), 어휘력은 언어 및 다른 학습 결과에 지대한 영향을 미치는 중요한 요소로 볼 수 있다.

### 3) 어휘 지도 방법

영유아에게 어휘를 지도하는 방법에는 직접적이고 명시적인 지도 방법과 맥락에 의존하여 추론하는 간접적인 방법이 있다(이지현, 마송희, 김수영, 정정희, 2020). **명시적인 어휘지도 방법**은 사물이나 현상에 해당하는 단어를 명명하고, 단어의 개념을 정의하면서 단어의 의미를 직접적으로 설명하는 것이다. 예를 들면, 영아가 강아지라는 단어를 알지 못할 때 강아지를 가리키면서 이것은 '강아지'라고 말하거나, 강아지는 '발이 4개이고 꼬리를 흔들며 멍멍하고 소리 내는 동물이야.'라고 설명하는 것이다. 직접적인 어휘지도 방법은 명칭과 발음, 단어의 의미를 명확하게 제시해 주지만, 영유아의 어휘 학습은 직접적인 어휘 지도만으로 완전하게 이루어지지 않는다. 영유아가 부분적으로 알고 있던 어휘 지식은 글의 문맥과 대화 속에서 단어의 기능, 의미 간의 관련성을 연결하면서 단어의 의미를 종합적으로 이해하게 된다. 반면에 **간접적인 어휘 지도 방법**은 대화나 글에서 모르는 어휘가 나왔을 때 어휘가 사용된 맥락의 다양한 단서(말하는 사람의 표정이나 몸짓, 글의 앞뒤 문맥, 대화가 이루어지는 상황, 그림으로 유추)를 이용하여 어휘의 의미를 추론하는 과정에서 의미를 알게 되는 것을 의미한다. 예를 들면, 프레드릭 그림책의 본문에서 "짚도 다 떨어져 버렸고, 옥수수 역시 아스라한 추억이 되어 버렸습니다."의 글에서 문맥을 통해 '아스라한' 단어의 의미를 유추하게 되는 것이다. 즉 유아는 그림책을 읽을 때 모르는 단어가 나오면 앞뒤 문장을 연결해 보고, 그림의 맥락을 유추하면서 문장 속에서 어휘의 의미에 대해 배우게 된다.

**영유아의 어휘를 지도하기 위한 방법**을 제시하면 다음과 같다(남규, 최은영, 장석경, 2020).

첫째, 대화나 글의 맥락 속에서 자연스럽게 새로운 어휘를 습득할 수 있는 기회를 제시한다.

- 이야기 나누기 활동에서 새로운 어휘를 자연스럽게 소개하기
- 새로운 단어가 반복적으로 나오는 그림책을 선정하여 읽어 주기

둘째, 단어의 의미를 의도적으로 가르칠 수 있는 직접적이고 분석적인 교수전략을 사용한다.

- 그림책에 나오는 새로운 목표 단어를 선정하여 단어를 소개하고 의미를 알려주기
- 출현 빈도가 빈번한 단어를 중심으로 기초 어휘를 정하여 직접적으로 제시하기
- 질문을 사용하여 새로운 단어의 의미를 명료화하고 확장시켜 주기

셋째, 유아가 새롭게 알게 된 어휘를 일상생활 속에서 사용할 수 있는 기회를 제공한다.

- 새롭게 익힌 단어를 사용하여 대화나 토론활동에 참여하기(둘이 짝이 되어 새로운 단어를 포함하여 이야기 나누기)
- 새롭게 배운 단어를 사용하여 문장으로 표현하기

유아는 그림책을 읽으면서 비의도적이며 자연스러운 방법과 명시적이고 직접적인 방법으로 어휘를 배울 수 있다. 그림책을 활용하여 직접적이고 분석적인 방법으로 어휘를 지도하는 방법을 제시하면 다음과 같다.

[표 7-2] 그림책을 활용한 분석적 어휘 지도 방법

1. 교사는 그림책 속에서 알려 주고자 하는 적합한 목표 어휘를 선택한다.

- 목표 어휘 선정 기준
  - 각 단어에 나타난 개념은 유아가 이해할 만한 것인가?
  - 단어가 그 그림책에서 얼마나 이야기 이해에 중요한가?
  - 유아가 이 단어를 유용하게 다룰 수 있는가?
  - 다양한 범주(상황)에 걸쳐 자주 사용하는 단어인가?
  - 유아들이 일반적인 개념을 이해하고 그 개념을 묘사하는 데 정확성, 전문성을 제공하는가?

2. 교사는 그림책을 읽어 줄 때 다음과 같은 부분을 전달할 수 있도록 한다.

- 처음에 목표 어휘를 소개하고 읽을 수 있도록 한다.
- 어휘에 대한 의미를 정확하게 전달한다.
- 유아가 어려워하는 단어는 유사어나 비슷한 말을 사용해서 설명한다.
- 그림책을 읽으면서 단어를 이해하는지 질문을 한다.

3. 유아가 단어의 의미를 다룰 수 있는 활동을 연계해 본다.

- 관련된 단어 찾기 놀이를 해 본다.
- 새로 습득한 단어를 자신이 경험한 문장과 행위와 연결 지을 수 있도록 도와 준다.
- 새로운 단어로 문장을 만들 수 있도록 한다.

출처: 남규, 최은영, 장석경(2020). 균형적 접근에 기초한 영유아 언어지도, p. 140에서 발췌.

[표 7-3] 그림책을 활용한 직접적 어휘 지도 방법의 실제

| 활동명 | 『작은집 이야기』에 나온 새로운 어휘 익히기 |
|---|---|
| 목표 | • 그림책에 있는 단어의 의미를 이해할 수 있다.<br>• 단어의 음절, 음소를 인식할 수 있다.<br>• 목표 단어를 넣어 문장으로 말할 수 있다. |
| 자료 | <br>작은 집 이야기<br>버지니아 리 버튼 저/홍연미 역/<br>시공주니어/1993<br><br>〈목표 어휘의 사전적 정의〉<br>• 홀쭉하다 : 길이에 비하여 몸통이 가늘고 길다.<br>• 에워싸다 : 둘레를 빙 둘러싸다.<br>• 허둥대다 : 어찌할 줄을 몰라 갈팡질팡하며 다급하게 서두르다.<br>• 부산하다 : 급하게 서두르거나 시끄럽게 떠들어 어수선하다.<br>• 초라한 : 보잘 것 없고 변변하지 못한, 겉모양이나 옷차림이 궁상스러운 |
| 방법 | ① 그림책을 읽어주기 전에 목표 단어에 대해 설명한다.<br>– "친구들!!! 오늘은 작은 집 책을 읽을 거예요. 이 책에 나오는 새로운 단어에 대해 먼저 알아보려고 해요. '에워싸다'가 무슨 말인지 알고 있나요?"<br>– '에워싸다'는 말은 어떤 물체의 주위를 빙 둘러싸고 있는 것을 말해요.<br>– 우리 유치원 주변에는 어떤 것이 에워싸고 있을까요? (나무)<br>– 동물원에 있는 동물 주변에는 어떤 것이 에워싸고 있을까요? (펜스)<br>– 뽀로로 친구들은 뽀로로를 에워싸고 있어요.<br>② 그림책을 읽으면서 앞에서 설명한 단어가 나오면 문장 내에서 어떻게 쓰였는지 설명한다.<br>– '차고들이 작은 집을 에워쌌습니다는 말이 나오는데 어떤 의미일까?'<br>③ 그림책을 읽고 난 후 목표 어휘를 활용한 활동을 한다.<br>– 목표 단어와 비슷한 말 찾기 활동을 한다.<br>– 작은 집을 에워싸고 있는 것을 그림으로 그리고 설명해 본다.<br>– 우리 주변에서 에워싸고 있는 것의 모양이나 모습을 그림으로 그리고 설명한다.<br>– 새로 습득한 단어를 넣은 짧은 문장을 만들어 본다. |

출처: 남규, 최은영, 장석경(2020). 균형적 접근에 기초한 영유아 언어지도, p. 141을 수정.

## 4 구문 지도

### 1) 구문의 개념

한 살 무렵의 영아는 한 단어로 의사소통을 하다가 18개월 정도가 되면 어휘가 폭발적으로 증가하여 차츰 두세 단어를 조합하여 문장으로 말할 수 있다. 영유아는 다양한 단어를 습득하면서 단어를 조합하여 문장으로 표현하는데, 이때 아무렇게나 단어를 배열하는 것이 아니라 일정한 규칙을 가지고 문장을 구성한다. 또한 영유아는 동일한 단어라도 문장에 배열되는 위치에 따라 문장의 의미가 달라진다는 것을 이해하게 된다.

**구문**은 글의 짜임을 말하며, **구문론**은 문장의 구조나 기능, 문장의 구성요소를 다루는 분야로서, 단어를 배열하여 의미를 구성하는 방법을 연구하는 것이다. 영아가 두 단어로 구성한 문장 혹은 3~4단어로 구성한 문장의 발달에 대해서는 많은 연구가 이루어졌으나 구문론 지도방법은 연구자들의 관심을 받지 못했다. 유아의 **구문 인식 능력**은 문법적으로나 의미적으로 틀린 문장을 들려 주고 이를 올바른 문장으로 고칠 수 있는 과제를 통해 측정할 수 있다. 또한 한 개의 발화에서 사용된 평균 형태소의 수를 평균발화길이(Mean Length of Utterance : MLU)라고 하는데, 형태소의 수는 발화의 문법적 복합성을 나타내는 좋은 지표가 되므로 유아의 구문발달을 측정하는 데 유용하다(Hoff, 2001). 24개월 영아도 문법적인 단서를 활용하여 새로운 어휘의 의미를 추론할 수 있다는 연구결과(Hall, Lee, Belanger, 2001)가 있으며 만 5~7세의 유아는 문법에 대한 판단능력이 급격히 발달하는 것으로 볼 수 있다(신귀련, 2002).

## 2) 구문 지도 방법

영유아의 구문을 지도하기 위한 방법을 제시하면 다음과 같다(남규, 최은영, 장석경, 2020).

첫째, 구문이 반복적으로 나오는 동시, 동요, 그림책을 정기적으로 소개한다.

- 길이가 길지 않고 동일한 구문이 반복적으로 나오는 동요와 동시 들려 주기
  예) ㅇㅇ는 어디 있나? 요기, 머리 어깨 무릎 발, 무엇이 무엇이 똑같을까?
- 리듬감 있는 단어나 운율적 요소가 들어간 그림책 들려 주기
  예) 에릭칼의 갈색곰아 갈색곰아 무엇을 보고 있니?
- 동시에 멜로디를 붙여서 동요처럼 자주 들려 주기

[표 7-4] 구문이 반복되는 동시의 예

| 봄의 소리<br><br>이남경<br><br>톡톡<br>무슨 소리?<br>씨 뿌리는 소리<br><br>쏘옥 쏘옥<br>무슨 소리?<br>새싹 움트는 소리 |
|---|
| 이 동시는 각 연의 첫 행에는 의성어 또는 의태어가 두 번씩 반복되고, 다음 행에서는 무슨 소리?라는 똑같은 질문이 반복되며, 각 연의 마지막 행은 첫 행에 관련된 답이 제시되었다. 동일한 패턴으로 구성된 시로서 같은 구문을 접할 수 있다(의성어/의태어 – 질문 – 답) |

[표 7-5] 구문이 반복된 그림책의 예

<table>
<tr><td colspan="2">곰 사냥을 떠나자<br><br>헬린 옥슨버리 그림<br>마이클 로젠 글/ 공경희 옮김</td></tr>
<tr><td>곰 잡으러 간단다.<br>큰 곰 잡으러 간단다.<br>정말 날씨도 좋구나!<br>우린 하나도 안 무서워.<br><br>어라! 풀밭이잖아!<br>넘실대는 기다란 풀잎.<br>그 위로 넘어갈 수 없네.<br>그 밑으로도 지나갈 수 없네.<br><br>아, 아니지!<br>풀밭을 헤치고 지나가면 되잖아!<br><br>사각 서걱!<br>사각 서걱!<br>사각 서걱!</td><td>곰 잡으러 간단다.<br>큰 곰 잡으러 간단다.<br>정말 날씨도 좋구나!<br>우린 하나도 안 무서워.<br><br>어라! 강이잖아!<br>길고 차가운 강물.<br>그 위로 넘어갈 수 없네.<br>그 밑으로도 지나갈 수 없네.<br><br>아, 아니지!<br>강물을 헤엄쳐 건너면 되잖아!<br><br>덤벙 텀벙!<br>덤벙 텀벙!<br>덤벙 텀벙!<br><br>이후 중략…</td></tr>
<tr><td colspan="2">이 그림책은 주인공 가족이 풀밭, 강, 진흙탕, 숲, 눈보라, 동굴을 지나서 곰을 만나러 가는데, 곰을 만나자 무서워서 다시 왔던 길로 되돌아 집으로 돌아오는 이야기이다. 곰을 만나러 가는 여정의 장면을 동일한 구문을 사용하여 리듬감 있게 글로 묘사한 그림책으로, 유아는 그림책을 읽으면서 동일한 구문에 대해 이해할 수 있고, 그림책의 뒷 이야기를 예측할 수 있다.</td></tr>
</table>

둘째, 동시나 동요의 일부분을 재구성하여 지어 보거나 개사해 보는 활동을 한다.

- 동시를 읽어 본 뒤에 동시의 일부분을 바꾸어 보기

- 동요나 전래동요의 일부분을 개사하여 불러 보기

[표 7-6] 구문이 반복되는 동시와 동시 개작하기 사례

| 어디까지 왔나?<br>전래동요<br><br>어디까지 왔나? 꽃밭까지 왔다.<br>어디까지 왔나? 나무까지 왔다.<br>어디까지 왔나? 연못까지 왔다.<br>어디까지 왔나? 숲속까지 왔다. | 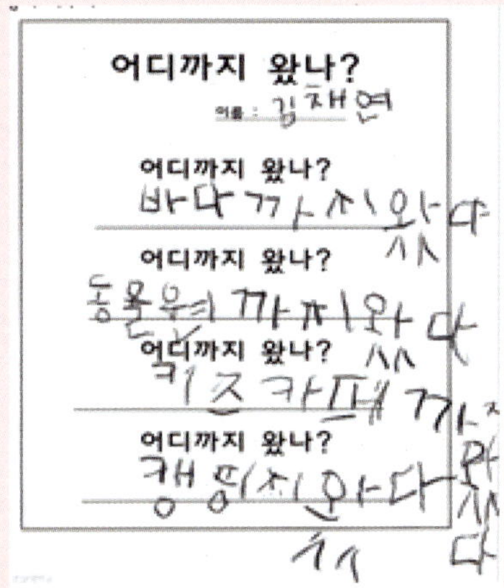 |
|---|---|
| 이 노래는 질문과 대답으로 구성된 문답식 노래이다. '어디까지 왔나?'의 질문에 'ㅇㅇ까지 왔다.'라는 답의 구문을 배울 수 있다. | 이 노래를 배운 뒤, 만 4세 유아가 개작한 동시이다. 원본의 형식에 맞게 다양한 장소를 넣어 답변을 작성하였다. |

## 5 내러티브 지도

### 1) 내러티브의 개념과 유형

영유아가 일상생활에서 주로 사용하는 언어는 **'지금 여기'**에서 발생하는 사건이나 현상과 관련된 말이다. 영유아는 대체적으로 맥락에 의존한 언어를 사용하는데 예를 들면, 그림을 보여 주며 '이거 예쁘지?'라고 묻거나, 나무 블록으로 만든 성을 보면서 '성이 정말 높다.'와 같이 현재 상황에 관련된 말을 한다. 그러나 유아의 사고가 발달하고 간접 경험이 많아지면서, 기억에 의존하여 과거의 사건이나 가상적인 이야기를 꾸

며 표현할 수 있다. 유아가 오래전에 경험한 일을 말하거나 그림책의 뒷이야기 만들기와 같은 활동은 기억이나 상상에 의존하므로 탈맥락적인 사고와 탈맥락적인 언어가 발달해야 가능하다.

탈맥락적인 언어의 가장 대표적인 경우는 바로 내러티브이다. **내러티브**(narrative)는 **이야기하는 사람**(narrators)과 **이야기를 듣는 사람**(narratees)이 실제 사건 혹은 허구적인 사건에 대한 이야기를 통해 의사소통하는 것이다(노영희, 김창복, 전유영, 2014). 내러티브는 삶의 세계의 사건에 대해 타인과 이야기하는 것으로서 개인의 내면 세계를 보여 주는 통로이며, 세상에 대한 의미 부여인 것이다.

내러티브의 유형으로는 개인적 내러티브, 가상적 내러티브로 구분할 수 있다(이지현, 마송희, 김수영, 정정희, 2020). **개인적 내러티브**는 특정한 에피소드를 중심으로 개인의 경험을 일화적으로 기억하여 타인에게 이야기하는 것이다. 개인적 내러티브는 자신이 경험한 특별한 사건에 대해 설명하는 것으로, 특정한 정보를 전달하는 과정에서 듣는 사람에게 적절한 안내, 인용을 필요로 한다. 또한 듣는 사람과 함께 공유할 수 있는 것과 없는 것을 선택하고, 공유되지 않은 생략된 사건을 적절히 설명할 수 있는 정교한 전략이 필요하다(이나윤, 2012; Hudson, Shapiro, 1991). 개인적 내러티브는 만 2세경부터 성인과의 상호작용하는 맥락에서 시작하는데, 예로서는 개인적인 경험을 이야기 나누기, 주말 지낸 이야기 나누기, 특정한 주제에 대한 경험을 이야기하는 것이다. **가상적 내러티브**는 유아 자신의 실제 경험이 아닌 상상하여 이야기를 꾸며 말하는 것이다. 가상적 내러티브는 이야기 구조를 배경지식으로 줄거리가 있는 상상적 이야기를 꾸며서 말하는 것이며, 시간적으로 연속되는 가상적인 사건을 말로 순서화하면서 주제의 구조에 더 큰 강조를 두는 것을 의미한다(Nelson, 1996). 가상적 내러티브는 공상적이고 비현실적인 인물이나 사건에 대한 이야기이지만, 때로는 현실에서 경험할 수 있는 사건을 가상적인 인물이나 사건으로 변형하여 구성하기도 한다(Shapiro & Hudson, 1991). 유아는 자신의 경험과 상상력을 바탕으로 가상적인 이야기를 꾸며 이야기하는 것을 좋아한다. 가상적 내러티브의 예로는 동화의 뒷이야기 만들어 보기, 특정한 주제에 대해 이야기 꾸며 말하기 등이 있다.

내러티브의 유형에 따라 서로 다른 구조가 존재하며, 유아는 내러티브의 구조를 통해 이야기를 이해하고 기억한다. 내러티브 구조란 대부분의 이야기 글 형태에 있는 조직적인 구조를 말하며(강정숙, 2007), 이야기에 포함된 사건의 인과관계, 순서, 전개 분위기를 나열하고 조직하는 방식을 말한다. 개인적 내러티브는 가상적 내러티브보다 먼저 나타나며, 개인적 내러티브의 구조가 가상적 내러티브의 구조보다 단순하다.

### 2) 내러티브의 발달과정

영유아가 내러티브를 산출하는 능력은 대략 만 2세 정도부터 출현하여 유아기 동안 급격하게 발달한다. **개인적 내러티브의 발달과정**을 제시하면 다음과 같다(McCabe, 1997; Peterson & McCabe, 1991; 노영희, 김창복, 전유영, 2014 재인용). 만 2세경에는 한 가지 사건에 대해 한두 문장으로 이야기를 표현하고(예: 나는 유치원에서 친구들과 블록놀이를 했어.), 만 3세경에는 한 가지 사건에 대해 두 개의 진술(나는 유치원에 갔는데, 토끼가 있었어.) 또는 두 사건을 나열하며 이야기(멍멍이가 내 발을 핥았어. 나를 쫓아 다녔어.)한다. 만 4세경에는 두세 가지 이상의 사건을 제시하면서 사건의 순서를 뒤섞여 말하고 관련되지 않는 다른 사건을 제시하며, 만 5세경에는 사건을 순서적으로 말할 수 있고 사건의 정점을 포함하지만 해결이나 종결 없이 이야기가 끝이 나기도 한다. 만 6세경에는 내러티브의 개요, 배경, 평가 및 결말이 제시되며 현재와의 연결로 사건이 종결되는 **전형적인 내러티브의 구조**를 나타낸다. 우리나라 아이들의 가상적 내러티브의 발달과정에 의하면 만 3세의 경우 주로 사건을 단순하게 나열하는 것은 가능하나 논리적으로 사건을 조직하기는 어렵고, 만 4세의 경우 연결적 이야기 형성단계가 나타나며, 만 5세의 경우 논리적 이야기 형성이 급증하고, 만 6세는 연결적 이야기와 논리적 형성 이야기가 나타난다(이영자, 박미라, 1992).

### 3) 내러티브 지도 방법

영유아의 내러티브 발달을 지원하기 위한 방법을 제시하면 다음과 같다(남규, 최은영, 장석경, 2020; 이지현, 마송희, 김수영, 정정희, 2020).

첫째, 영유아가 자신의 경험을 다른 사람 앞에서 자주 이야기하고 들을 수 있는 기회를 자주 제공한다.

- 주말 지낸 이야기 나누기
- 견학 실시 후 경험한 내용, 느낌, 생각에 대해 이야기 나누기
- 주제에 대한 자신의 경험, 내용, 느낌, 생각을 이야기하기

둘째, 영유아가 다양한 장르의 그림책을 경험할 기회를 제공한다.

- 환상, 사실, 정보, 패러디, 전래동화를 제시하고 정기적으로 그림책 읽어 주기

셋째, 영유아가 이야기를 꾸며 말하거나 써 볼 수 있는 활동을 제공한다.

- 그림책을 읽고 후속 이야기 지어 보기
- 그림책을 읽고 동화의 내용 다시 말해 보기
- 글 없는 그림책을 보고 이야기 만들어 보기
- 유아가 그림책을 만들고, 이야기 꾸미기
- 유아의 놀이 속에서 이야기 만들기

### [표 7-7] 글 없는 그림책을 보고 이야기 꾸며 말하기 사례

〈글 없는 그림책 이야기 꾸며 말하기〉

풍선을 불고 있어요. 풍선이 커졌어요.
풍선이 바람을 타고 떨어지려고 해요.
풍선이 나뭇가지로 갔어요. 풍선이 나뭇가지에 걸렸어요.
풍선 줄이 끊어졌어요.
장수풍뎅이가 줄을 감고 풍선은 바위틈에 떨어져 찢어졌어요.
풍선은 나비가 되었어요. 풍선 나비는 꽃밭으로 갔어요.
풍선이 꽃으로 되었어요. 바로, 풍선 꽃이 되었어요.
풍선은 터지고 이제 하늘로 날아갔어요.
갑자기, 비가 와서 우산으로 변했어요.
우산을 쓰고 집으로 가요.

빨간 풍선의 모험
옐라 마리 글/시공주니어/2000

### [표 7-8] 유아의 놀이에서 나타난 상상적 내러티브 사례

아래의 사례는 산들반(만 4세반)에서 5월의 놀이 주제로 '바다'가 진행되면서 '아쿠아리움 놀이' '바다보드게임', '뽀로로 바다탐험대'라는 놀이가 진행되는 과정에서 나타난 상상적 내러티브이다. 유아들은 놀이를 다양하고 재미있게 연출하기 위해서 현실적으로 존재하지 않는 것을 놀이에서 자연스럽게 수용하면서 내러티브를 만들고 있다. 유아의 상상적 내러티브에는 공룡이 등장하며, 자신이 알고 있는 지식을 활용하여 다양하고 창의적인 내러티브를 산출하고 있다.

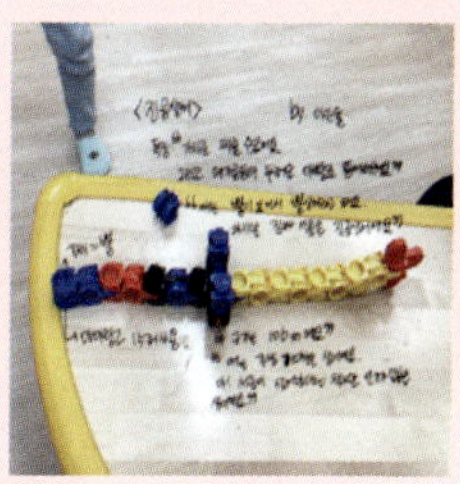

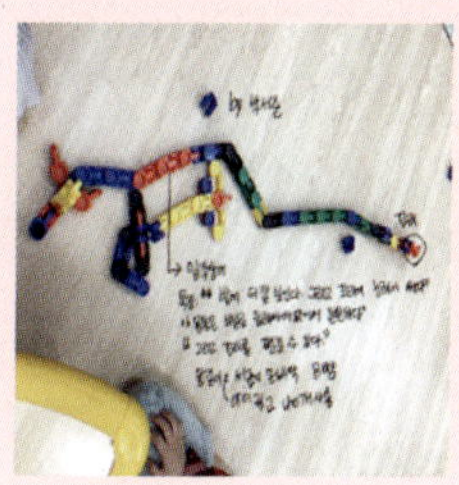

종훈: 선생님 이거는 망어 메갈로돈인데요(메갈로돈: 사라진 공룡). 뿔이 특징이고 입에서 전기가 나오고 입으로 어디로 가는지 알 수 있어요(탐지기능). 하지만 망어 메갈로돈은 귀가 없어요. 뱀과 비슷하게 귀가 없어요(뱀의 귀는 퇴화, 외관상 보이지 않음). 그래서 이런 이름이 생겼어요.

서준: 선생님. 이건 일각상어예요.

교사: 일각상어? 우리가 알고 있는 일각상어? 머리 부분이 비슷해 보이네?

서준: 하지만 이건 엄청 커요. 이 상어의 특징은 밤에 더 잘 보여요. 그리고 꼬리에 능력이 쎄요. 꼬리에서 불빛이 나오는데 다 죽일 수 있어요. 몸통은 비닐로 둘러싸여 있어서 튼튼해요. 강철이에요. 그리고 꼬리를 펼칠 수 있어요. 제 거 크죠?

교사: 그러네. 그런데 얼마나 큰 걸까? 어떻게 하면 크기를 알 수 있을까?

서준: 음…손바닥으로 재어 볼까요?

교사: 그거 좋은 생각이네.

서준: (손바닥으로 재더니) 1, 2, 3 … 8. 8이요. (아이링고를 가지고 센다) 40개요.

은율: 우와.. 엄청 길다.

서준: (종훈이의 망어메갈로돈과 부딪히며) 제일 커! 그래서 힘도 쎄! 푸시푸시푸시! 절대 죽지 않아.

은율: 선생님 이건 진공 상어예요. 가시로 찌를 수 있어요. 그리고 메갈로돈의 두꺼운 이빨을 뜯어버려요. (다른 블록으로 만든 것을 보여 주며) 얘는 뿔이 있어서 뿔상어라고 해요. 하지만 진짜 이름은 진공 상어예요. 크기는 106m예요. 아! 서준이 상어보다는 작지만 인기가 많은 상어예요. 그리고 죽지 않아요."

서준: 푸시푸시

은율: 덤벼라! 우리 배틀하자!

서준: 어차피 나는 안 죽어! 은율: (종훈이에게 다가가) 다 뜯어 버릴 테다!

종훈: 하지마~ 전기 발사!!

은율: (뿔을 뽑아 던지며) 삐~~~ 슈 건아! 도와 줘!

정건: 기다려! (갖고 있던 바다 동물에서 블록 몇 개를 추가하며) 내 꼬리는 망치다! 다 부숴버리겠다!

종훈: 괴물상어로 변신~!

유아들은 자신이 만든 바다동물의 특징을 교사에게 설명하고 놀이를 하였다. 위의 사례에서 등장하는 바다동물은 대부분 불멸하는 존재이며 각자 다른 강력한 무기를 가지고 있었고, 상대편 바다동물보다 더 강력하게 보이기 위해 새로운 무기를 등장시켰다. 유아들끼리 미리 편을 정해서 시작하지 않았고, 지고 있는 바다동물을 서로 구해주는 구조를 유지하였다. 이러한 구조는 내러티브의 긴장도를 높혔다. 유아들의 세계에서 가장 강력한 바다동물인 메갈로돈 상어가 당하자 갑자기 괴물상어로 변신하였다. 내러티브의 인물이 고정된 것이 아니라 상황에 따라 모습, 무기, 특징등이 역동적으로 변화하고 있다.

(장ㅇㅇ 교사의 놀이 관찰 사례, 만 4세아의 블록영역, 2021. 5. 14)

넷째, 유아가 발화한 내러티브의 표면적 내용에만 초점을 두어 의사소통하지 말고, 내러티브에 담긴 의도나 전하고자 하는 의미를 파악해 볼 수 있도록 한다.

[표 7-9] 그림책을 읽고 대화를 나누는 사례

그림책 : 시골쥐와 서울쥐

상황 : 『시골쥐와 서울쥐』 그림책을 유아에게 읽어주고, 그림책에 대한 이야기를 나누고 있다.

교사 : 이 그림책에 어떤 동물이 나왔는지 이야기해 볼까요?
진수 : 시골쥐, 서울쥐, 고양이 …

(그림책에 대한 다양한 질문과 이야기를 나눈다.) 중략 …

교사 : 서울쥐와 시골쥐는 자신이 행복하다고 느낄까요?
진구 : 네. 행복하다고 생각할 것 같아요.
진우 : 행복하지 않다고 생각할 수도 있어요.
교사 : 진구는 왜 행복하다고 생각하는지 말해 줄 수 있겠니?
진구 : 웃는 모습으로 사니까요.
교사 : 그럼, 진우는 왜 행복하지 않다고 생각하는지 말해줄 수 있겠니?
진우 : 그냥요… 특별히 행복하다고 생각하지 않을 것 같아서요.
교사 : 진우는 그렇게 생각하는구나. 음… 선생님은 누구나 사소한 것에 재미를 느끼기도 하고, 재미를 느끼면 행복함을 느낄 수도 있을 거라 생각해. 그런데 서울쥐와 시골쥐는 누가 더 행복하다고 생각할까?
소율 : 저는 시골쥐가 행복할 것 같아요. 시골은 자동차 소리도 없고, 고양이에게도 쫓기지 않으니까요.
윤서 : 나는 서울쥐!!! 일하지 않아도 맛있는 것을 많이 먹을 수 있으니까요.
윤현 : 그렇지만 서울쥐는 맘이 불편할 것 같아서, 행복하지 않을 것 같아요.
소희 : 저는 서울쥐는 서울에 살아야 행복하고, 시골쥐는 시골에 살아야 행복할 것 같아요. 서울쥐는 고양이에게 쫓겨도 일하지 않고 놀면서 사는 게 행복할 것 같아요. 시골쥐는 힘들게 일해도 맘이 편한 시골에 사는 게 행복함을 느낄 것 같아요.
윤현 : 어.. 그러네. 두 쥐 모두 행복할 수 있구나!

〈교사의 의견〉
그림책을 읽고 그림책의 내용에 대해 이야기 나눈 후, '행복'이라는 단어를 유아들이 주인공의 입장에서 어떻게 느낄 수 있는지에 대해 이야기를 나눴다. 이 책을 읽으면서 항상 어떤 쥐가 행복할까? 하는 생각을 하곤 했는데… 유아들은 서울쥐와 시골쥐의 생활 모습, 생각, 처한 환경에 따라서 그들이 느낄 수 있는 행복함에 대한 서로 다른 의견을 가지고 행복함에 대한 의미를 부여하였다. 그리고 소희는 각각의 쥐의 입장에서 느낄 수 있는 행복함이 다를 수 있다는 답을 하였다.

### 생각해보기

1. 구문이 반복되는 동시나 그림책을 감상한 후에 구문의 일부를 변형한 수업 계획안을 작성해 보세요.

2. 모둠별로 그림책 1권을 선택하여 목표 어휘를 선정하고, 목표 어휘를 지도할 수 있는 수업 계획안을 작성해 보세요.

3. 이야기나누기 활동이나 유아의 놀이를 관찰하여 그 속에서 나타나는 내러티브를 찾아 기록해 보세요.

## 한글의 특성에 대해 이야기해 보세요

**활동자료** [EBS 한글날 특집] 위대한 문자, 한글의 재발견

1443년 12월 한글이 탄생됐다. 세종은 정치, 경제, 문학, 그리고 천문까지 모든 학문에 능통했다. 백성을 위해 뜻을 펼쳤고 한글을 만들었다.

발성기관의 모양과 소리를 본 떠 만든 세계 유일의 문자를 만든 것이다. 그런 한글에 대한 세계인들의 극찬이 이어진다.

오늘날 지구촌엔 7,000여 개의 민족 언어가 있는데 이 중 문자화된 언어는 겨우 40여 개에 불과하다. 이들 문자 중 창제자와 창제의도가 분명히 밝혀진 것은 한글이 유일하다.

위대한 문자, 한글의 비밀을 찾아본다.

[EBS 한글날 특집] 위대한 문자, 한글의 재발견(2013) 2부작

Chapter 8

# 언어교육 방법

영유아기를 위한 언어교육 방법으로 유아의 발달 특성 및 흥미, 요구를 반영한 주제 중심의 통합적 언어교육과 유아에게 문학적 경험을 제공하는 중요한 매체인 그림책을 활용한 통합적 언어교육이 있다. 이에 주제를 활용한 통합적 언어교육과 그림책을 활용한 통합적 언어교육의 현장적용 실제를 소개하고자 한다. 그림책을 활용한 통합적 언어교육 중 '봄이 왔어요.'는 영아 적용 사례이고 '앗! 피자'는 유아 적용 사례이다.

1. 주제를 활용한 통합적 언어교육
2. 그림책을 활용한 통합적 언어교육

# 1 주제를 활용한 통합적 언어교육

## 1) 주제 중심의 통합적 활동의 가치

**주제 중심의 통합적 활동**은 일상생활에서 학습자가 경험하고 있거나 앞으로 경험하게 될 여러 경험의 내용에 해당하는 주제를 중심으로 하여 각 교과영역에서 언어교육을 실행하는 것이다. 주제중심 통합교육을 실현하기 위해서는 먼저 적절한 생활주제를 선정해야 한다. 생활주제는 유아가 경험하게 될 내용을 동질적인 특성으로 묶은 것인데, 유아의 발달 특성 및 흥미, 요구를 반영하고 교육적 가치를 반영한 생활주제를 선정해야 한다.

유아와 함께하는 주제 중심의 통합교육 과정을 효과적으로 실현하기 위해서는 주제를 중심으로 주제 내의 개념 및 기술, 태도에 대한 학습을 위해 **언어영역 간의 통합활동, 언어와 다른 교과 간의 통합활동**이 포함되어야 한다. 언어영역 간 통합이란 듣기, 말하기, 읽기, 쓰기의 형태가 통합적으로 다루어지도록 계획해야 하는 것이고, 언어와 다른 교과 간의 통합활동이란 과학, 수학, 사회, 미술 음률 등의 활동을 포함하는 것이다. 유아는 자신이 좋아하는 다양한 활동에 즐겁게 참여하는 가운데, 자율적으로 지식을 구성하고 개념, 기술, 태도 발달이 통합적으로 이루어지게 된다.

## 2) 주제 중심의 통합적 활동의 예

주제 : 우유

### (1) 주제 선정이유

'우유'라는 주제는 영유아에게 매우 친숙한 주제이다. 아이는 태어나면서부터 엄마의 젖을 먹고 자라고, 성장하면서 우유를 즐겨 먹는다. 영유아의 생활에 밀접한 우유에 대한 주제로 통합적 활동을 하며 우리 몸에 좋은 음식에 대해 이해하고, 올바른 식습관을 형성하며, 감사하는 마음을 가질 수 있을 것이다. 우리가 우유를 먹기까지의 과정, 우유의 다양한 종류, 우유로 만든 음식 등에 대해 알아보고 관련 활동을 하며, 우유의 근원지인 젖소와 관련된 체험을 통해 영아는 인지적 · 신체적 · 사회적으로 발달할 것이다.

### (2) 소주제 및 교육목표

| 소주제 | 교육목표 |
|---|---|
| 우유의 종류와 유통 과정 | • 우유의 다양한 종류와 특징을 안다.<br>• 우유가 만들어지기까지의 과정을 안다.<br>• 우유가 우리에게 올 수 있도록 도움을 주신 분들에게 감사하고, 동물을 사랑하는 마음을 갖는다. |
| 좋은 음식과 바람직한 식습관 | • 몸에 좋은 음식과 해로운 음식에 대해 안다.<br>• 우유로 만든 다양한 음식을 안다.<br>• 바람직한 식습관에 대해 알고 좋은 식습관 형성을 위해 실천한다. |

### (3) 생각 나누기

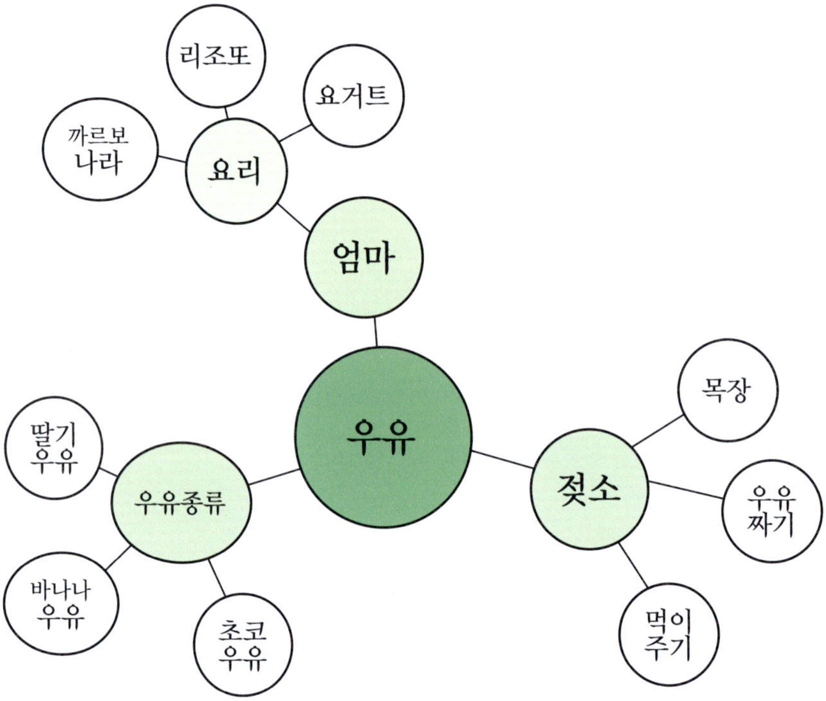


[그림 8-1] 우유 주제의 브레인스토밍

### (4) 2세 주간계획안

<table>
<tr><th colspan="2">활동주제</th><th>우유</th><th>소주제</th><th>몸에 좋은 우유를 먹어요</th></tr>
<tr><td colspan="2">목표</td><td colspan="3">• 우유의 다양한 종류, 우유의 유통과정을 이해한다.<br>• 우유로 만든 다양한 음식, 몸에 좋은 음식과 해로운 음식에 대해 안다.<br>• 우유가 우리에게 올 수 있도록 도움을 주신 분들에게 감사하고, 동물을 사랑하는 마음을 갖는다.</td></tr>
<tr><th colspan="2"></th><th colspan="3">활 동</th></tr>
<tr><td rowspan="8">영역별 활동</td><td>신체</td><td colspan="3">• 우유곽 터널 통과하기<br>• 동동동대문을 열어라, 림보게임</td></tr>
<tr><td>언어</td><td colspan="3">• 그림책: 『우유』, 『딸기나라 딸기우유』, 『우유가 좋아』, 『특별한 밀크쉐이크』, 『이슬이의 첫 심부름』<br>• 생각 모으기–우유 하면 생각나는 것<br>• 작은 책 만들기–우유를 먹기까지<br>• 좋아하는 우유 소개하기<br>• 생각 마무리–제일 좋았던 활동은?</td></tr>
<tr><td>감각 · 탐색</td><td colspan="3">젖소의 털은 어떤 느낌일까요?</td></tr>
<tr><td>수 · 조작</td><td colspan="3">내가 제일 좋아하는 우유는?</td></tr>
<tr><td>역할 · 쌓기</td><td colspan="3">• 역할– 어린 젖소 돌보기<br>• 목장체험 (젖소 우유 짜보기)</td></tr>
<tr><td>미술</td><td colspan="3">• 우유로 마블링 놀이<br>• 우유곽 터널 만들기</td></tr>
<tr><td>음률</td><td colspan="3">• 우유송 · 우유가 좋아</td></tr>
<tr><td>요리활동</td><td colspan="3">• 딸기, 바나나 우유를 만들어요.<br>• 그릭요거트 만들기</td></tr>
<tr><td colspan="2">실외놀이</td><td colspan="3">선생님과 동네 가게에 우유 사러 가요.</td></tr>
</table>

## (5) 관련동화

| 책 제목 | 우유 |
|---|---|
| 서지 정보 | • 글, 그림: 프랑수와 로랑, 니콜라구니<br>• 옮김: 허보미<br>• 출판사: 내인생의 그림책<br>• 출판연도: 2014년 |
| 교육적 적용 | 엄마 젖에는 아이에게 꼭 필요한 영양소가 들어 있다. 우유에도 우리 몸에 꼭필요한 영양소가 골고루 들어 있다. 근육에 힘을 주고 뼈를 튼튼하게 하는 단백질과 칼슘이 많이 들어 있다. |

| 책 제목 | 딸기나라 딸기우유 |
|---|---|
| 서지 정보 | • 글, 그림: 이필원<br>• 출판사: 시공주니어<br>• 출판연도:2005년 |
| 교육적 적용 | 딸기우유를 좋아하는 베리와 매애의 딸기 찾기 시합중 딸기우유를 직접 만들기로 한 마법소녀. 애애가 딸기 우유 젖소가 될줄이야. 무언가 끊임없이 상상하게 만드는 신나고 즐거운 상상의 세계의 꿈과 희망의 미래를 꿈꾼다. |

| 책 제목 | 우유가 좋아 |
|---|---|
| 서지 정보 | • 글, 그림: 신동준<br>• 출판사: 푸른숲주니어<br>• 출판연도: 2014년 |
| 교육적 적용 | 우유가 좋아서 왕빨대 대롱이가 우유를 찾아 떠나는 모험이야기이다. 어렵고 힘든 일이 있어도 절대 꿈을 포기하지 않는 모습을 통해 꿈과 열정, 노력을 배울 수 있다. |

| 책 제목 | 특별한 밀크셰이크 |
|---|---|
| 서지 정보 | • 글, 그림: 비비안 프렌치, 앨리슨 바들렛<br>• 출판사: 통큰세상<br>• 출판연도: 2014년 |
| 교육적 적용 | 우유를 싫어하는 아이들에게 특별한 우유를 만들어 몸에 좋은 우유를 먹도록 한다. |

| 책 제목 | 이슬이의 첫 심부름 |
|---|---|
| 서지 정보 | • 글, 그림: 쓰쓰이 요리코, 하야시 아키코<br>• 출판사: 한림출판사<br>• 출판연도: 1991년 |
| 교육적 적용 | 이슬이는 태어나서 처음하는 심부름으로 우유를 사러 간다. 오가는 도중 갖가지 경험을 하는 이슬이를 기다리는 엄마. 해냈다는 대견함과 두려움과 문제해결의 기쁨을 준다. |

**언어**

- 이야기 나누기
- 생각 모으기
- 우유 소개하기
  - 나는 ㅇㅇ우유예요
- 작은 책 만들기
  - 우유를 먹기까지
- 우유 재료 글자 쓰기
- 젖소 울음소리 들어 보기
- 생각 마무리
  - 제일 좋았던 활동은?

**과학**

- 비교하기
  - 우유와 치즈 비교하기
- 요리활동 :
  - 딸기, 바나나우유 만들기
  - 그릭요거트 만들기

**수학**

- 우유와 치즈가 같은 점과 다른 점
- 밴다이어 그램 그리기
- 분류하기
  - 내가 좋아하는 우유는?

**우유**

**사회**

- 역할극
  - 어린 젖소 돌보기
- 목장체험
- 현장견학 : 젖소 목장

**미술**

- 젖소 꾸미기
- 우유로 마블링 놀이
- 우유곽 터널 만들기

**음률 및 신체표현**

- 새노래
  - 우유가 좋아
  - 우유송(베이비사인)
- 젖소처럼 움직이기
- 우유곽 터널 통과하기

[그림 8-2] 주제중심의 통합적 언어교육 과정

## 생각 모으기

**활 동 명** 우유하면 생각나는 것은?

**활동목표** 우유에 대해 생각나는 것을 말소리로 표현한다.

**교육과정** 의사소통〉듣기와 말하기〉표정, 몸짓, 단어로 의사를 표현한다.

**활동유형** 언어

**활동자료** 쓰기 용지, 쓰기 도구, 분류판

**활동방법**

① 우유하면 생각나는 것을 단어 중심으로 적는다.

② 비슷한 범주끼리 분류한다.

③ 같은 종류끼리 분류한 후 읽어 준다.

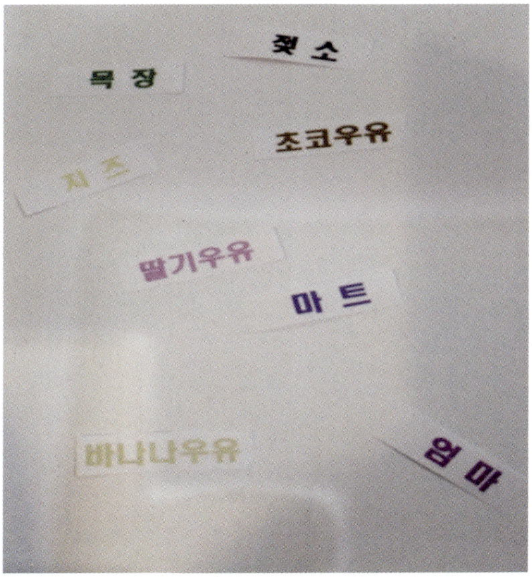

# 우유 소개하기

**활 동 명** 나는 ○○우유예요

**활동목표** 내가 좋아하는 우유가 되어 소개한다.

**교육과정** 의사소통〉듣기와 말하기〉표정, 몸짓, 단어로 의사를 표현한다.

**활동유형** 언어

**활동자료** 흰색, 노랑색, 분홍색, 초코색조끼, 마이크

**활동방법**

① 유아가 좋아하는 우유의 옷을 입는다.

② 친구들에게 '나는 ○○우유입니다.'라고 자신을 소개한다.

③ ○○우유의 색깔, 맛, 냄새 등을 이야기해 보게 한다.

# 작은 책 만들기

**활동명** 우유를 마시기까지

**활동목표** 우유가 만들어지는 과정을 책으로 만들며 이야기를 꾸민다.

**교육과정** 의사소통〉책과 이야기 즐기기〉책에 관심을 가지고 상상한다.

**활동유형** 언어

**활동자료** 우유 유통과정 그림자료, 그림책 표지(색지)

**활동방법**

① 그림자료를 보고 우유가 만들어지는 과정을 함께 이야기한다.

② 그림자료를 자른다.

③ 우유가 만들어지는 순서대로 붙인다.

④ 작은 책을 완성한 후 이야기를 꾸며 본다.

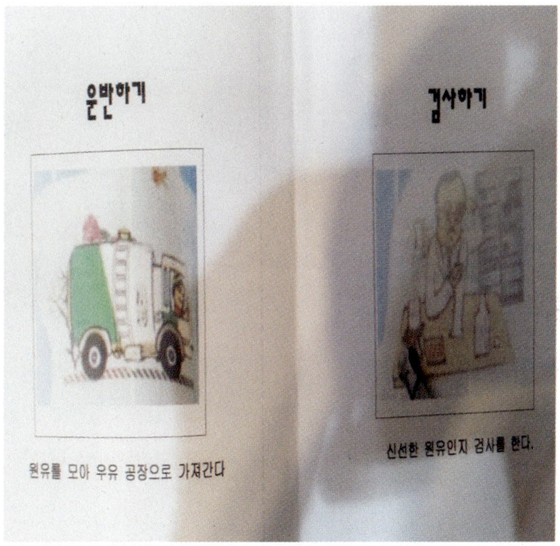

# 우유 재료 글자 쓰기

**활동명** 내가 먹은 우유는?

**활동목표** 우유에 들어가는 재료 글자에 관심 갖고 끼적이기 한다.

**교육과정** 의사소통〉읽기와 쓰기에 관심 가지기〉끼적이며 표현하기를 즐긴다.

**활동유형** 언어

**활동자료** 불투명컵, 빨대, 8가베, 9가베

**활동방법**

① 내용물이 안 보이는 컵에 우유를 따른다.

② 빨대로 우유를 마신다.

③ 자신이 먹은 우유를 말하고 단어 카드를 보며 글자를 만들어 본다.

④ 글자도 따라서 써본다.

## 요리활동

**활 동 명** 딸기우유, 바나나우유 만들기

**활동목표** 딸기우유와 바나나우유를 만들고 탐색한다.

**교육과정** 자연탐구〉탐구과정 즐기기〉사물과 자연을 반복하여 탐색하기를 즐긴다.

**활동유형** 과학

**활동자료** 딸기, 바나나, 플라스틱 빵칼, 믹서기, 컵

**활동방법**

① 딸기, 바나나를 빵칼로 썰어 본다.

② 믹서기에 딸기(바나나)와 우유를 넣어 간다.

③ 자신이 만든 우유를 컵에 따라 마신다.

④ 우유의 맛, 색깔, 냄새를 표현해 본다.

# 분류하기

**활 동 명** 내가 좋아하는 우유는?

**활동목표** 좋아하는 우유를 알아보고 함께 세어본다.

**교육과정** 자연탐구〉생활 속에서 탐구하기〉물체의 수량에 관심을 가진다.

**활동유형** 수학

**활동자료** 실물 그래프, 이름 글자 스티커, 도화지, 분류판

**활동방법**

① 준비된 실물 그래프를 보며 우유의 종류에 대해 이야기 나눈다.

② 그래프의 좋아하는 우유칸 위에 자신의 이름을 붙인다.

③ 우리 반 친구들이 좋아하는 우유 그래프를 완성한다.

④ 각 우유마다 몇 명의 친구가 좋아하는지 함께 세어 본다.

# 역할극

**활 동 명** 어린 젖소 돌보기

**활동목표** 친구와 함께 어린 젖소 돌보기 역할극을 한다.

**교육과정** 사회관계〉더불어 생활하기〉또래와 함께 놀이한다.

**활동유형** 사회

**활동자료** 목장 사진, 젖소인형, 우유통, 모자, 수건, 먹이, 진찰 가방

**활동방법**

① 목장의 사진을 보면서 젖소, 목장주인, 먹이 등에 대해 이야기 나눈다.

② 목장놀이에 필요한 소품을 소개한다.

③ 목장놀이의 역할을 정한다.

④ 아기 젖소에게 우유 주기, 진찰하기 등 극놀이를 한다.

# 목장 체험

**활 동 명** 젖소인형 우유 짜기

**활동목표** 친구와 함께 우유 짜기 체험을 한다.

**교육과정** 사회관계〉더불어 생활하기〉또래와 함께 놀이한다.

**활동유형** 사회

**활동자료** 젖소 사진, 젖소 인형, 우유, 라텍스 장갑, 큰 그릇

**활동방법**

① 젖소의 사진을 보고 이야기 나눈다.

② 젖소인형에 있는 젖(우유 장갑)을 보고 무엇이 들었을지 생각해본다.

③ 젖소인형 아래에 큰 그릇을 두고 손으로 눌러 우유를 짠다.

④ 직접 짠 우유 맛을 본다.

⊙ 참고 : 라텍스 고무장갑에 우유를 담아 젖소 인형에 매단다.

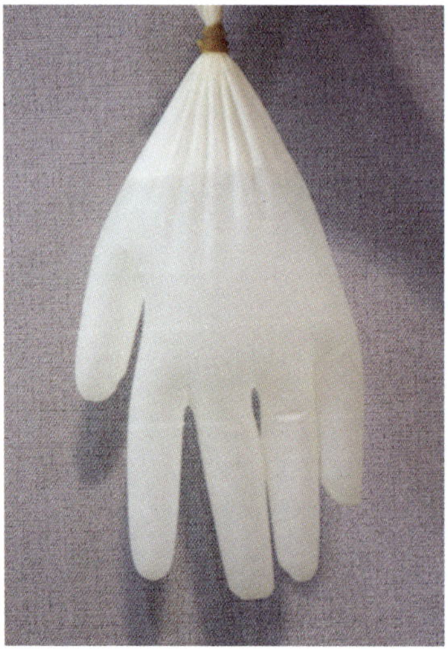

# 신기한 그림

**활 동 명** 우유 마블링 놀이

**활동목표** 우유와 다양한 재료를 사용하여 표현한다.

**교육과정** 예술경험〉창의적으로 표현하기〉미술재료와 도구로 표현해 본다.

**활동유형** 미술

**활동자료** 우유, 물감, 주방세제, 유리그릇, 면봉

**활동방법**

① 유리그릇에 우유를 부은 후 색소를 뿌린다.

② 색소가 잘 안 섞이면 주방세제를 떨어뜨린다.

③ 다른 색소를 넣는다.

④ 세제를 묻힌 면봉을 우유에 담가 색이 흩어짐을 표현한다.

⑤ 변화과정을 관찰한다.

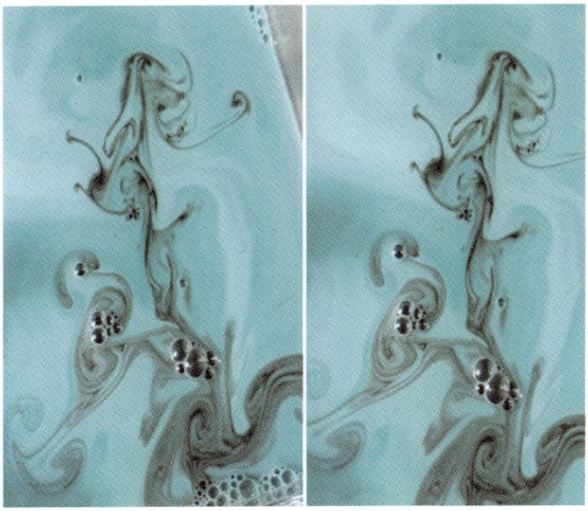

# 새노래

**활 동 명** 우유송

**활동목표** 음악에 맞춰 노래를 부르고, 신체표현을 한다.

**교육과정** 예술경험〉창의적으로 표현하기〉익숙한 노래와 리듬을 표현한다.

**활동유형** 음률

**활동자료** 노래 동영상, 노래가사 판

**활동방법**

① 우유송을 듣는다.

② 선생님이 불러주는 우유송 노래를 듣는다.

③ 노래가사 판을 보며 한 소절씩 부른다.

④ 음악과 가사에 맞춰 신체표현(베이비사인)을 한다.

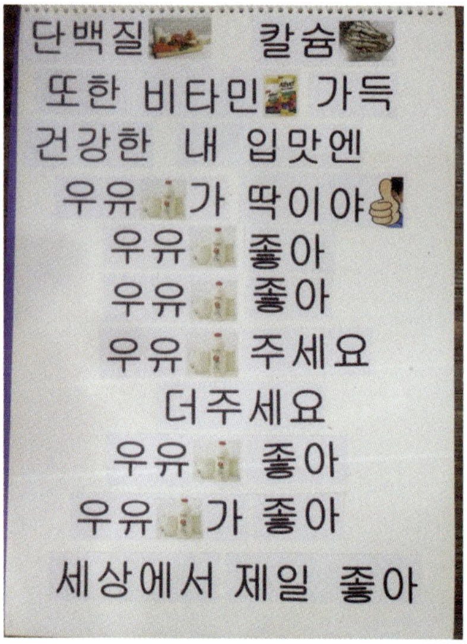


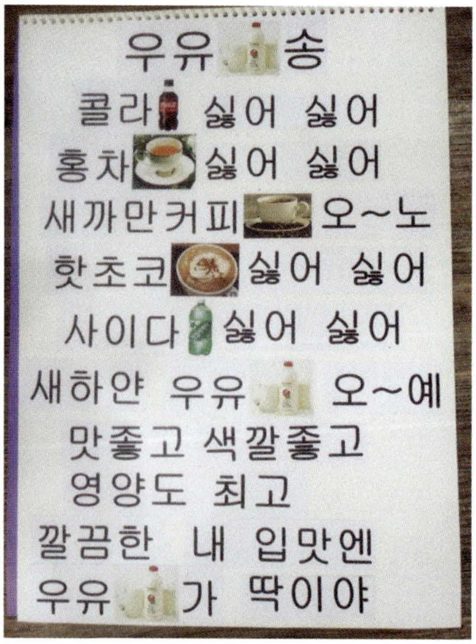

# 신체 놀이

**활 동 명** 동동 동대문을 열어라

**활동목표** 터널을 통과하는 신체활동을 통해 대소근육을 조절한다.

**교육과정** 신체운동〉신체활동 즐기기〉대소근육을 조절한다.

**활동유형** 신체

**활동자료** 우유곽 터널, 음악 동영상

**활동방법**

① 한 줄로 친구들의 뒤를 따라 어깨를 잡고 선다.

② 우유곽 터널을 통과한다.

③ 노래에 맞추어 터널에 걸리지 않게 통과한다.

④ 우유곽 터널의 높이를 다르게 해 림보게임도 한다.

## 2 그림책을 활용한 통합적 언어교육

### 1) 그림책 중심의 통합적 활동의 가치

그림책은 유아에게 문학적 경험을 제공하는 중요한 매체이다. 안진경, 이지현, 김은경(2016)은 **그림책의 문학적 가치**를 다음과 같이 제시했다.

첫째, 그림책에는 우리의 생활과 신체 및 심리 발달, 욕구에 관한 이야기, 일상적으로 일어나는 문제들, 예를 들어 가족, 성장, 친구, 학교생활 등 인간관계에 관한 내용들은 남녀노소 누구에게나 해당하는 보편성을 지닌다(히로꼬 사사키, 2004).

둘째, 그림책에는 우리 삶의 주요 주제인 나, 가족, 친구, 이웃, 놀이의 추억, 자연과 계절, 환경, 문화, 사랑과 행복, 평화, 삶과 죽음 등에 대해 다루고 있으며, 아름답고 감동적인 내용이 담겨 있다. 박선희, 김경중(1999)은 문학활동의 첫 번째 동기는 즐거움을 얻기 위한 것인데, 문학의 세계로 이끄는 가장 큰 요인은 감동이라고 했다.

셋째, 그림책 안에 등장인물의 성격묘사와 심리, 등장인물 간의 인간관계와 갈등의 요소가 담겨 있어서 공감을 불러일으킨다.

넷째, 그림책의 플롯은 이야기를 끌어가는 힘이 되며, 이는 독자로 하여금 갈등과 긴장감 및 흥미를 가지고 문학작품을 대하게 한다.

다섯째, 그림책에서 작가가 언어사용 및 반복, 단어선택, 문장의 구성 등으로 표현하는 문체는 리듬감 있고 박진감 넘치는 상황을 즐기게 하며, 상상력을 유발하며, 흥미롭고 아름다운 문학의 세계에 빠지게 한다.

여섯째, 글과 그림이 자세하게 묘사된 그림책의 배경은 시간과 공간을 넘나들어서 우리의 삶을 다양하고 풍요롭게 한다.

그림책은 유아를 대상으로 통합적인 교수활동을 전개할 수 있는 적절한 매체이다. **그림책을 중심으로 한 통합적 활동**은 그림책의 내용을 중심으로 언어, 수학, 과학, 미술, 음률, 사회 등의 통합된 활동을 전개하는 것이다. 유아가 좋은 그림책을 보는 것은 즐거운 경험인데(Schickedanz, 1986), 유아가 재미있고 문학적으로 훌륭한 그림책을 중심으로 한 다양한 교육적 경험에 참여하면 듣기, 말하기, 읽기, 쓰기를 보다 의미 있게 경험하게 된다.

박혜경, 김영실, 김진영, 김소양(1999)은 그림책을 중심으로 한 통합적 활동의 장점을 다음과 같이 정리했다.

첫째, 학문중심의 구조화된 교육과정과 유아의 흥미에 기초한 비구조화된 교육과정의 균형 잡힌 교육과정을 제공한다.

둘째, 좋은 그림책을 비롯하여 다양하면 질 높은 교재를 사용할 수 있다.

셋째, 교수-학습 방법을 다양화할 수 있다.

넷째, 통합적 교육활동의 구성이 다양하게 이루어질 수 있다.

다섯째, 유아의 개인차에 맞는 교육이 가능하다.

여섯째, 소집단 활동이 활발해진다.

유아는 문학적, 예술적 및 교육적 가치를 지닌 그림책을 중심으로 통합적 활동을 통해 보다 의미 있는 맥락에서 듣기, 말하기, 읽기, 쓰기 활동을 경험하면서 언어능력이 증진된다. 또한 다양한 통합적 활동을 통해 지식이 확장되며 문제해결력과 상상력이 발달하며, 더 나아가 책 읽기를 즐기며 문학작품을 사랑하는 어린이로 성장할 것이다.

## 2) 그림책 중심의 통합적 활동의 예

| 그림책 서지 정보 | |
|---|---|
|  | 그림책 : 『봄이 왔어요』<br>글 : 찰스 기냐<br>그림 : 애그 자트코우스카<br>출판사 : 키즈엠<br>출판연도 : 2012년 |

**그림책 설명**

계절을 주제로 봄에 볼 수 있는 정경을 보여 주는 그림책이다. 차갑고 춥던 겨울이 지나고, 봄비와 함께 찾아온 활기 넘치는 봄의 모습과 생기발랄한 친구들을 통해 봄의 모습을 표현했다. 재미있는 흉내 내는 말로 싱그러운 봄을 묘사하여 재미를 느낄 수 있다. 알록달록 색깔이 돋보이는 그림으로 봄의 기분을 느껴볼 수 있다.

**그림책 선정 이유**

꽁꽁 얼었던 땅이 녹고 새싹이 돋는 봄이 되면서 날씨의 변화를 느껴보고, 봄에 만날 수 있는 식물과 곤충 친구들에 관심을 갖도록 영아의 눈높이에 맞춘 그림책이다. '보슬보슬, 알록달록, 뭉게뭉게, 찰방찰방'처럼 봄의 느낌을 어휘로 흉내 낸 다양한 표현과 리듬감이 있어 다양한 언어활동을 하기에 적합하며, 봄에 경험할 수 있는 다양한 경험을 과학, 미술, 수학, 동작활동과 연계하기에 적합한 그림책이다.

### (1) 그림책 중심의 통합적 언어교육 과정의 예 1

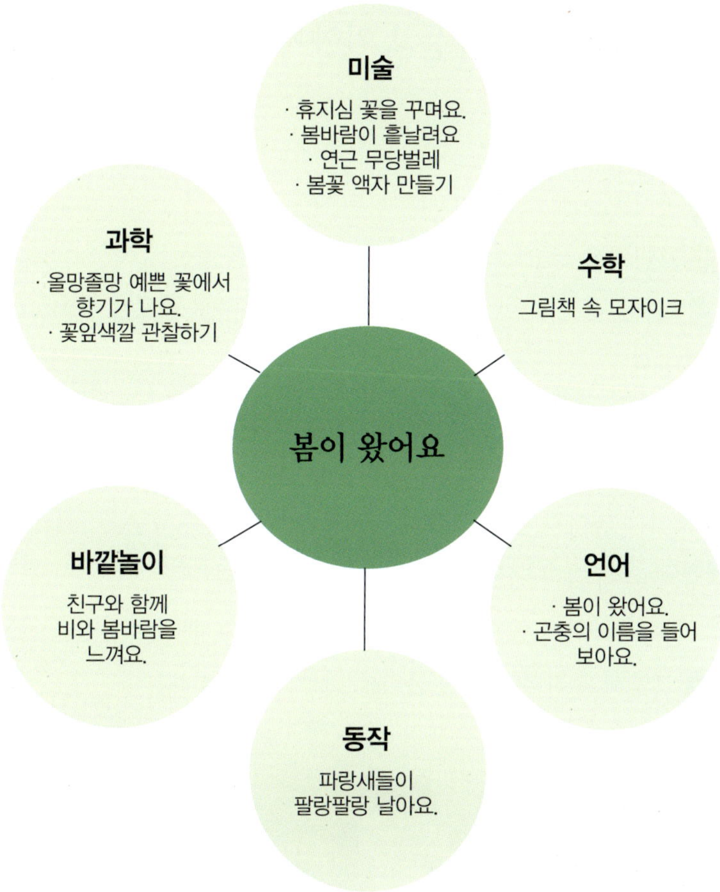


[그림 8-3] 그림책 중심의 통합적 언어교육 과정 1

### (2) 그림책 중심의 통합적 활동

## 그림책 듣고 이야기 나누기

**활 동 명** 봄이 왔어요.

**활동목표** 그림책을 듣고 재미있었던 장면과 자신의 경험을 이야기한다.

**교육과정** 의사소통〉듣기와 말하기〉표정, 몸짓, 단어로 의사를 표현한다.

**활동유형** 언어

**활동자료** 『봄이 왔어요』 그림책, 활동지

**활동방법**

① 관심을 보이는 영아와 함께 그림책 장면을 살펴본다.

② 그림책을 듣고 그림책 내용에 대한 이야기를 나눈다.

③ 그림책 표지를 보면서 봄비에 대한 경험을 이야기 나눈다.

**확장활동** 그림책 표지의 그림에 봄비를 면봉으로 표현해본다.

# 그림책 속 봄꽃 표현하기

**활 동 명** 휴지심 꽃을 꾸며요.

**활동목표** 봄꽃 꾸미기 활동을 하며 창의적으로 표현해본다.

**교육과정** 예술경험〉창의적으로 표현하기〉감각을 통해 미술을 경험한다.

**활동유형** 미술

**활동자료** 『봄이 왔어요』 그림책, 봄꽃 사진(튤립, 개나리, 진달래), 두루말이 휴지, 휴지심, 물감, 미니투명약병

**활동방법**

① 봄꽃에 대해 영아의 관심을 유도한다.

- 그림책 속 꽃과 여러 가지 종류의 봄꽃 사진을 보여 준다.

② 휴지심을 탐색하며 살짝 눌려 나뭇잎 모양으로 만들어 본다.

③ 휴지심 꽃을 만들어 보며 놀이를 해본다.

④ 완성된 작품을 살펴보며 이야기해본다.

## 그림책의 주인공 이름을 이야기하기

**활 동 명** 곤충의 이름을 들어 보아요.

**활동목표** 읽기와 쓰기에 관련된 관심을 가지며 의사소통 능력의 기초를 형성한다.

**교육과정** 의사소통〉듣기와 말하기〉표정, 몸짓, 단어로 의사를 표현한다.

**활동유형** 언어

**활동자료** 『봄이 왔어요』 그림책, 봄에 볼 수 있는 곤충 그림카드, 그림 자료 인쇄물, 활동지, 쓰기 도구

**활동방법**

① 그림카드를 제시하여 영아의 관심을 이끈다.

② 그림책에 등장한 봄의 곤충에 대해 이야기 나눈다.

③ 그림카드 인쇄물을 보며 끼적이기를 한다.

④ 활동지를 보며 곤충의 이름을 언어로 표현해 본다.

**확장활동** 곤충카드 위에 쓰기 도구를 사용하여 따라 그리기를 해본다.

## 민들레 홀씨 표현하기

**활 동 명** 봄바람에 흩날려요.

**활동목표** 민들레 홀씨의 모습을 관찰하고, 민들레 홀씨의 모습을 창의적으로 표현한다.

**교육과정** 예술경험〉창의적으로 표현하기〉감각을 통해 미술을 경험한다.

**활동유형** 미술

**활동자료** 민들레 홀씨 활동지, 백업, 물감

**활동방법**

① 어린이집 주변을 둘러보며 민들레 홀씨를 찾아본다.

② 입김을 불어 민들레 홀씨를 날리며 움직임을 탐색한다.

③ 민들레 홀씨가 날리는 모습을 생각해보며 활동지를 꾸며 본다.

**확장활동** 민들레와 관련된 그림책이나 사진자료를 언어영역에 놓아주어 책에 관심을 가지게 한다.

## 그림책 배경 모자이크

**활 동 명** 그림책 속 모자이크

**활동목표** 그림책의 장면을 모자이크 패턴활동으로 완성한다.

**교육과정** 자연탐구〉생활 속에서 탐구하기〉규칙성을 경험한다.

**활동유형** 수학

**활동자료** 『봄이 왔어요』 그림책, 그림책의 이야기 장면 그림자료, 색종이, 색종이 조각, 풀

**활동방법**

① 그림책의 그림을 보며 이야기 나눈다.

② 그림책 속 표현하고 싶은 장면이 담긴 그림자료에 색종이 조각을 붙여 모자이크 해본다.

③ 완성된 작품을 감상해보며 패턴을 찾아본다.

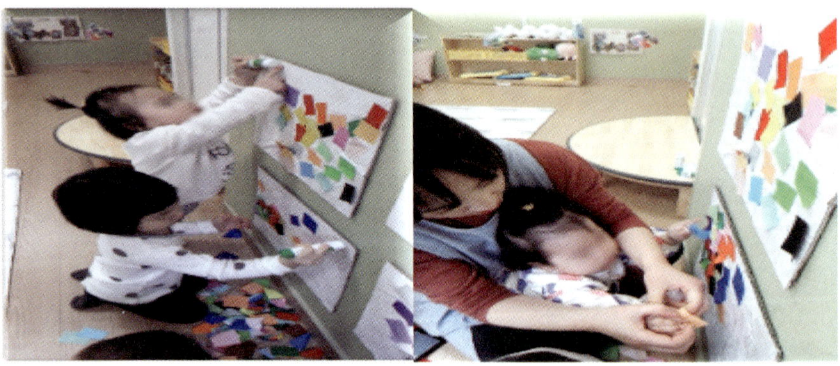

## 모양 찍기

**활 동 명** 연근 무당벌레

**활동목표** 독특한 재료로 모양찍기 활동을 하며 감각적이고 아름답게 표현한다.

**교육과정** 예술경험〉창의적으로 표현하기〉감각을 통해 미술을 경험한다.

**활동유형** 미술

**활동자료** 『봄이 왔어요』 그림책, 연근, 물감, 스펀지, 일회용 접시, 무당벌레 활동지, 그리기 도구

**활동방법**

① 그림책에 등장하는 무당벌레 그림책을 함께 살펴본다.

② 무당벌레를 어떻게 표현하면 좋을지 이야기 나눈다.

③ 연근의 모양과 촉감을 탐색하며 물감을 묻혀 찍어 본다.

④ 무당벌레 그림 활동지에 연근으로 무당벌레 옷을 꾸며본다.

# 봄꽃 탐색

**활 동 명** 올망졸망 예쁜 꽃에서 향기가 나요.

**활동목표** 다양한 봄꽃을 관찰하며 생명과 자연의 소중함을 느낀다.

**교육과정** 자연탐구〉자연과 더불어 살기〉주변의 동식물에 관심을 가진다.

**활동유형** 과학

**활동자료** 『봄이 왔어요』 그림책, 다양한 봄꽃 식물자료

**활동방법**

① 그림책에 나오는 꽃의 종류를 생각해본다.

② 영아와 함께 다양한 봄꽃의 색과 모양을 탐색한다.

③ 봄꽃의 향기를 맡으며 탐색한다.

④ 생명의 소중함에 대해 이야기한 후 봄꽃에게 '고마워, 사랑해!'라고 표현한다.

**확장활동** 바깥놀이 시 바닥에 떨어진 꽃잎을 주워와 교실에서 말려 본다.

## 액자 꾸미기

**활 동 명** 봄꽃 액자 만들기

**활동목표** 봄꽃잎으로 액자를 만들면서 창의적으로 표현하는 경험을 한다.

**교육과정** 예술경험〉창의적으로 표현하기〉감각을 통해 미술을 경험한다.

**활동유형** 미술

**활동자료** 벚꽃잎, 양면테이프, 아이스바, 영아 사진, 종이접시

**활동방법**

① 벚꽃 재료를 이용하여 액자를 꾸며 본다.

② 완성된 액자를 보여 주며 감상해본다.

## 파랑새처럼 표현하기

**활 동 명** 파랑새들이 팔랑팔랑 날아요.

**활동목표** 대소근육을 사용해 파랑새처럼 표현하고, 신체활동을 즐긴다.

**교육과정** 신체활동〉신체활동 즐기기〉대소근육을 조절한다.

**활동유형** 동작

**활동자료** 파랑새 날개, 그림책 장면 인쇄물

**활동방법**

① 영아와 함께 그림책 장면의 파랑새를 살펴본다.

② 파랑새가 날아가는 모습을 흉내 낸다.

③ 파랑새 날개를 어깨에 메고 파랑새의 움직임을 표현한다.

# 꽃잎 색깔 탐색

**활 동 명** 꽃잎 색깔 관찰하기

**활동목표** 사인펜으로 그린 그림에 물을 뿌려 변화되는 과정을 탐색하며 즐긴다.

**교육과정** 자연탐구〉탐구과정 즐기기〉사물과 자연을 반복하여 탐색하기를 즐긴다.

**활동유형** 과학

**활동자료** 도일리 페이퍼, 사인펜, 분무기, 츕파춥스 사탕, 꽃 철사, 꽃 포장지

**활동방법**

① 활동에 필요한 재료들을 탐색한다.

② 도일리 페이퍼에 자유롭게 여러 가지 색의 사인펜으로 끼적여 본다.

③ 사인펜으로 끼적인 도일리 페이퍼에 분무기를 뿌린다.

④ 색이 번지는 과정과 그 결과를 관찰한다.

**확장활동** 도일리 페이퍼가 마른 후 사탕을 넣어 꽃을 만들어 꽃가게 놀이를 한다.

## 비와 봄바람 탐색

**활 동 명** 친구와 함께 비와 봄바람을 느껴요.

**활동목표** 비와 바람을 느껴 보며 주변 환경과 자연에 관심을 가진다.

**교육과정** 자연탐구〉자연과 더불어 살기〉날씨의 변화를 감각으로 느낀다.

**활동유형** 바깥놀이

**활동자료** 빗방울 모양이 달린 우산, 우비, 장화, 분무기

**활동방법**

① 그림책 속 비 오는 날의 모습을 살펴보며 비 오늘 날의 경험을 이야기 나눈다.

② 바깥에 나가 빗소리를 떠올려 보고, 봄바람을 느껴 본다.

③ 친구와 함께 우산을 쓰고, 장화를 신고 비 오는 날 놀이를 한다.

④ (비가 오지 않는 날에는) 분무기로 빗방울을 뿌려 준다.

**확장활동** 미술영역에서 나만의 우산을 만들어 본다.

**그림책 서지 정보**

그림책 : 『앗! 피자』

글. 그림 : 정호선
출판사 : 사계절
출판연도 : 2015년

**그림책 설명**

공부시간, 아이는 피자 생각뿐이다. 먹거리 고발 뉴스를 본 엄마는 직접 몸에 좋은 피자를 만들겠다며 길고 긴 엄마표 피자 만들기에 돌입한다. 먹음직스러운 볼거리, 인물의 동작과 표정이 풍성한 맛을 더해주기도 한다. 실제 어느 집에서 벌어지고 있을지 모를 공감가는 이야기가 재미있다. 열정은 넘치지만 요리에는 서툰 엄마의 귀여운 실패담을 전해주는 아이의 시선이 정겨운 그림책이다.

**그림책 선정 이유**

아이들이 좋아하는 음식 중 하나인 피자에 대한 내용을 담은 『앗! 피자』 그림책은 유아의 흥미를 사로잡기에 충분하고, 엄마표 피자를 만들기 위해 재료를 준비하고, 요리하는 과정, 아이를 위해 최고의 영양피자를 준비하는 모습이 재미를 준다. 유아들이 그림책의 등장인물이 되어 조사하기, 장보기, 재료 구입하기, 레시피 만들기, 요리하기 등의 사회, 과학, 언어 등의 다양한 활동을 하기에 적절하며, 피자가게와 관련된 확장활동으로 전개하기 훌륭한 작품이다.

### (3) 그림책 중심의 통합적 언어교육 과정의 예 2

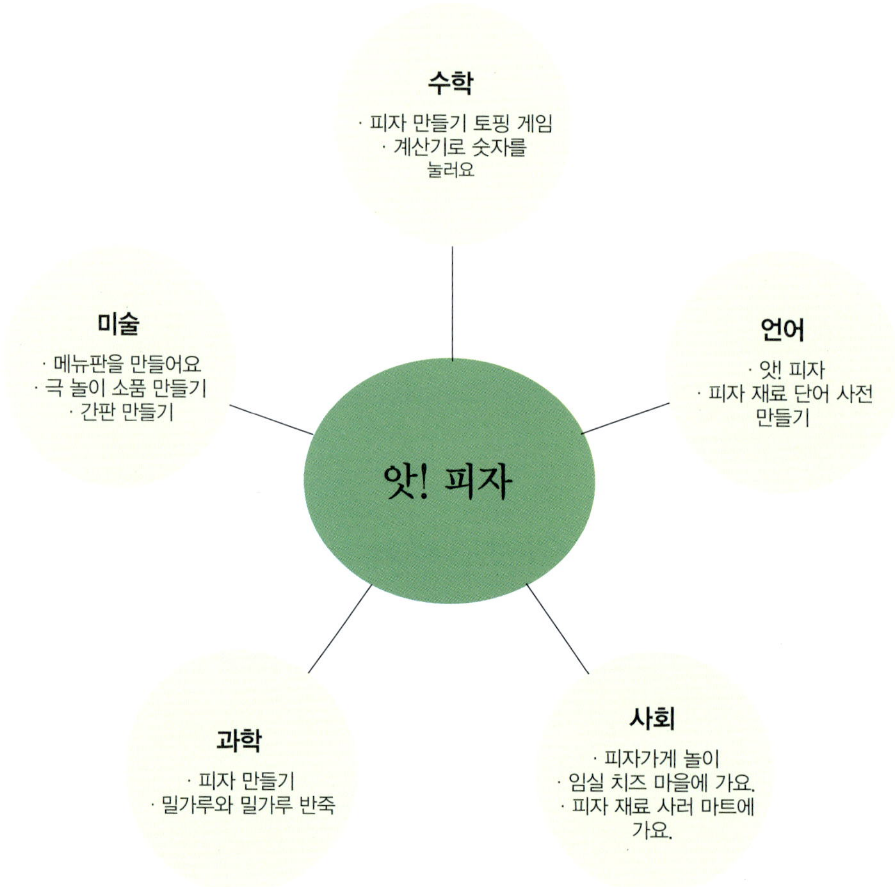


[그림 8-4] 그림책 중심의 통합적 언어교육 과정 2

### (4) 그림책 중심의 통합적 활동

## 그림책 듣고 이야기 나누기

**활 동 명** 앗! 피자!

**활동목표** 그림책을 듣고 재미있었던 장면과 자신의 경험을 이야기한다.

**교육과정** 의사소통〉듣기와 말하기〉자신의 경험, 느낌, 생각을 말한다.

**활동유형** 언어

**활동자료** 『앗! 피자』 그림책, 내가 만드는 피자 활동지

**활동방법**

① 그림책을 감상한다.

② 그림책의 스토리를 떠올려 본다.

- 엄마는 왜 엄마표 피자를 만들고 싶어했니?
- 엄마는 어떤 피자를 만들었니?

③ 피자를 먹었던 기억, 피자가게에 갔던 경험을 발표한다.

④ 내가 피자를 만든다면 어떤 피자를 만들고 싶은지 이야기 나눈다.

**확장활동** 내가 만드는 피자를 그려보고 소개한다.

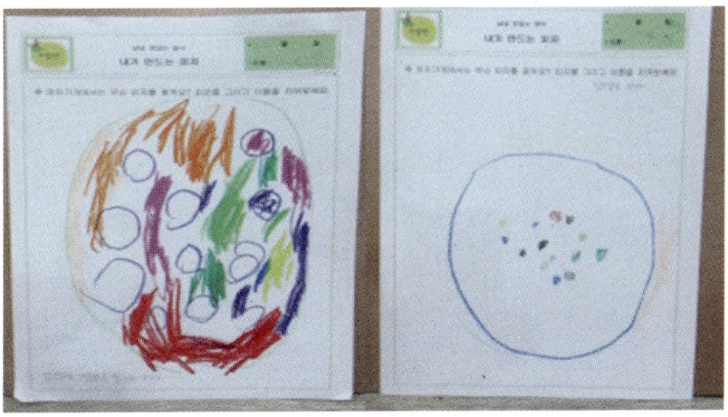

# 요리 활동

**활 동 명** 피자 만들기

**활동목표** 피자 만들기 요리활동을 하면서 탐구하는 과정을 즐긴다.

**교육과정** 자연탐구>탐구과정 즐기기>궁금한 것을 탐구하는 과정에 즐겁게 참여한다.

**활동유형** 과학

**활동자료** 피자 사진, 요리 순서도, 요리재료(토마토소스, 토르티야, 바질, 모차렐라 치즈, 베이컨, 양송이버섯, 파프리카, 토마토, 올리브 등 야채), 요리도구(오븐, 숟가락, 접시, 유아용 칼, 도마), 앞치마, 머릿수건, 『앗! 피자』 그림책

**활동방법**

① 토마토를 얇게 자른다.

② 토르티야에 토마토 소스를 바른다.

③ 토르티야 위에 베이컨, 토마토, 양송이버섯, 파프리카 등 자신만의 토핑을 올린다.

④ 바질, 모차렐라 치즈를 올린다.

⑤ 오븐에 굽는다.

**확장활동** 그림책에 나오는 엄마표 피자와 내가 만든 피자를 비교하여 설명해본다.

# 마트에서 장보기

**활 동 명** 피자재료 사러 마트에 가요.

**활동목표** 피자에 들어가는 다양한 재료를 협력하여 구입하고, 지역사회에 관심을 가진다.

**교육과정** 사회관계〉사회에 관심 가지기〉내가 살고 있는 곳에 대해 궁금한 것을 알아본다.

**활동유형** 사회

**활동자료** 『앗! 피자』 그림책, 장바구니, 장보기 목록, 돈

**활동방법**

① 『앗! 피자』 그림책에서 엄마가 구입한 피자 재료에 대해 이야기한다.

② 피자에 들어가는 재료 중 마트에서 장보기 할 것의 목록을 작성한다.

③ 재료의 가격을 알아보고, 재료를 구입할 팀을 정한다.

④ 마트에 가서 피자에 들어가는 재료를 산다.

⑤ 계산대에서 재료의 금액을 지불한다.

# 단어사전 만들기

**활 동 명** 피자 재료 단어사전 만들기

**활동목표** 피자 재료 단어사전을 만들며 쓰기에 관심을 가지고 글자로 기록할 수 있다.

**교육과정** 의사소통〉읽기와 쓰기에 관심 가지기〉자신의 생각을 글자와 비슷한 형태로 표현한다.

**활동유형** 언어

**활동자료** 『앗! 피자』 그림책, 피자 재료 단어사전 만들기 활동지, 색지 미니북, 쓰기 도구

**활동방법**

① 그림책 속 피자 그림을 보면서 피자에 들어가는 재료에 관해 이야기 나눈다.

② 피자 재료 단어사전 활동지에 있는 단어를 따라 쓴다.

③ 활동지에 있는 피자 재료를 가위로 자른다.

④ 미리 만들어진 미니북에 피자 재료를 붙여 단어사전을 완성한다.

# 계산하기

**활 동 명** 계산대로 숫자를 눌러요.

**활동목표** 생활 속의 문제를 수학적으로 탐구하는 과정을 즐기고, 도구에 관심을 가진다.

**교육과정** 자연탐구〉생활 속에서 탐구하기〉물체를 세어 수량을 알아본다.
자연탐구〉생활 속에서 탐구하기〉도구와 기계에 관심을 가진다.

**활동유형** 수학

**활동자료** 계산대, 영수증 숫자카드, 그림 자료

**활동방법**

① 계산대는 어떤 도구이고 어디에서 사용하는지 이야기 나눈다.

② '우리가 만든 계산대'를 관찰하고 이야기 나눈다.

③ 영수증의 숫자카드를 소개한다.

④ 영수증 숫자카드를 보면서 계산대의 숫자를 눌러 본다.

- 비고 : 미술영역에서 친구들과 함께 만든 계산대를 사용하였다.

# 나누기 게임

**활 동 명** 피자 만들기 토핑 게임

**활동목표** 게임을 하면서 물체를 세어 보고 수학적으로 탐구하는 과정을 즐긴다.

**교육과정** 자연탐구〉생활 속에서 탐구하기〉물체를 세어 수량을 알아본다.

**활동유형** 수학

**활동자료** 클레이 피자 토핑 재료(양파, 버섯, 햄, 피자치즈 등), 도우 그림판, 주사위

**활동방법**

① 두 명의 유아가 순서를 정하고 주사위를 돌려 나온 그림의 토핑 재료의 개수대로 가져간다.

② 가져간 피자 토핑 재료를 도우 그림판에 올린다.

③ 피자 토핑 재료가 모두 없어지면 도우 그림판에 올려진 토핑 재료의 개수를 세어 보고 더 많이 올려진 유아가 이긴다.

④ 규칙을 지키며 활동해본다.

**확장활동** 역할영역에서 다양한 음식을 만든 후 음식점 놀이를 해본다.

# 밀가루 탐색하기

**활 동 명** 밀가루와 밀가루 반죽

**활동목표** 밀가루 반죽을 만들면서 물체의 특성과 변화를 탐색해본다.

**교육과정** 자연탐구〉생활 속에서 탐구하기〉물체의 특성과 변화를 여러 가지 방법으로 탐색한다.

**활동유형** 과학

**활동자료** 밀가루, 쟁반, 넓은 그릇, 물, 컵, 기록지

**활동방법**

① 그릇에 밀가루를 담고 오감으로 탐색한다.

② 밀가루가 담긴 그릇에 물을 떨어뜨린다.

③ 밀가루와 물의 비율을 맞춰가며 반죽해본다.

④ 밀가루 반죽이 되는 과정을 살펴본다.

⑤ 밀가루와 밀가루 반죽의 색, 모양, 맛, 냄새, 촉감 등을 관찰한다.

⑥ 관찰한 내용을 기록지에 써본다.

## 메뉴판 만들기

**활 동 명** 메뉴판을 만들어요.

**활동목표** 피자 메뉴와 가격을 정해보고 정보를 포함한 피자 메뉴판을 창의적으로 표현한다.

**교육과정** 예술경험〉창의적으로 표현하기〉다양한 미술 재료와 도구로 자신의 생각과 느낌을 표현한다.

**활동유형** 미술

**활동자료** 『앗! 피자』 그림책, '피자 메뉴판' 사진, 도화지, 그리기 도구, 쓰기 도구

**활동방법**

① 피자가게에 가 본 경험을 이야기 나눈다.

② 그림책에 나오는 다양한 피자 종류를 보고 메뉴판에 넣을 피자를 결정한다.

③ 피자 메뉴와 가격을 정해서 피자가게 메뉴판을 만들어 본다.

# 소품 만들기

**활 동 명** 극 놀이 소품 만들기

**활동목표** 창의적으로 설계하고 표현하면서 극놀이 소품을 협력하여 만든다.

**교육과정** 예술경험〉창의적으로 표현하기〉다양한 미술 재료와 도구로 자신의 생각과 느낌을 표현한다.

**활동유형** 미술

**활동자료** 극 놀이 소품 그림 자료, 피자가게의 소품 만들기 재료(상자, 색지, 사인펜, 쓰기 도구 등)

**활동방법**

① 피자가게에 있는 물건들을 떠올리며 이야기 나눈다.

② 피자가게에 필요한 것들에 대해 이야기 나눈다.

③ 필요한 소품의 목록을 기록한 후 각각 역할을 맡는다.

④ 계획한 대로 피자가게 소품을 만들어 본다.

**확장활동** 만든 피자가게 소품으로 피자가게 놀이를 해본다.

## 피자가게 간판 만들기

**활 동 명** 간판 만들기

**활동목표** 미술재료와 꾸미기 재료를 사용해 창의적으로 표현해본다.

**교육과정** 예술경험〉창의적으로 표현하기〉다양한 미술 재료와 도구로 자신의 생각이나 느낌을 표현한다.

**활동유형** 미술

**활동자료** 도화지, 그리기 도구, 꾸미기 도구

**활동방법**

① 피자가게 놀이에 어떤 가게를 구성하고 싶은지 이야기 나눈다.

② 가게의 이름에 대한 아이디어를 나눈다.

③ 피자가게 이름을 최종 결정한다.

④ 도화지에 피자가게 이름을 쓰고, 다양한 미술재료와 꾸미기 재료로 협력하여 완성한다.

⑤ 간판을 역할영역에 건다.

# 현장학습

**활 동 명** 임실치즈 마을에 다녀왔어요.

**활동목표** 치즈마을 현장학습을 통해 우리가 사는 사회와 다양한 문화에 관심을 가진다.

**교육과정** 사회관계>사회에 관심 가지기>내가 살고 있는 곳에 대해 궁금한 것을 알아본다.

**활동유형** 사회

**활동자료** 임실치즈 마을 사진 자료, 활동지, 그리기 도구

**활동방법**

① 임실치즈 마을에 가 본 경험을 이야기 나눈다.

② 임실치즈 마을을 직접 체험하기로 하고, 현장학습 할 때의 주의할 점을 이야기 나눈다.

③ 현장학습을 마친 후, 활동지에 자신이 관찰했던 임실치즈 마을을 그림으로 나타낸다.

# 피자가게 역할놀이

**활 동 명** 피자가게 놀이

**활동목표** 가게놀이 통해 다양한 역할을 맡아보고, 자신의 경험을 창의적으로 표현한다.

**교육과정** 예술경험〉창의적으로 표현하기〉 극놀이로 경험이나 이야기를 표현한다.

**활동유형** 사회

**활동자료** 피자를 진열할 상자, 피자 모형, 피자가게 간판, 계산대, 오븐, 냉장고 등

**활동방법**

① 내가 좋아하는 피자를 이야기해본다.

② 피자가게 놀이에 필요한 소품을 준비하고 역할을 정한다.

③ 다양한 소품을 이용하여 피자 가게를 꾸민다.

④ 역할을 정하고 피자가게 놀이를 한다.

### 생각해보기

1. 유아에게 적용하고 싶은 주제를 활용한 통합적 언어교육 과정 계획을 세워 보세요.

2. 그림책을 활용한 통합적 언어교육을 위해 그림책 속 어휘지도 방법을 생각해 보세요.

Chapter 9

# 언어교육 환경

영유아의 언어발달은 자신을 둘러싼 환경과의 지속적인 상호작용을 통해 이루어진다. 그러므로 영유아의 주변 환경구성과 사람들과의 의미 있는 상호작용은 영유아의 언어발달에 지대한 영향을 줄 수 있다. 환경은 영유아의 언어발달에 결정적인 영향을 미치는 요인으로, 가정의 언어 환경과 유아교육기관의 언어 환경으로 구분할 수 있다. 또한 언어 환경은 외부의 환경적 요인인 물리적 환경과 인적 환경으로 나눌 수 있다. 따라서 본 장에서는 영유아의 언어발달에 영향을 주는 환경요인과 교사의 역할에 대해 살펴보고자 한다.

1. 가정의 언어환경
2. 유아교육기관의 언어환경
3. 영유아 언어지도를 위한 교사의 역할

# 1 가정의 언어 환경

영유아는 부모와 언어적 상호작용을 하며, 부모가 신문이나 책을 읽거나 메모하는 행동을 보면서 언어 경험을 한다. 영유아는 가족 간에 이루어지는 대화를 통해 말하기와 듣기의 구어발달이 이루어지고, 부모 혹은 형제 · 자매가 책을 읽거나 쓰는 행동을 보면서 문어 발달의 기초를 형성한다. 영유아의 언어발달은 가정에서의 비형식적이고 일상적인 경험을 통해 이루어진다. 특히 영유아의 초기 문식성 발달은 주변의 풍부한 환경 인쇄물을 통해 이루어지며, 부모의 읽기와 쓰기 활동의 참여에 따라 유아의 문식성 발달은 영향을 받는다. 가정에서 영유아의 언어발달을 촉진하기 위한 환경구성과 언어전략을 살펴보면 다음과 같다.

## 1) 가족 구성원 간에 언어적 상호작용 참여하기

**부모**는 영아의 기저귀를 갈아주거나 우유를 먹일 때에도 말을 하고, 영아를 재울 때 자장가를 불러주며 그림책을 읽어 준다. 또한 영유아는 **형제 · 자매**와 놀이하면서 대화를 나누고, 유치원에서 있었던 일이나 친구에 대한 이야기를 부모에게 하곤 한다. 영유아는 자신의 이야기를 진지하게 들어주고 말하는 기회를 통해 구어 능력이 향상되며, 언어사용의 예절에 대해서도 알게 된다. 특히 식사시간에 이루어지는 대화는 가족 구성원 간의 긍정적인 관계 형성에도 도움을 주며, 영유아의 언어사용 습관과 언어학습에 좋은 기회가 될 수 있다. 따라서 부모는 영유아의 일상에서 일어나는 일을 중심으로 자주 대화하면서 아이들이 생각하고 말하며 질문하는 기회를 통해 언어발달을 촉진하도록 한다.

## 2) 다양한 환경 문자 활용하기

영유아는 책의 글자에 관심을 갖기 이전부터 주변 환경의 글자에 관심을 보인다. **환경 문자**는 영유아의 일상생활 주변에서 쉽게 볼 수 있는 글자로서 자연적인 읽기 자료로 활용할 수 있다. 환경 문자의 중요성을 아는 부모는 주변에서 쉽게 접할 수 있는 환경 글자에 영유아를 주목하도록 한다. 부모는 환경글자를 소리 내어 읽어 주고, 영유아가 읽을 수 있는 단어나 음절을 읽어 보도록 격려한다. 예를 들면, 부모가 장난감의 조립 안내문을 읽어 주기도 하고, 주변에서 흔히 볼 수 있는 상품 이름(고래밥, 뿌요뿌요)이나 식당 간판(김밥나라, 롯데리아)을 읽어 보게 한다. 이러한 경험을 통해 영유아는 글자에 대한 지식과 글자의 기능에 대한 지식을 습득하며, 자연스럽게 문자를 익힐 수 있게 된다.

영유아 주변에서 쉽게 볼 수 있는 상점 이름

영유아가 좋아하는 과자 상표 이름

[그림 9-1] 영유아 주변에서 쉽게 볼 수 있는 환경 문자

### 3) 풍부한 문해 환경 구성하기

부모는 영유아의 **문식성 발달**을 돕기 위하여 집안에 읽기 · 쓰기와 관련된 다양한 자료를 놓는다. 집에는 영유아를 위한 다양한 종류의 그림책 외에도 부모가 보는 신문, 잡지, 서적 등 여러 종류의 읽기 자료가 있다. 책은 집안의 다양한 장소에 배치하며, 특히 영유아가 자주 머무르고 쉽게 이용할 수 있는 곳에 놓는 것이 좋다. 책을 물리적으로 배치하는 것 이상으로 더욱 중요한 것은 책을 주기적으로, 자주 읽어 주는 것이다. 영유아의 **문해 경험**을 촉진하는 가정에서는 책 이 외에도 연필, 크레용, 화이트보드, 펜, 종이 등 **쓰기에 필요한 자료**를 구비해 놓는다. 영유아는 집안에서 비형식적으로 다양하게 읽고 쓸 수 있는 활동을 통해 글로 의사소통을 할 수 있는 것을 배우며, 문자언어의 실제적인 쓰임과 사용 목적에 대해 알게 된다.

### 4) 문해 행동에 대한 모델링 보이기

영유아는 일상생활에서 부모와 형제 · 자매가 환경문자와 문해 활동을 자연스럽게 사용하는 것을 본다. 부모는 아이에게 책을 읽어 주기도 하지만, 스스로 책과 환경 글자를 읽으면서 **읽기에 대한 모델링**을 보여 준다. 가족구성원이 일정한 시간에 주기적으로 책을 읽는다면, 아이는 책 읽기를 좋아하고 책에 대한 긍정적인 태도를 형성하게 될 것이다. 가정에서 이루어지는 쓰기 활동은 주로 실용적인 목적으로 사용된다. 부모는 실제적으로 다양한 목적(쇼핑목록 쓰기, 생일카드 쓰기, 해야 할 일 작성하기)으로 쓰기를 하며, **쓰기 모델링**을 보여 준다. 영유아는 부모가 쓰는 것을 보면서 문자언어의 사용 목적과 쓰기에 대한 지식과 기술을 배우게 된다. 영유아의 읽기와 쓰기를 고무하는 부모는 가정에서 일찍부터 쓰고 읽는 행동을 자주 보여 준다.

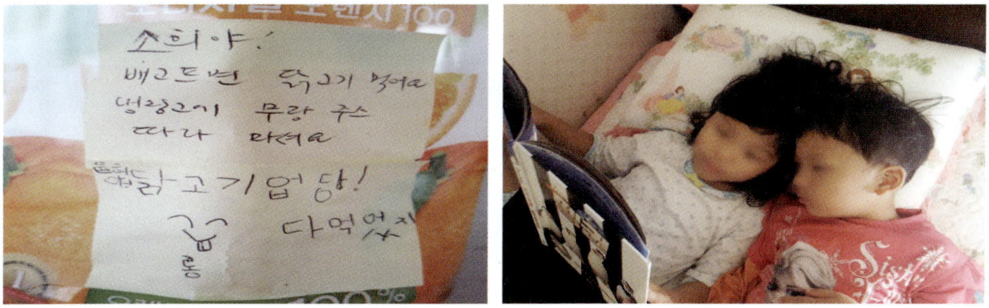


엄마가 아이에게 간식을 먹으라는 메모를 남긴다.
아이는 메모를 읽고, 동생에게 다시 메모
(닭고기 없당 ! 다 먹었다. 메롱)를 남긴다.

7살 누나가 5살 동생에게 그림책을 읽어 준다.

[그림 9-2] 가정에서 이루어지는 문해 행동 모델링

### 5) 상호작용하면서 책 읽기

영유아는 부모가 그림책을 읽어 주는 동안 좋은 읽기 모델을 경험할 수 있어서 읽기에 대한 지식과 기술을 배울 수 있다. 영유아는 부모의 그림책 읽어 주는 경험에서 책을 다루는 방법을 알게 되고, 새로운 단어와 이야기의 구조 개념에 대해 알 수 있다. 영유아와 책을 읽을 때에는 책에 대한 열린 질문 제공하기, 아이와 교대로 함께 읽기, 뒷장의 이야기 예측해 보기 등 다양한 상호작용이 이루어지도록 한다. 단순히 책을 읽어 주는 것에만 초점을 두어 책 내용만을 읽지 말고, 책을 읽으면서 자신의 경험과 연결하여 그림책에 대해 이해할 수 있는 질문을 제공하는 것이 좋다. 영유아는 함께 참여하는 경험을 통해 책 읽기의 몰입도가 높아져서 더욱 재미있고 즐겁게 책을 읽게 될 것이다.

다음은 그림책을 읽어 주면서 부모와 영유아가 다양한 전략으로 언어적 상호작용을 하는 모델을 제시한 것이다.

[표 9-1] 그림책 읽어 주기의 단계별 언어적 상호작용

| 관찰 및 연결하기 | 정보 더하기 | 요약과 추론하기 | 예측, 문제해결, 설명하기 |
|---|---|---|---|
| • 사물을 가리키며 이름을 말하기(이것은 고양이야. 누구 집에 고양이가 있었지?)<br>• 사물의 이름을 말해 보기(이건 뭐지? 그래 벌이란다. 벌을 본 적이 있었니?)<br>• 자녀의 경험과 연결시키기(그림 중에 어떤 것이 제일 좋아? 가리켜 볼래? 그것이 왜 제일 좋아?) | • 정보를 확장하기(아기 고양이를 새끼 고양이라고 한단다. 어, 여기에는 아기 개가 있네. 아이 개를 강아지라고 한단다. 고모네 집에도 강아지가 있었지. 기억나니?)<br>• 정보를 정교화하기(어, 결혼식을 하고 있네. 우리는 언제 결혼식에 갔었지?) | • 요약하는 모델링보이기(이 책의 동물은 모두 아기들이네. 새끼들이 내는 소리를 한번 내어 볼까?)<br>• 그림책에서 보이지 않는 것에 대해서 생각해 보도록 하기(사자와 생쥐 중 누가 더 힘이 셀까? 그걸 어떻게 알지?) | • 다음에 일어날 일을 예측해 보기(눈사람이 햇빛에 오래 있으면 어떻게 될까?)<br>• 문제 해결해 보도록 하기(암탉이 여우에게서 어떻게 도망가지?)<br>• 이야기의 내용을 설명해 보도록 하기(엄마가 헛갈리네. 여왕이 착한 거야, 나쁜 거야?)<br>• 이야기 등장인물의 동기 혹은 의도에 대해 설명해 보도록 하기(세 마리 곰이 왜 금발머리 소녀를 쫓아갔을까?)<br>• 이야기의 뒷 부분을 상상해 보도록 하기(다음에는 어떻게 될까?) |

출처: 권민균 역(2016). 유아기 언어교육, p. 54에서 발췌.

## 2 유아교육기관의 언어 환경

영유아는 유아교육기관의 다양한 장소에서 언어자료를 통해 언어 경험을 한다. 특히 교실의 문자언어 환경과 교재 · 교구를 경험함으로써 영유아의 언어발달은 향상될 수 있다. 영유아의 언어활동은 언어영역뿐만 아니라 다른 흥미영역에서도 이루어질 수 있도록 환경을 구성하는 것이 바람직하다. 여기에서는 교실의 언어 환경구성의 원리와 영아와 유아를 위한 언어 환경, 기타 영역에서의 언어 환경에 대해 살펴보고자 한다.

### 1) 언어환경 구성의 원리

영유아는 어렸을 때부터 비형식적인 언어경험을 통해 언어발달이 이루어진다. 자연스럽게 일상적인 경험 속에서 언어발달의 기초가 쌓여가지만, 영유아기는 언어발달의 결정적 시기이므로 이 시기의 언어발달을 촉진할 필요가 있다. **영유아의 언어발달을 돕기 위한 환경구성의 기본 원리**를 제시하면 다음과 같다(성미영, 권윤정, 유주연, 2016; 이지현, 마송희, 김수영, 정정희, 2020; 한유미, 김혜선, 권희경, 양연숙, 백은정, 2013; 홍혜경, 김명화, 김정아, 김세루, 김현정, 2017).

첫째, 영유아의 언어발달을 촉진할 수 있는 **풍부한 언어 환경**을 구성한다. 영유아의 언어발달을 위한 이상적인 환경은 주변에서 쉽게 언어를 사용하고 접할 수 있도록 구성하는 것이다. **자롱고**(Jalongo, 2000)는 교실 내에 언어영역을 구성하는 것이 가장 좋은 환경임을 제시하였으나, 다른 흥미 영역에서도 언어활동을 경험할 수 있도록 다양한 언어자료를 제공하는 것이 바람직하다. 특히 영유아의 문자 언어발달은 교실 내에 다양한 문식성 자료(literacy probs)를 필요로 하므로 교실에 **환경 문자자료**(environmental print)를 충분히 제공하는 것이 좋다. 예를 들면, 영유아는 하루 일과표, 교실에서 지켜야 할 규칙, 흥미영역 표지판, 이름표, 오늘의 간식 메뉴 등을 통해 문자언어를 접하게 되고, 문자언어의 기능과 철자법에 대해서도 알게 된다.

둘째, **교육활동과 연계**하고, 영유아의 **실생활**을 반영하여 구성한다. 교실에 제공하는 언어자료는 놀이 및 활동 주제와 연계하고, 영유아의 경험과 관련 있는 것을 제시한다. 또한 교사는 영유아의 흥미, 사전 경험, 발달 수준과 연계된 언어 환경을 구성하고 주기적으로 언어자료를 교체해 준다. 언어의 올바른 사용 목적과 의미구성은 실제 언어가 사용되는 맥락 속에서 파악할 수 있기 때문에 언어 환경은 실생활을 반영하는 것이 바람직하다.

셋째, 듣기, 말하기, 읽기, 쓰기의 **언어활동이 통합적**으로 이루어지도록 언어환경을 구성한다. 영유아는 듣고, 말하고, 읽고, 쓰는 활동을 통해 타인과 의사소통한다. 언어는 의미를 구성하고 소통하는 수단으로, 4가지 언어영역이 통합적으로 제시될 때 균형적으로 언어발달은 이루어질 수 있다. 따라서 교사는 듣기, 말하기, 읽기, 쓰기가 통합적으로 이루어질 수 있도록 언어 환경을 구성한다. 예를 들면, 역할놀이 영역에서 음식점 놀이를 할 때 대화하기(말하기), 주문받기(듣기), 메뉴판 보기(읽기) 카드로 계산하기(쓰기)의 언어활동이 동시에 일어날 수 있도록 언어자료를 제공해 주도록 한다.

### 2) 영아를 위한 언어영역

영아를 위한 언어영역 구성 시 가장 우선적으로 고려할 점은 편안하고 안정적인 환경을 마련하는 것이다. 영아는 언어영역에서 언어활동을 하기도 하지만 휴식을 취하거나 정적인 활동을 하기도 한다. 언어영역은 햇빛이 잘 들고 조용한 곳에 배치하며, 바닥에는 푹신한 카펫을 깔고 천장에는 부분 커튼을 달아 안락한 분위기를 느낄 수 있도록 한다. 또한 편안하게 언어활동에 참여할 수 있도록 쿠션이나 소파, 낮은 책상, 영아용 흔들의자 등을 배치한다. 그림책은 전면이 보이는 책꽂이를 활용하거나, 책에 친숙해질 수 있도록 낮은 책상에 올려놓을 수도 있다. 영아의 발달 수준과 흥미를 고려하여 헝겊책, 촉감책, 소리나는 책, 책장을 넘기기 쉬운 책 등을 준비하고, 말하기에 도움을 주는 다양한 손인형을 제공한다.

영아의 언어발달에 도움을 주는 언어 자료를 제시하면 다음과 같다.

[표 9-2] 영아를 위한 언어영역 자료

- 영아 가족 사진
- 친구들 사진과 이름 카드
- 친숙한 사물이나 과일 사진
- 안전 거울
- 다양한 종류의 그림책(헝겊책, 소리나는 책, 까꿍책, 촉감책)
- 부드러운 소재의 인형(가족인형, 동물인형)
- 전화기
- 커다란 종이와 잡기 쉬운 필기도구

영아를 위한 언어영역

말하기 활동과 관련된 교구
(손인형, 마이크, 친구 사진 및 이름 카드)

젖지 않는 소재로 만들어진 그림책

책장을 쉽게 넘길 수 있는
영아용 그림책

벽면을 활용한 쓰기 영역에서
글자 쓰기를 시도하고 있는 영아

헝겊으로 만든 그림책을
보고 있는 영아

[그림 9-3] 영아를 위한 언어 환경 구성

영아는 교실의 모든 영역에서 친구들과 비언어적 · 언어적 의사소통을 한다. 따라서 감각영역, 탐색영역, 역할영역에서도 언어발달에 도움을 주는 자료를 제공해 주어야 한다. 인형, 전화기, 의상, 과일 모형 등의 소품을 제공하면 상상놀이를 통해 다양한 언어적 상호작용을 시도하게 된다.

### 3) 유아를 위한 언어영역

유아는 교실의 다양한 공간에서 언어활동을 경험하지만, 체계적이며 의미 있는 언어활동은 언어영역에서 가장 풍부하고 집중적으로 일어난다. 언어영역은 햇빛이 잘 드는 밝은 곳에, 소음이 발생하는 활동적인 영역과는 멀리 배치한다. 바닥에는 카펫을 깔고, 흔들의자, 쿠션, 소파 등을 배치하여 편안하고 아늑한 분위기를 느낄 수 있도록 한다. 또한 쓰기와 책 읽기에 필요한 책상과 의자를 준비하고, 시력 보호를 위해 필요시 부분 조명이나 롤스크린을 설치하는 것이 좋다. 유아교육기관에서는 언어영역 혹은 도서영역으로 구성하여 듣기, 말하기, 읽기, 쓰기를 모두 경험할 수 있도록 환경을 구성한다. 듣기, 말하기, 읽기, 쓰기 영역을 따로 구분하지는 않으나, 각 영역에 필요한 자료를 구체적으로 살펴보기 위해 듣기와 말하기, 읽기, 쓰기로 구분지어 설명해 보고자 한다.

#### (1) 듣기와 말하기 영역

듣기와 말하기는 일상생활에서 자연스럽게 일어나는 언어활동으로, 유아교육기관의 모든 영역에서 이루어진다. 그럼에도 유아교육기관에서의 듣기 활동은 다른 언어활동에 비해 비중도가 낮으며, 유아를 위한 음성언어활동은 문자언어활동에 비해 의도적으로 이루어지고 있지 않다. 유아의 음성언어는 자연적이며 비형식적으로 발달하는 측면도 있지만, 의도적이고 형식적인 지도와 환경구성을 통해 촉진될 수 있다. 따라서 교사는 유아가 듣기에 집중할 수 있도록 주변의 소음을 제거하고, 구체적인 사물과 사건을 활용하여 자신의 경험을 말하거나 들을 수 있도록 격려한다. 듣기와 말하기 활동을 촉진하기 위한 자료를 제시하면 다음과 같다(유민임, 오성숙, 2018).

[표 9-3] 듣기와 말하기 자료

| 듣기 자료 | 말하기 자료 |
|---|---|
| • 녹음기, 카세트 라디오, 테이프, 헤드폰<br>• 교사나 부모의 목소리가 녹음된 동시, 동화자료<br>• CD-ROM 동화<br>• 자연물 소리, 일상생활 주변의 소리 녹음 자료 | • 융판과 융판자료<br>• 이야기 그림 순서 카드<br>• 마이크와 녹음기<br>• 수수께끼 상자<br>• 손인형, 손가락인형과 인형극 틀<br>• 말하기 그림카드 |

### (2) 읽기 영역

**도서영역**은 주로 밝고 자연조명이 있는 곳에 배치하며, 유아의 관심을 끌 수 있고 활동주제나 놀이와 관련된 **다양한 장르**의 그림책과 읽기 자료를 제공한다. 유아가 책을 선택하고 정리하기 용이하도록 도서를 겹치지 않고 **책의 표지**가 보이도록 놓는다. 또한 제공된 도서는 유아의 읽기 수준을 고려하여 다양한 수준의 책을 제시하고, 논픽션 도서가 1/2~1/3 비중을 차지하도록 한다(Moss, Leone & Dipillo, 1997). **다양한 형태의 그림책**을 제시하여 그림책에 관심을 갖고 그림책 읽기를 고무할 수 있도록 하며, 책은 적어도 한 달에 한 번 정도 교환해 준다(Machado, 2013). 또한 유아가 책에 대한 흥미를 유지하고 다양한 책을 읽을 수 있도록 **가정과 연계한 책 대여 프로그램**을 운영하는 것도 좋다.

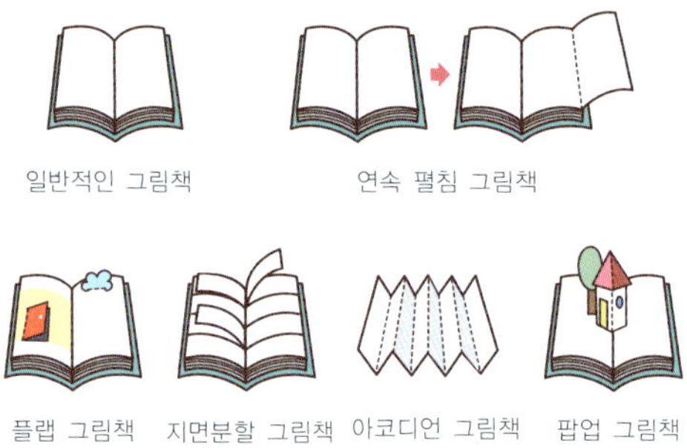


다양한 형식의 그림책

아코디언 그림책 : 『나 꽃으로 태어났어』

팝업 그림책 : 『나무늘보가 사는 숲에서』

[그림 9-4] 유아를 위한 다양한 그림책 유형

### (3) 쓰기 영역

쓰기 영역에는 유아가 다양한 쓰기 자료를 탐색하고, 자연스럽게 쓰기를 할 수 있는 쓰기 자료와 가구를 비치해 둔다. 쓰기 활동은 교실의 모든 영역에서 경험할 수 있으나, 특히 언어영역에는 다양한 쓰기 도구와 자료를 제공하여 유아가 자신의 생각과 아이디어를 기록하고, 쓰기를 할 수 있도록 한다. 또한 글자를 모르는 유아를 위하여 **다양한 글자카드, 자음과 모음 글자판**을 비치하여 글자를 구성해 보거나 베껴쓰기도 할 수 있도록 한다. **화이트 보드나 컴퓨터**는 쓰기 활동을 촉진하는 좋은 매체가 되며, 교실에 **우편함**을 두어 유아 간에 편지를 주고받는 경험을 통해 쓰기는 촉진될 수 있다.

유아를 위한 읽기, 쓰기 활동을 촉진하기 위한 자료를 제시하면 다음과 같다.

[표 9-4] 읽기, 쓰기 자료

| 읽기 자료 | 쓰기 자료 |
|---|---|
| • 다양한 종류의 그림책(글 없는 그림책, 전래동화, 환상동화, 생활동화, 전기, 동요책, 유아가 만든 책…)<br>• 백과사전<br>• 요리책, 동시집<br>• 광고용 전단지<br>• 단어카드<br>• 그림책에 나온 목표 어휘 카드<br>• 여러 가지 카탈로그 | • 다양한 종이류(크기, 색깔, 모양이 다양한 것)<br>• 다양한 필기도구(연필, 색연필, 사인펜, 매직펜…) 및 지우개<br>• 책 만들기 자료<br>• 한글 자모음 글자판(융판용, 자석용)<br>• 화이트 보드와 화이트보드펜<br>• 글자 스탬프<br>• 유아 개인용 칠판 또는 패드<br>• 컴퓨터, 키보드, 프린터기 |

유아를 위한 언어영역 환경구성

언어영역에 게시된 기능적 문자(편지쓰는 순서)와 유아가 만든 그림책

개인별 드로잉 패드와 그림책을 읽고 새로운 단어를 패드에 쓰고 있는 유아

교사가 제작한 동물 글자찾기 교구

유아가 제작한 팝업 그림책

[그림 9-5] 유아를 위한 언어 환경 구성

## 4) 기타 영역에서의 언어 환경

영유아 언어활동은 교실의 언어영역 외에도 다양한 영역에서 이루어질 수 있다. 따라서 교사는 교실의 다양한 흥미영역에서 언어활동을 경험할 수 있는 자료를 제공해야 한다. 교실의 모든 영역은 영유아가 문자언어를 배우기에 풍부한 환경이어야 한다. 언어를 접할 수 있는 가장 대표적인 영역으로 역할영역, 쌓기영역, 미술영역, 수·조작영역, 과학영역에 대해 살펴보고자 한다.

### (1) 역할영역

역할영역에서 영유아는 자신이 맡은 역할에 적합한 언어표현을 연습해 보는 기회를 통해 언어경험을 하게 된다. 놀이 진행 시 상대방과 대화를 나누는 과정에서 듣기와 말하기를 경험하고, 이를 통해 언어의 실제적인 목적을 이해할 수 있게 된다. 또한 유아는 음식점 놀이를 할 때 **메뉴판 보기, 영수증 쓰기, 주문서 쓰기**의 행동에서 읽기와 쓰기를 경험할 수 있다. 역할영역에 제시된 풍부한 환경 문자는 유아의 자발적인 읽기·쓰기 행동을 고무시킬 수 있으므로 교사는 교육주제와 관련된 풍부하고 다양한 언어자료를 제공해 주어야 한다.

쓰레기 물고기의 역할놀이에서 각자 맡은 역할을 하고 있는 유아

역할놀이에서 메뉴판을 작성하고 있는 유아

[그림 9-6] 역할영역에서의 언어활동 및 자료

## (2) 쌓기영역

쌓기영역에는 다양한 종류의 블록세트, 자동차, 사람, 교통표지판, 동물 등의 소품이 배치되어 있다. 영유아는 혼자서 혹은 친구들과 함께 구성물을 만들면서 언어적 경험을 한다. **구성물을 만드는 과정**에서 친구의 이야기를 듣고, 자신의 생각을 말로 표현하고, 만든 작품에 이름을 쓰고, 소품에 적힌 글자를 읽는 등 통합적인 언어활동을 경험하게 된다. 따라서 교사는 쌓기영역에서 다양한 언어활동이 일어날 수 있도록 충분한 교구를 준비해 주고, 자연스럽게 쓰기 활동이 일어날 수 있도록 종이와 필기도구를 비치해 둔다.

쌓기영역에 제시된 우리나라 문화유산에 대한 건축물을 소개한 읽기 자료

자신이 만든 작품에 이름과 작품명 쓰기

[그림 9-7] 쌓기영역에서의 언어활동 및 자료

## (3) 미술영역

미술영역에서 영유아는 자신의 작품에 이름이나 제목을 쓰면서 쓰기 활동을 경험한다. 미술영역에는 **미술도구의 이름, 색종이 접기 순서표, 작품 제작 방법, 명화작품 소개** 등의 다양한 미술 관련 자료가 있다. 영유아는 색종이 접기 순서표나 명화작품에 대한 설명을 보면서 읽기를 경험하게 된다. 또한 미술영역에 게시된 친구의 그림이나 작품을 보면서 서로 이야기를 나누고 상상적으로 이야기를 꾸며 볼 수도 있다.

유아가 그린 그림에 대한 이름과 설명 쓰기 자료

명화 작품에 대한 설명 읽기 자료

[그림 9-8] 미술영역에서의 언어활동 및 자료

### (4) 수·조작영역

수 · 조작영역에서 영유아는 다양한 게임 자료, 조작 및 일상생활자료를 가지고 놀이하면서 언어 활동을 경험하게 된다. 친구들과 게임하기 위해 **순서 정하기, 게임 규칙 설명하기**에서 듣기와 말하기를 경험하게 된다. 또한 게임 규칙판을 읽거나 새로운 규칙 만들어 보기, 점수판에 점수 기록하기를 통해 읽기와 쓰기를 경험한다. 따라서 교사는 게임 규칙이나 교구사용법에 대한 안내문을 부착하여 자연스럽게 문자언어를 소개할 수 있다.

게임 방법을 읽고 있는 유아

게임 카드을 읽고 있는 유아

[그림 9-9] 수 · 조작영역에서의 언어활동 및 자료

## (5) 과학영역

과학영역에서 영유아는 주변의 여러 가지 물체나 현상을 살펴보고, 관찰하고 탐구한 내용을 기록할 수 있다(유민임, 오성숙, 2018). 주제나 계절에 적절한 자연물을 제시하여 **탐색하고 관찰한 결과를 기록**하는 활동도 바람직하다. 예를 들면, 다양한 과일 탐색하여 기록하기, 물에 가라앉는 것과 뜨는 물건 예측하여 기록해 보기에서 자연스럽게 쓰기가 이루어질 수 있다. 또한 주제와 관련된 그림책이나 백과사전을 과학영역에 비치해 두면 읽기도 경험할 수 있다.

과학영역에 게시된 수박의 성장 과정 읽기 자료와 다양한 수박 그림책

한 유아는 과학영역에서 지켜야 할 약속을 작성하고, 한 유아는 그림책을 보고 알게 된 내용 작성하기

[그림 9-10] 과학영역에서의 언어활동 및 자료

## 3 영유아 언어지도를 위한 교사의 역할

영유아의 언어발달과정에서 성인의 역할은 중요하다. 특히 영유아가 유아교육현장에서 경험하는 모든 활동은 교사의 언어적 상호작용을 통해 이루어지므로 교사의 영향력은 절대적이다. 교사는 영유아와 의사소통이 이루어질 때 민감하게 듣고 반응하며, 영유아의 언어와 행동을 예리하게 관찰하여 적절한 지도를 할 수 있어야 한다. 영유아의 언어발달을 돕기 위한 교사의 역할을 제시하면 다음과 같다(서동미, 엄은나, 박성희, 이혜경, 2017; 유민임, 오성숙, 2018; 이경화, 조순옥, 김정원, 심은희, 이연규, 이문정, 2014; 이순형, 권미경, 최인화, 김미정, 서주현, 최나야, 김지현, 2010; 한유미, 김혜선, 권희경, 양연숙, 백은정, 2013).

### 1) 관찰자로서의 교사

영유아는 성장 배경과 가정환경이 다르므로 언어발달에서 개인차가 존재한다. 교사가 영유아의 언어발달을 촉진하기 위해 기본적이며 필수적으로 해야 하는 역할은 영유아를 관찰하는 것이다. 관찰자는 유아교육현장에서 간과하기 쉬운 역할이지만, 언어지도를 위한 다양한 역할을 수행하기 위해서 반드시 필요하다. 교사는 영유아의 행동과 언어를 민감하고 주의 깊게 관찰하여 이들의 언어발달 수준에 대한 정보를 수집한다. 관찰한 자료를 바탕으로 교사는 개별 영유아에게 적절한 언어적 상호작용을 시도하며, 추후 언어지도를 위한 교수 계획을 수립하는 데 활용할 수 있다.

### 2) 언어사용 모델로서의 교사

영유아는 교사가 사용하는 언어표현과 언어사용습관을 모방하여 배운다. 유아교육기관의 하루일과와 놀이는 항상 교사의 언어적 의사소통을 통해 이루어지므로 교사는 자신의 언어 사용 습관과 언어표현을 주의 깊게 살펴보는 것이 필요하다.

교사는 듣기, 말하기, 읽기, 쓰기의 모든 언어활동에서 이상적인 모델링을 제공해야 한다. 교사는 영유아의 말을 주의깊게 경청하는 자세를 보이면서 듣기 모델링을 보이고, 정확한 발음과 문법에 맞는 문장을 사용하여 올바르게 말하는 모델링을 보일 수 있다. 또한 교사는 실용적인 목적을 가지고 쓰기 행동(이야기 나누기 시간에 유아가 말한 내용을 화이트보드에 적기, 그림에 대한 설명을 받아 적어 주기)을 자주 하며, 주변의 환경 글자와 책을 자주 읽어 주는 모델링을 보여 준다. 특히 책을 읽거나 글자를 쓸 때에는 문자언어를 실용적인 목적으로 사용하고 즐기는 태도를 보여 줌으로써, 영유아가 문자언어에 대한 긍정적인 태도를 형성할 수 있도록 한다. 듣기, 말하기, 읽기, 쓰기의 모델로서 **교사의 이상적인 언어행동 및 습관**을 구체적으로 제시하면 다음과 같다(서동미, 엄은나, 박성희, 이혜경, 2017).

- 말하기 모델로서의 교사의 언어행동 및 습관
  - 정확한 발음, 다양한 어휘, 문법에 맞는 문장으로 말하기
  - 알맞은 속도와 적절한 목소리 사용하기
  - 상대방의 눈을 바라보며 말하기
  - 상황에 적절한 표정과 몸짓 사용하기
  - 예의바른 태도로 말하기
  - 언어적 메시지와 비언어적 메시지(표정, 몸짓, 목소리, 어조)를 일치하기
  - 미성숙한 영유아의 언어(말)를 자연스러운 대화 속에서 수정하고 확장해주기

- 듣기 모델로서의 교사의 언어행동 및 습관
  - 영유아의 말을 주의 깊게 듣기
  - 영유아가 말을 할 때 눈을 마주치며 듣기
  - 언어적인 반응(응, 그렇구나, 그래)을 보이며 듣기
  - 말하는 사람의 방향으로 몸을 약간 기울이기

- 읽기 및 쓰기 모델로서의 언어행동 및 습관
  - 책 읽기와 쓰기 행동 자주 보여 주기

- 책을 읽을 때 읽는 부분을 손으로 짚어가면서 읽기
- 교사 자신이 책 읽기를 즐기는 모습 보이기
- 유아가 말한 것을 화이트보드나 칠판에 적기
- 정자체로 글씨 쓰기

영아의 이야기에 귀를 기울이고 있는 교사

유아의 주말 지낸 이야기를 듣고,
유아의 말을 글자로 작성하고 있는 교사

[그림 9-11] 언어사용 모델로서의 교사

### 3) 언어 경험 제공자로서의 교사

언어는 사물이나 현상을 표현하는 이름과 그 본질과는 관련성이 없는 추상적인 성격을 갖는다. 영유아기는 논리적이고 추상적인 사고에 제한이 있으므로 구체적인 사물이나 실제적인 경험 속에서 단어와 개념을 배워야 그 의미를 이해할 수 있다. 특히 한 단어로 표현하는 영아는 공, 모자, 신발 등의 참조적 단어를 많이 사용하는데, 이 단어의 공통적인 특징은 신체적으로 조작할 수 있고 지각적으로 뚜렷한 속성을 가진 사물이라는 것이다(주영희, 2001). 영아는 주변에서 자주 접하는 참조물을 가지고 놀이하는 과정에서 '공은 굴러간다.' '공은 튄다.' '공은 말랑말랑하다.'와 같은 다양한 어휘를 익히게 된다. 따라서 교사는 단어만 따로 제시하기보다는 구체적인 사물이나 경험 속에서 새로운 단어와 의미를 소개하는 것이 바람직하다.

교사는 영유아가 일상생활 속에서 환경인쇄물에 자주 접할 수 있는 환경을 마련해

준다. 교실의 곳곳에 환경적 문자자료(이름표, 표지판, 안내문, 게시판)를 제공하여 영유아가 문자언어를 쉽게 접할 수 있도록 한다. 문자환경에 자주 접하면서 문자해독력이 없는 영유아도 문자의 상징적 의미를 이해하고, 문자언어를 즐기고 사용할 수 있게 된다. 교사는 언어적 자극이 풍부한 환경을 구성하고 구체적인 언어자료를 제시하여 영유아의 언어발달을 촉진할 수 있다. 언어경험 제공자로서의 교사의 바람직한 행동을 구체적으로 제시하면 다음과 같다(이순형, 권미경, 최인화, 김미정, 서주현, 최나야, 김지현, 2010).

- 언어경험 제공자로서의 교사의 언어 행동
  - 구체적인 사물이나 유아의 사전 경험과 연관 지어 새로운 단어의 이름과 의미 소개하기
  - 오감을 활용하여 사물을 탐색할 기회를 제공하고 사물에 대한 이름 소개하기
  - 교실의 모든 사물의 이름을 글자로 붙이기
  - 교실에 문자와 그림, 안내문, 인쇄물을 게시하여 문자의 상징적 의미를 이해할 수 있도록 돕기
  - 새롭게 배운 단어를 이야기 나누기나 활동 시 자주 사용하기

### 4) 상호작용자로서의 교사

영유아는 교사와 언어적 상호작용을 통해 언어발달이 이루어진다. 교사는 영유아의 언어적 표현과 의사소통 시도에 항상 관심을 가지고, 대화할 준비를 갖추고 있어야 한다. 영유아의 발화가 비록 완전하지 않을지라도 영유아의 언어표현에 즉각적이고 긍정적인 반응을 보이며, 정확한 단어와 문법에 맞는 완전한 문장으로 상호작용함으로써 영유아의 언어발달을 촉진할 수 있어야 한다.

영유아의 언어발달을 돕기 위해 교사가 사용할 수 있는 상호작용 전략을 제시하면 다음과 같다(남규, 최은영, 장석경, 2020; 이지현, 마송희, 김수영, 정정희, 2020).

첫째, 영유아의 말보다 **완전한 문장**을 사용하여 상호작용한다. 영유아는 조음능력이 발달하는 과정에 있기 때문에 정확하게 발음하지 못한다. 영유아가 틀린 발음을 하여도 직접적으로 수정하기보다는 자연스럽게 틀린 발음을 수정하여 문장으로 들려주는 것이 좋다. 또한 영유아가 말한 것보다 완성된 문장으로 말하거나 확장하여 상호작용함으로써 정교하고 긴 문장을 구성하는 것을 학습하도록 한다.

C: 선생님 가이주세요.
T: ㅇㅇ이가 가위가 필요하구나. (틀린 발음을 수정하여 들려줌)

C: 장난감이 때찌 했어요.
T: 그래, 장난감에 부딪쳤구나. (정확한 단어를 사용하여 문장으로 진술함)

C: 수박으로 되었어요.
T: 수박씨가 수박으로 되었구나. (보다 완전한 문장으로 진술함)

둘째, 영유아가 한 말에 의미를 확장하여 상호작용한다. 이것은 **의미부연**(extension)으로, 유아가 말한 것에 기초하여 정보나 자료, 혹은 추가적인 의미를 첨가하는 것을 말한다. 의미부연은 새로운 단어를 습득하는 데 도움을 주며, 일상적인 대화에 포함된 개념이나 하위개념을 이해하는 데 도움을 준다.

C: (사과가 바닥에 떨어지는 것을 보고) 사과가 쿵 했어요.
T: 사과가 바닥에 떨어져서 쿵하고 소리가 났구나.

C: (붕어빵을 보면서) 물고기 같아.
T: 붕어빵이 물고기와 같은 모양이구나.
T: 붕어와 같은 모양이라서 붕어빵이라는 이름을 붙였나보다. (의미부연)

셋째, 영유아의 사고를 촉진하는 상호작용을 한다. 영유아는 혼자서 해결할 수 없는 문제라도 교사의 **언어적 지지, 힌트, 격려, 질문**을 통해서는 문제를 해결할 수 있다. 이것은 근접발달지대 내에서 교사의 적절한 스캐폴딩의 중요성을 부각한 것이다. 따라서 교사는 근접발달영역에서 영유아가 문제해결책을 찾을 수 있도록 지원의 수준과 중재를 통한 상호작용을 할 수 있어야 한다.

C: (10개의 바둑알을 한 줄로 길게 늘어놓고는) 선생님! 긴 기찻길이 되었어요.
T: 그래. 기차가 달릴 수 있는 긴 기찻길이구나.

C: (10개의 바둑알을 두 줄로 5개씩 나열해 놓고는) 이제는 네모 모양이 되었어요.
T: 그래, 이번에는 네모를 만들었구나. 그럼 동그라미를 한번 만들어 볼까?

C: (10개의 바둑알을 동그란 모양으로 늘어놓고는) 동그라미 완성!!! 선생님 또 말해보세요.
T: 자 그럼, 이번엔 세모 모양을 만들어 보겠니? (유아의 인지를 촉진하여 사고할 수 있는 질문 제시)

C: 세모요? (잠시 생각하더니…) 완성!!
T: OO이가 10개의 바둑알로 세모모양도 만들었구나.

C: 이번엔 다른 네모를 한번 만들어 볼께요.

4층 탑처럼 쌓아 세모 모양을 만듦

[그림 9-12] 유아의 근접발달지대 내에서 이루어지는 교사-유아의 상호작용 사례

넷째, 영유아가 사용한 지시어를 **구체적인 단어로 사용**하여 상호작용한다. 영유아는 교사와 대화하면서 '이것', '저것', '이렇게', '여기'와 같은 말을 자주 사용한다. 또한 영유아는 자기중심적인 특성으로 참조적 의사소통 능력이 부족하여 타인과 의사소통 시 지시어를 자주 사용한다. 지시어는 말하는 사람과 듣는 사람이 그것을 지칭하는 대상을 공유할 때 이해할 수 있는 말이다. 그러나 지시어의 사용은 정확하고 분명한 의사소통에 제약을 주기 때문에 교사는 영유아가 지시어를 사용할 때 구체적인 단어로 바꾸어서 재진술해 주는 것이 좋다.

(색종이 접는 상황에서)
C: 이거를 이렇게 반으로 접어요?
T: 색종이를 세모 모양으로 반을 접어서 긴 면이 아래쪽으로(뾰족한 쪽이 위로) 가도록 하자.
(구체적인 동사나 명사를 넣어 완전한 문장으로 진술)

### 5) 평가자로서의 교사

교사는 영유아의 언어발달을 지원하고, 언어교육의 질적 개선을 위해서 평가자의 역할을 수행한다. 교사는 영유아와 이야기를 나누거나, 친구끼리 대화하는 장면을 보고 어휘의 양, 발화의 수준, 대화 예절, 이야기의 이해력 등 영유아의 언어능력을 평가할 수 있다. 교사는 영유아의 언어표현과 언어행동을 지속적으로 관찰하고 기록하여 평가함으로써 영유아의 발달적 진보를 파악할 수 있으며, 영유아를 위한 언어 교수 계획을 세울 수 있다. 따라서 교사는 유아교육기관의 일상생활 속에서 영유아의 언어발달에 대한 다양한 정보를 수집하여 영유아의 언어능력에 대한 평가자의 역할을 수행해야 한다.

### [표 9-5] 교사의 연속적 언어지도 역할 모형

교사의 역할은 교육 장면과 학습자의 수준을 고려하여 융통성을 발휘해야 한다. 교사는 영유아의 개별적인 관심과 흥미, 발달 수준을 고려하여 비지시적인 개입부터 지시적인 개입까지 다양한 역할을 수행하게 된다. 마차도(Machado, 2003)가 제시한 교사의 연속적 언어지도 역할 모형을 제시하면 다음과 같다.

비지시적 개입 ← 중재적 → 지시적 개입

| 인정과 격려 | 경험 제공 | 모델링 | 지원 | 공동 참여 | 시범 | 지도 |
|---|---|---|---|---|---|---|
| 영유아의 언어행동에 관심을 보이고 인정과 격려 제공하기 | 다양하고 풍부한 감각 및 언어 경험 제공하기 | 교사의 모범적인 언어행동을 자연스럽게 보여 주어 영유아가 모방할 수 있도록 하기 | 영유아의 언어발달이 다음 단계에도 달할수있도록 지원 제공하기 | 영유아와 교사가 동등한 자격으로 함께 언어활동에 참여하기 | 직접 교사가 자신의 언어행동을 영유아에게 보여 주고 영유아는 관찰하기 | 영유아에게 언어교육을 목적으로 개념이나 과정을 가르치거나 정보를 제공하고 지시를 하기 |

출처: 이순형, 권미경, 최인화, 김미정, 서주현, 최나야, 김지현(2010). 영유아 언어지도, p. 113에서 발췌.

### 생각해보기

1. 우리 주변에서 쉽게 볼 수 있는 환경문자를 찾아보고 이를 활용하여 언어활동을 계획해 보세요.

2. 가정에서 이루어지는 언어활동이나 부모가 자녀에게 책 읽어 주는 방법에 대해 조사해 보세요.

3. 영유아교육기관의 언어영역을 관찰하고, 관찰한 언어영역의 물리적 환경(영역 구성 및 자료)에 대해 토론해 보세요.

Chapter

# 10

# 영유아 언어교육 평가

유아교사는 유아교육기관의 하루일과 속에서 영유아의 언어 행동과 발달 수준을 관찰하고 평가한다. 언어교육에서 평가는 영유아의 언어발달 수준을 판단하는 자료이면서, 언어교육의 효과를 검증하기 위한 근거로서 사용된다. 따라서 평가는 교육이 이루어지는 전 과정에 걸쳐서 필요한 요소이며, 교육의 질적 개선을 위한 필수적인 과정이다. 이 장에서는 영유아 언어교육평가의 목적 및 방향과 영유아 언어교육 평가 방법, 영유아 언어교육 평가 결과의 활용에 대해 살펴보고자 한다.

1. 영유아 언어교육 평가의 목적 및 방향
2. 영유아 언어교육 평가 방법
3. 영유아 언어교육 평가 결과의 활용

## 1 영유아 언어교육 평가의 목적 및 방향

평가는 영유아의 발달 수준과 수행 능력에 대한 자료를 수집하여 측정한 것으로서 교육이 이루어지는 과정에서 필수적으로 요구된다. 영유아 언어교육 평가는 영유아의 언어 능력, 수행 수준, 진보를 보여주는 자료를 수집하여 현재의 언어발달 수준과 발달의 과정을 객관적으로 보여 주는 것이다. 유아교사는 영유아의 언어교육 평가를 통해 언어교수 계획을 수립하여 교수-학습 과정에 반영함으로써 영유아의 언어발달을 촉진할 수 있다. 따라서 영유아 언어교육 평가의 목적은 영유아의 언어발달 정도를 측정하여 적절한 언어교수 계획을 수립하고 실행하여, 교육의 효과성을 검증하기 위한 것이다. 이를 통해 영유아의 언어능력은 향상될 수 있으며, 유아교사로서의 전문성을 함양하는 기회로 활용될 수 있다.

영유아의 **언어교육 평가의 목적**을 제시하면 다음과 같다(남규, 최은영, 장석경, 2020).

첫째, 영유아의 언어능력과 언어 성취 수준을 파악하기 위함이다.

둘째, 영유아의 언어발달 수준에 적절한 교수계획을 수립하기 위함이다.

셋째, 영유아를 위한 언어교육 활동과 프로그램의 효과를 검증하기 위함이다.

넷째, 유아교사로서 언어지도의 전문성을 함양하기 위한 기회로 활용될 수 있다.

다섯째, 영유아에 대한 객관적이고 타당한 자료에 근거하여 부모에게 자녀에 대한 정보를 제공할 수 있기 때문이다.

영유아 언어교육 평가의 목적이 적절하게 실행되기 위해서는 영유아 언어교육 평가의 방향을 올바르게 설정할 필요가 있다. 언어교육 평가는 언어교육의 목적과 내용과 밀접한 관련이 있다. 영유아 언어교육은 통합교육을 지향하고 있으며, 영유아의 언어발달과정과 언어발달 성취를 모두 중시한다. 또한 언어교육의 목적으로 인지적 · 정의적 · 행동적 목적의 달성을 중시하며, 언어적 의사소통 능력과 비언어적 의사소통 능력의 발달을 중시한다. 따라서 유아교사는 일과 속에서 수집할 수 있는 다양한 평가 자료를 활용하여 영유아의 언어발달에 대한 객관적이고 정확한 평가를 실시해야 한다. **영유아 언어교육에서 평가를 위한 기본방향**을 제시하면 다음과 같다(김영실, 김지영, 안진경, 임양금, 최진숙, 2020; 노영희, 김창복, 전유영, 2014).

첫째, 영유아 언어교육의 목적 및 언어 내용과 **연계한 평가**를 실시하도록 한다. 평가는 언어교육의 목적 달성 여부와 교육의 효율성을 측정하는 것이므로 언어교육의 목적과 연계되어 이루어져야 한다. 따라서 영유아의 언어능력과 언어지식, 언어수행 기술, 문자언어에 대한 태도와 동기를 평가하며, 영유아의 듣기, 말하기, 읽기, 쓰기의 언어내용과 연계된 평가를 실시한다.

둘째, 성취중심의 결과평가보다는 변화과정을 기술하는 **과정중심의 평가**를 실시하도록 한다. 과정중심의 평가는 평가의 과정이 교수-학습 상황과 분리되지 않고 일과 속에서 이루어지는 것이다. 유아는 일상적인 활동과 놀이에서 친구들과 대화하고, 그림과 글자로 자신의 생각을 표현하며, 그림책을 읽는 등 다양한 언어활동에 참여한다. 특히 언어는 사회적인 의사소통의 도구로서 자연스러운 상황에서 표현되므로 일상생활 속에서 유아의 언어 성취 정도와 언어 능력을 평가하는 것이 바람직하다. 최근에는 교육과정과 평가 간의 구분을 없애고 상황적 맥락을 고려한 과정중심의 평가인 프로젝트 스펙트럼이 언어에서 활용되기도 한다.

셋째, 평가는 영유아 언어교육의 질적 개선과 영유아의 언어발달을 위해 **체계적이고 다면적인 평가**를 실시하도록 한다. 이 때 평가는 학습에 대한 평가(assessment of learning)라기보다는 **학습을 위한 평가**(assessment for learning)로 접근하는 것이 바람직하다. 학습에 대한 평가는 이미 진행한 학습에 대해 평가하는 것으로 주로 학습자 간에 비교를 위해 사용되는 반면, 학습을 위한 평가는 평가 결과를 이후의 교수 내용과 방법을 결정하기 위한 기초자료로 사용하는 것으로 학습자의 최적 발달을 위해 어떠한 지원을 제공할 것인가를 결정하는 데 활용된다(권민균 역 2016; Edwards, Turner & Mokhtari, 2008). 또한 영유아를 위한 다면적인 평가는 관찰, 면담, 표준화 검사, 포트폴리오 등 다양한 자료를 통해 학습자에 대한 전체적이고 종합적인 평가를 하는 것이다.

넷째, **평가 결과**는 영유아, 교사, 부모를 위한 자료로서 활용하도록 한다. 평가는 평가 자체로 끝나지 않고 학습자와 관련된 모든 구성원에게 공유되고 활용할 때에 의미가 있다. 언어교육 평가는 영유아의 언어능력을 파악하기 위한 근거이며, 부모 면담 시 자녀의 언어발달에 대한 이해를 돕는 데 활용될 수 있다. 또한 교사의 언어교수 계획을 수립하기 위한 자료로 사용되며, 교사의 언어수업에 대한 전문성을 향상시킬 수 있다. 따라서 평가는 교육 참여자에게 평가 자료가 공유되고 공동의 이익으로서 활용될 때 진정한 가치가 있다.

## 2 영유아 언어교육 평가 방법

영유아의 언어발달에 대한 통합적이고 다면적인 능력을 측정하기 위해서는 다양한 평가도구를 활용해야 한다. 따라서 교사는 영유아의 언어능력을 평가하기 위한 다양한 평가도구의 특징과 장·단점을 알고, 상황에 적절한 평가도구를 활용해야 한다. 여기에서는 영유아의 언어발달 평가에서 자주 활용되는 관찰, 면담, 표준화 검사도구, 포트폴리오를 중심으로 살펴보고자 한다.

### 1) 관찰법

**관찰법**은 일상생활의 자연스러운 상황에서 영유아의 언어와 행동을 객관적으로 보고 기록하여 분석하는 것이다. 영유아의 언어능력을 일정시간 동안 관찰하여 평가를 하기 때문에 실제적인 언어발달에 관한 정보를 수집할 수 있다. 영유아를 관찰하고 자료를 수집할 때에는 어느 한 시점에서만 자료를 모으기보다는 일정 시간 간격을 두고 여러 차례에 걸쳐서 자료를 수집한다면 시간의 흐름에 따른 언어발달의 변화를 파악할 수 있다. 언어는 개인 간에 이루어지는 사회적인 상호작용의 도구이므로 자연적인 상황에서 평가를 해야 하며(Smagorinsky, 2009), 관찰을 통해 영유아의 언어능력의 강점과 특징, 발달 수준을 알 수 있다. 관찰법을 사용할 때 고려해야 할 점은 관찰하려는 목적에 적절한 관찰 내용을 객관적으로 보고 기록해야 한다는 것이다. 관찰의 기록 방법으로는 일화기록, 체크리스트, 평정척도법이 주로 활용된다. 이를 구체적으로 살펴보면 다음과 같다.

### (1) 일화기록

**일화기록**은 교사가 보려고 하는 특별한 목적을 가진 사건이나 영유아의 발달적 진보를 보여주는 상황을 포착하여 기록하는 것이다. 영유아의 언어발달에서 향상을 보여주는 사건에 초점을 맞추어 구체적이고 사실적으로 기록하는 것이다. 사건이나 행동을 서술할 때에는 마치 사진을 보는 것과 같이 사실적이고 자세하게 기록하여 '글로 묘사된 사진'이라고 말한다(이은해, 이미라, 박소연, 2006).

일화기록은 특별한 준비 없이 시간과 장소에 구애받지 않고 언제 어디에서나 기록하는 것이 가능하다. 다만 교사가 영유아의 행동이나 사건을 바로 기록하기 어려울 때에는 접착용 메모지에 관찰 장면에 대한 중요 내용을 간략하게 기록하였다가 사건이 종료된 직후에 세부적인 내용을 기록한다. 객관적인 기록을 위해서 핸드폰이나 캠코더로 녹음과 녹화하여 활용하는 것도 가능하다.

일화기록은 필기용 도구만 있으면 언제든지 기록하는 것이 가능하여 다른 기록방법보다 실시하기 용이하다. 또한 영유아의 행동 및 언어발달에 대한 구체적인 설명이 가능하며, 상황을 파악할 수 있는 장점이 있다. 반면 기록과 해석하는 데 시간이 많이 소요되며, 객관성이 부족한 기록 자료는 영유아에 대해 잘못된 평가를 하게 된다. 따라서 객관적인 자세로 관찰하고 기록하는 것이 필요하며, 기록에 근거하여 교사의 해석, 교수 계획을 수립하도록 한다.

**일화기록 시 유의할 점**

① 한 가지 사건(상황)을 기록한다. 영유아의 언어발달에서 의미 있는 사건(일화)이 나타나면 바로 기록으로 남긴다. 기록은 반드시 독립된 하나의 사건, 상황에 대한 일화이어야 한다.

② 비구조화된 기록양식을 활용한다.

- 관찰 유아와 관찰 장면에 대한 정보를 기록한다.
- 사건이 일어난 순서대로 객관적으로 기록한다.
- 관찰 대상 유아가 사용한 언어는 직접 화법으로 기술하고, 대상 유아의 몸짓, 기분, 표정, 비언어적 의사소통도 함께 기록한다.
- 관찰 대상 유아와 상호작용하는 또래 유아의 반응도 반드시 기록한다.
- 기록과 교사의 해석, 지도방안(지원)은 구분하여 기술한다.

[표 10-1] 유아의 일화기록 사례

<table>
<tr><th>유아명</th><td colspan="3">ㅇ은율(만 4세)</td><th>성별</th><td>남</td></tr>
<tr><th>관찰자</th><td>장ㅇㅇ교사</td><th>관찰일시</th><td>2021. 5. 19</td><th>관찰장소</th><td>쌓기 영역</td></tr>
<tr><th colspan="6">관찰 내용</th></tr>
<tr><td colspan="6">5월 놀이 주제로 '바다 이야기'가 진행되고 있는 과정 중에 은율이는 자신이 좋아하는 공룡에 개인적인 경험과 지식을 첨가하여 바다공룡이라는 새로운 주인공을 등장시켜 놀이하고 있다.<br><br>은율이가 '선생님 이거 공룡이에요. 바다에 사는 공룡이에요."라고 말한다. 교사는 "정말 멋진 공룡이구나. 상상 속에 있는 공룡 같아."라고 말하자 연후가 "에이, 공룡은 이제 없어. 사라졌어."라고 말한다. 그러자 은율이는 "없어진 공룡도 있고, 지금 볼 수 있는 공룡도 있어. 포토케라톱스라는 공룡은 가장 오랫동안 살았던 공룡이야."라고 하자, 종훈이가 "가장 오래 살았던 공룡이면 지금도 살아 있어?"라고 묻는다. 은율이는 웃으면서 "어, 살아 있는 공룡을 만날 수 있어. 공룡시대에 가면 공룡을 볼 수 있는데, 거기는 주라기파크라는 곳이야. 어떻게 가냐면… 타임머신을 타고 가면 돼."라고 말한다. 옆에 있던 연후가 (블록으로 무언가를 만들고는) "타임머신이야. 출발할 거야! 탈 사람?" 하고 묻는다. 은율이는 (사람 모형을 들고 타임머신에 태우며) "자 타자!!"라고 말한다. 연후는 타임머신을 위아래로 흔들면서 비행하듯이 움직이더니 타임머신을 바닥으로 떨어뜨리며 "으아아아악~~(물 속에 빠진 흉내를 내며) 푸시! 도착했어."라고 하고, 은율이는 "쉭~ 순간이동 완료. 공룡시대에 도착!"이라고 한다. 그러자 종훈이와 지호도 같이 가려고 하는데, 지호가 "타임머신이 없어. 부서졌어, 우린 갈 수 없네."라고 하자, 은율이는 "아니야! 타임머신은 고치면 되거든! 버스랑 비행기 타면 수백만 년 걸리는데 타임머신 타면 일분밖에 안 걸려!"라고 한다. 타임머신을 타고 종훈이와 지후가 공룡시대에 도착하자, 종훈이는 "으아악! 시조새야."라고 말하고, 은율이는 자신이 만든 공룡의 입쪽에 있는 블록을 빼더니 "나는 힘세고 강력한 파워사우르스. 여기서 불이 나와, 슉 – 화력 발사."라며 종훈이를 구해준다. 은율이는 "애들아, 우리 세상에서 가장 강력한 공룡 만들어 볼래?"라고 말하자, 아이들은 다양한 블록을 이용하여 함께 공룡을 만든다.</td></tr>
<tr><th>교사의 분석</th><td colspan="5">은율이는 현실에서 존재하지 않은 공룡을 만나러 가기 위해 주라기파크와 타임머신이라는 새로운 소재를 첨가하여 친구들과 놀이하고 있다. 은율이의 내러티브에는 자신이 알고 있는 지식과 경험을 드러냈으며, 종훈이가 겪는 문제를 놀이 속의 등장 인물로서 적절히 해결하며, 놀이를 확장하기 위한 제안을 하였다. 은율이는 상상을 통해 주라기파크의 놀이 상황을 지어내고, 상황에 맞게 이야기하는 것을 즐긴다.</td></tr>
<tr><th>교사의 지원</th><td colspan="5">은율이가 적극적으로 재미있게 놀이하며, 상황에 적절한 내러티브를 산출하기 때문에 개입하지 않고, 주도적으로 놀이에 참여할 수 있도록 관찰하였다.</td></tr>
</table>

### (2) 체크리스트

**체크리스트**는 관찰하고자 하는 내용이 포함된 질문지를 미리 준비하여 일정시간 동안 영유아를 관찰한 후에 **언어능력의 출현 유무**(예, 아니오)를 체크하여 평가하는 것이다. 만약, 체크리스트의 목록에 진술된 행동이 관찰되지 않았을 경우에는 비고란에 '관찰되지 않음'으로 기입하도록 한다. 체크리스트의 문항은 영유아의 언어 및 행동을 외현적으로 관찰 가능하며, 구체적이고 세부적인 내용으로 작성되어야 한다.

체크리스트는 동시에 여러 명의 영유아를 관찰하고 기록할 수 있으며 사용이 쉬워서 다른 평가도구에 비하여 시간을 절약할 수 있는 장점이 있다. 또한 동일한 체크리스트를 학기 초, 학기 중간, 학기 말에 지속적으로 사용한다면 시간의 변화에 따른 언어발달의 변화를 손쉽게 파악할 수 있다. 반면 체크리스트 문항에 없는 영유아의 언어능력은 평가하기 어렵고, 행동의 빈도와 지속시간, 행동 특성에 대한 정보는 수집하기 어렵다는 단점이 있다.

[표 10-2] 유아의 읽기와 쓰기 태도에 대한 체크리스트 예

<table>
<tr><th>유아명</th><td></td><th>생년월일</th><td></td><th colspan="2">성별</th><td></td></tr>
<tr><th>관찰자</th><td></td><th>관찰일시</th><td></td><th colspan="2">관찰장소</th><td></td></tr>
<tr><th colspan="4">문항</th><th>예</th><th>아니오</th><th>비고</th></tr>
<tr><td colspan="4">교실에서 자발적으로 책을 보거나 읽는다.</td><td></td><td></td><td></td></tr>
<tr><td colspan="4">책을 읽어달라고 요청한다.</td><td></td><td></td><td></td></tr>
<tr><td colspan="4">교사가 책을 읽어 줄 때 집중하여 듣는다.</td><td></td><td></td><td></td></tr>
<tr><td colspan="4">책을 읽고 난 후 자신의 생각을 말하거나 질문한다.</td><td></td><td></td><td></td></tr>
<tr><td colspan="4">교실에서 자발적으로 글쓰기를 한다.</td><td></td><td></td><td></td></tr>
</table>

출처: 권민균 역(2012). 영유아 문해 발달과 교육, p. 320에서 일부 발췌.

### (3) 평정척도법

**평정척도법**은 영유아의 발달 수준과 행동 특성의 수행 정도에 따라 단계를 나누어 평가하는 방법이다. 평정척도법은 영유아의 언어수행 능력과 언어행동의 질적인 특성을 등급으로 나누어 평가하여 점수화하는 것이다. 평정척도법을 사용할 경우에는 사전에 관찰할 기록 양식을 준비하고 일정시간 동안 영유아를 관찰한 후 평가해야 정확한 자료를 얻을 수 있다.

평정척도법은 영유아의 언어발달에 대한 수준별 정보를 얻을 수 있고, 서술식 관찰기록보다 작성이 용이하며 시간이 적게 걸린다는 장점이 있다. 또한 많은 발달 영역을 동시에 평가하며 유아들 간에 비교도 가능하다. 반면, 관찰 결과만 기록하므로 행동의 원인과 전후 상황에 대한 정보는 얻을 수 없는 단점이 있다.

평정척도법의 종류에는 **기술평정척도, 숫자평정척도, 도식평정척도, 표준평정척도**가 있다. 유아교육현장에서 주로 사용하는 평정척도법은 기술평정척도와 숫자평정척도이다. 기술평정척도는 영유아의 언어능력과 언어수행 정도를 다양한 수준으로 진술한 문장에서 관찰대상자의 언어발달 정도에 가장 적절한 문장을 선택하여 점수를 부여하는 것이다. 숫자평정척도는 언어능력의 성취 정도에 따라 점수를 부여하는 방법으로, 점수화 방법은 3, 5, 7, 9점 등 다양하지만 주로 5점 Likert 척도가 사용된다. 5점 Likert 척도에서 흔히 발생하는 중앙집중의 오류를 방지하고자 4점 Likert 척도로 점수화하기도 한다.

유아의 언어능력을 평가하기 위해서 강은진, 이미화, 예한나(2019)에 의해 개발된 누리과정 개정에 따른 KICCE 유아관찰 척도의 의사소통영역의 기술평정 척도를 제시하면 다음과 같다.

[표 10-3] KICCE 유아관찰척도의 의사소통영역 기술평정척도의 예

| 유아명 | | 생년월일 | | 성별 | |
|---|---|---|---|---|---|
| 관찰자 | | 관찰일시 | | 관찰장소 | |

<table>
<tr><th>목표</th><th>관찰요소</th><th>내용</th><th colspan="2">관찰 수준</th></tr>
<tr><td rowspan="12">읽기와 쓰기에 관심을 가진다.</td><td rowspan="4">주도성 문해력</td><td rowspan="4">말과 글의 관계에 관심을 가진다.</td><td>1 : 소리나 말을 글자로 표현하거나, 글자를 읽으면 나는 소리에 관심이 없다.</td><td></td></tr>
<tr><td>2 : 교사의 도움이 있으면, 자기의 생각이 글자로 표현되거나, 글자를 보며 읽을 수 있다는 것에 관심을 보인다.</td><td></td></tr>
<tr><td>3 : 글자가 있는 곳을 짚으며 읽어 달라거나, 자신의 이름이나 친숙한 단어를 적어달라고 요청한다.</td><td></td></tr>
<tr><td>4 : 소리가 비슷한 글자를 주변에서 찾아보거나, 자신의 말을 문장으로 적어달라고 요청한다.</td><td></td></tr>
<tr><td rowspan="4">문해력 기초 읽기</td><td rowspan="4">주변의 상징, 글자 등 읽기에 관심을 가진다.</td><td>1 : 주변에서 접하는 도로 표지판, 안내문, 간판 등 상징이나 글자에 관심이 없다.</td><td></td></tr>
<tr><td>2 : 교사의 도움이 있으면, 주변의 상징이나 글자에 담긴 의미에 관심을 갖는다.</td><td></td></tr>
<tr><td>3 : 친숙한 상징이나 글자를 찾아 읽기를 시도한다.</td><td></td></tr>
<tr><td>4 : 글자를 한 자씩 짚으며, 글자와 소리를 연결해 읽어 본다.</td><td></td></tr>
<tr><td rowspan="4">문해력 기초 쓰기</td><td rowspan="4">자신의 생각을 글자와 비슷한 형태로 표현한다.</td><td>1 : 글자와 비슷한 형태로 표현하는 것에 관심이 없다.</td><td></td></tr>
<tr><td>2 : 교사의 도움이 있으면, 글자를 쓰는 데 관심을 가진다.</td><td></td></tr>
<tr><td>3 : 좋아하고 친숙한 이름이나 창안글자(사물글자)를 반복해서 써본다.</td><td></td></tr>
<tr><td>4 : 글자와 비슷한 형태나 글자로 자신의 말이나 생각을 표현한다.</td><td></td></tr>
</table>

출처: 강은진, 이미화, 예한나(2019). 누리과정 효과성 분석연구(II) : 누리과정 개정에 따른 KICCE 유아관찰척도 개발 및 시범 적용. pp. 160-161에서 발췌.

다음 [표 10-4]는 유아의 책에 대한 개념을 측정하는 4점 Likert 숫자평정척도이다.

[표 10-4] 책에 대한 개념의 숫자평정척도법의 예

| 유아명 | | 생년월일 | | 성별 | |
|---|---|---|---|---|---|
| 관찰자 | | 관찰일시 | | 관찰장소 | |

| 책에 대한 개념 | 전혀 그렇지 않다 | 그렇지 않다 | 그렇다 | 매우 그렇다 |
|---|---|---|---|---|
| | 1 | 2 | 3 | 4 |
| 1. 책은 읽기 위한 것임을 안다. | | | | |
| 2. 책의 앞, 뒤, 위와 아래를 구분할 수 있다. | | | | |
| 3. 책장을 바른 방향으로 넘긴다. | | | | |
| 4. 글과 그림의 차이를 안다. | | | | |
| 5. 읽기를 어디서부터 시작해야 하는지를 안다. | | | | |
| 6. 책의 제목을 안다. | | | | |
| 7. 작가가 무엇인지 안다. | | | | |
| 8. 일러스트레이터가 무엇인지 안다. | | | | |

출처: 권민균 역(2012). 영유아 문해 발달과 교육, p. 226에서 일부 발췌.

## 2) 면담

**면담**은 교사와 유아의 언어적 상호작용을 통해서 직접적으로 자료를 수집하여 평가하는 방법이다. 관찰로는 찾아내기 어렵거나 추가적인 정보가 필요한 경우에 사용하는 방법으로, 영유아 자신이 정보 제공자의 역할을 하는 자기보고식 관찰이다. 면담을 통해 정확한 자료를 수집하기 위해서는 면담자와 피면담자 간의 정서적 유대감 형성이 필요하다. 면담은 주로 개별면담으로 진행되며, 영유아와의 면담시간은 대략 10분 이내가 적절하다. 교사는 영유아의 언어능력과 사고 수준을 고려하여 질문하고, 유아의 부적절한 반응도 수용적으로 반응해 주는 것이 바람직하다. 면담하는 과정에서 유아가 말한 내용을 기록하고, 필요시 녹음기를 활용하기도 한다.

면담은 관찰이나 형식적인 평가도구로 발견하기 어려운 정보를 찾아내고, 면담자가 알고자 하는 자료를 정확하게 수집할 수 있는 장점이 있다. 반면, 면담은 시간과 노력이 많이 들며, 다수의 영유아를 대상으로 실행하기 어렵고, 교사의 질문을 영유아가 이해하지 못했을 경우 정확한 자료를 얻을 수 없다는 단점이 있다.

[표 10-5] 유아의 읽기와 쓰기에 대한 인식 면담 사례

| 유아명 | 김ㅇㅇ | 생년월일 | 2016. 3. 2 | 성별 | 남 |
|---|---|---|---|---|---|
| 면담자 | 최ㅇㅇ 교사 | 면담일시 | 2021. 6. 8(화) | | |
| 면담내용 | 1. 사람들은 왜 책을 읽을까요?<br>– 궁금한 것은 책에서 알려 주니까요.<br>2. 유치원이나 집에서 책을 읽으면 어떤 기분이 드나요?<br>– 재미있어요.<br>3. 읽기를 배울 때 어떻게 배웠나요?<br>– 엄마가 책 읽는 것을 보고 똑같이 따라 읽어 봤어요.<br>4. 사람들은 왜 쓰기를 할까요?<br>– 오랫동안 기억하기 위해서요.<br>5. 쓰기를 어떻게 배웠나요?<br>– 글씨를 계속 보고 따라 썼어요.<br>6. 쓰기를 할 때 기분은 어떤가요?<br>– 쓰는 게 좋아서 재미있어요. | | | | |
| 평가 | 김ㅇㅇ은 읽기와 쓰기의 사용목적을 본질적이고 실용적으로 인식하였고, 문자언어의 사용에 대해 긍정적인 태도를 가지고 있었다. 문자언어의 습득 방법으로는 성인의 모델링과 연습을 통해 배운 것을 알 수 있다. | | | | |

출처: 권민균 역(2012). 영유아 문해 발달과 교육, pp. 35-36에서 일부 발췌하여 수정.

### 3) 검사법

**검사법**은 객관적인 평가도구를 가지고 정해진 절차에 의해 영유아의 언어행동 특성과 언어발달 수준을 측정하는 방법이다. 검사법은 어느 누가 사용하더라도 검사 방법, 채점기준, 결과 해석하는 것을 동일하게 만든 것이다. 검사법에는 신뢰도와 타당도가 검증된 표준화 검사와 유아교육현장에서 필요한 언어 내용을 중심으로 만든 교사 제작 검사로 나눌 수 있다.

**표준화 검사**는 훈련받은 검사자가 정해진 자료를 절차에 따라 실시하는 평가 방법으로, 영유아의 실제적인 능력에 대한 객관적인 평가 결과를 수집할 수 있다. 표준화 검사는 영유아의 언어발달 결과에 초점을 두는 결과지향 평가이며, 개인의 능력을 집단의 평균 점수와 비교하는 규준지향적 검사이다(김영실, 김지영, 안진경, 임양금, 최진숙, 2020). 영유아를 위한 언어검사로는 표준화된 언어발달 검사와 지능 검사의 항목으로 포함된 언어 관련 검사가 있다. 표준화 검사는 문항, 실시 절차, 채점 방법이 표준화되어 있어서 전국적, 지역적 비교가 가능하다. 또한 객관적인 절차에 의해 개발된 것이므로 검사 결과를 신뢰할 수 있는 장점이 있다. 반면 탈맥락적인 상황에서 검사를 실시하므로 검사를 통해 수집된 평가 자료와 실제 영유아의 언어수행 능력과는 차이가 있을 수도 있다. 또한 표준화 검사도구에 포함된 언어능력만 평가할 수 있는 제한점이 있다. 검사를 통해서 영유아의 언어능력의 일부분을 보여 주긴 하지만 충분히 보여 주는 것은 아니기 때문에(Gullo, 2005), 표준화 검사 하나만으로 영유아의 전 언어능력을 살펴보는 것은 무리가 있다. 따라서 영유아의 언어능력을 평가하기 위해서는 표준화 검사방법뿐만 아니라 다양한 평가도구와 병행하여 사용하는 것이 바람직하다. 영유아의 언어능력 및 언어발달을 평가할 수 있는 대표적인 표준화 검사 도구를 제시하면 [그림 10-1]과 같다.

**교사 제작 검사**는 교사가 특별하게 살펴보고 싶은 언어내용이 있을 경우에 교사가 직접 제작하여 실시하는 검사를 말한다. 예를 들면, 유아의 어휘 수준을 알아보기 위해 교사가 설명하는 어휘에 적절한 그림카드를 고르게 하거나, 어휘의 의미를 설명하도록 하는 것이다. 교사 제작 검사는 표준화 검사보다 융통성 있게 사용할 수 있으며, 비용이 적게 들고, 교육목표와 연계된 평가를 실시할 수 있다는 장점이 있다. 반면, 검사 문항 제작 시 시간이 소요되며, 검사도구의 객관성과 타당도가 다소 부족하다는 단점이 있다.

<table>
<tr>
<td>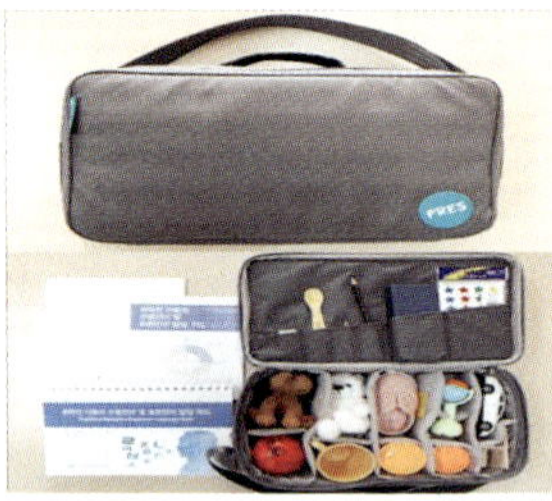<br>출처 : https://seoulcbid.or.kr/shop/item.php?it_id=1566872333</td>
<td>• 취학 전 아동의 수용언어 및 표현언어 발달 척도(PRES)<br>대상 : 2~6세<br>내용 : 수용언어, 표현언어<br>저자 : 김영태, 성태제, 이윤경</td>
</tr>
<tr>
<td>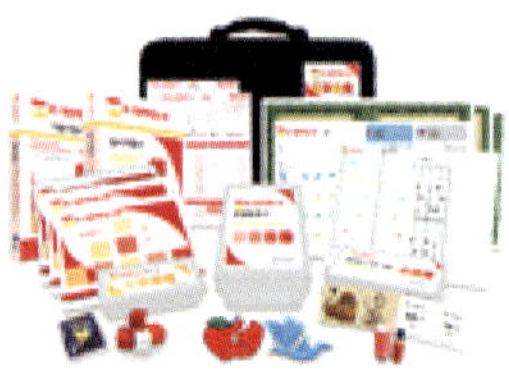<br>출처 : https://inpsyt.co.kr/psy/item/view/WPPSI_CO_TG</td>
<td>• 한국 웩슬러 유아지능검사 4판 (K-WPPSI-Ⅳ)<br>대상 : 만 2세 6개월~7세 7개월<br>내용 : 상식, 공통성, 어휘, 이해, 수용 어휘, 그림명명<br>한국 저자 : 박혜원, 이경옥, 안동현</td>
</tr>
<tr>
<td><br>출처 : https://inpsyt.co.kr/psy/item/view/KWISC5_CO_TG</td>
<td>• 한국 웩슬러 아동지능검사 5판 (K-WISC-Ⅴ)<br>대상 : 만 6세~만 16세 11개월<br>내용 : 언어 이해(공통성, 어휘, 상식, 이해)<br>한국 저자 : 곽금주, 장승민</td>
</tr>
</table>

| | |
|---|---|
| 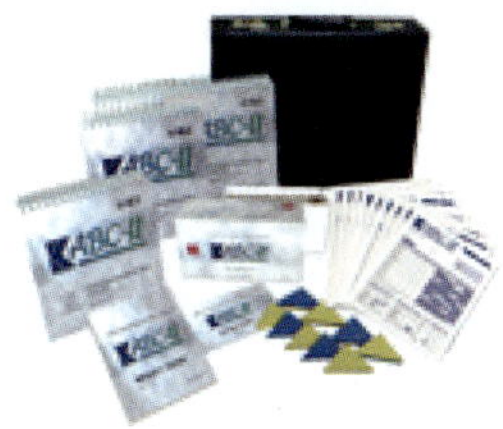<br>출처 : https://inpsyt.co.kr/psy/item/view/KABC2_CO_TG | • 한국 카우프만 아동지능검사 2(K-ABC II)<br>대상 : 만 3세~18세<br>내용 : 단어배열, 이야기완성, 이름기억, 표현어휘, 언어지식<br>한국 저자 : 문수백 |
| 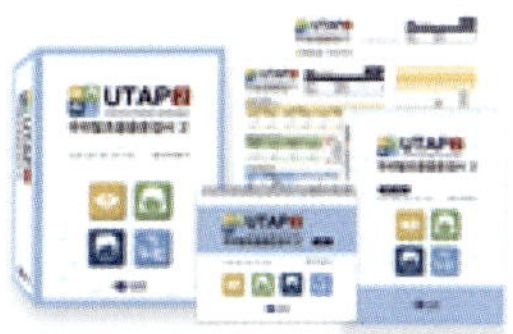<br>출처 : https://inpsyt.co.kr/psy/item/view/UTAP2_CO_TG | • 우리말 조음 음운 검사 2(UTAP 2)<br>대상 : 만 2세 6개월~만 7세<br>내용 : 단어 수준, 문장 수준 검사<br>한국 저자 : 김영태, 신문자, 김수진, 하지완 |

[그림 10-1] 영유아를 위한 표준화 언어 검사 도구

### 4) 포트폴리오

**포트폴리오**는 시간의 흐름에 따라 영유아의 발달과 학습의 진보를 보여주는 자료를 조직적 · 유목적으로 수집한 것이다(McAfee & Leong, 2007). 포트폴리오는 다양한 정보와 자료를 일정기간 동안 체계적으로 수집하여 영유아의 발달과 수행능력에 대해 종합적으로 평가함으로써 개인 내의 변화에 초점을 맞춘다. 포트폴리오 평가는 전통적으로 사용된 형식적인 평가의 대안으로 등장한 방법으로 **수행평가, 참평가, 교실 기반 평가**의 대표적인 평가로 볼 수 있다. 이는 영유아의 발달적 성취만을 강조한 결과 지향 평가에서 과정을 중시하며, 일상적인 맥락에서의 언어능력과 언어발달을 종합적으로 평가한 것이다.

포트폴리오 평가는 표준화 검사의 대안으로 등장하여 표준화 검사를 대치하기 위한

평가로 간주되거나, 작품 수집과 동일시하게 인식되기도 한다. 그러나 포트폴리오 평가는 작품수집과 표준화 검사를 평가 자료의 한 부분으로 포함하는 포괄적인 평가체계로 보는 것이 적절하다(한유미, 김혜선, 권희경, 양연숙, 백은정, 2013). 또한 영유아의 언어능력에 대한 종합적인 평가를 하기 위해서 교육 참여자인 영유아, 교사, 부모와의 협력이 필요하다. 포트폴리오 평가는 영유아, 부모, 교사가 모두 참여함으로써 영유아에 대한 이해와 성장에 긍정적인 영향을 미칠 수 있는 평가 방법이기 때문이다(Downs & Strand, 2006).

포트폴리오 평가 자료에는 영유아에 대한 관찰 기록, 면접, 표준화 검사, 말하기 녹음 자료, 쓰기 표본, 읽기 자료, 대화 표본, 가정과 연계한 활동 자료 등이 포함될 수 있다. 포트폴리오 평가 자료를 수집하기 위해서 먼저 자료 수집을 위한 계획을 세운 뒤에 1년 동안 모든 영유아에게서 모을 수 있는 핵심항목과 개별 영유아에 대한 자료인 개별항목 자료를 수집하는 것이 좋다. 또한 수집한 자료에는 교사의 의견 및 평가 내용을 기록하도록 한다. 영유아의 언어 포트폴리오 평가에 포함될 수 있는 자료의 유형을 제시하면 다음과 같다.

**언어 포트폴리오 평가 자료**

- 일상생활 속에서 영유아의 언어발달 및 언어능력에 대한 교사의 관찰 기록
- 놀이에서 나타난 영유아 간의 대화 표본
- 소리 내어 그림책 읽기 녹음 자료
- 이름 쓰기 및 자발적 쓰기 자료
- 개인적 내러티브나 상상적 내러티브의 말하기와 글쓰기 자료
- 글 없는 그림책을 보고 이야기 만들기 혹은 글을 쓴 자료
- 영유아의 언어능력에 대한 표준화 검사 혹은 교사 제작 검사 결과 자료
- 책 읽기에서 보이는 유아의 언어적 행동
- 이야기 나누기의 유아의 대화 표본
- 읽기와 쓰기에 대한 면담 자료

<table>
<tr><td>유아명</td><td>김 ○○</td><td>생년월일</td><td colspan="2">2015. 1. 20</td><td>성별</td><td>남</td></tr>
<tr><td>관찰자</td><td>김○○교사</td><td>관찰일시</td><td colspan="2">2021. 5. 3</td><td>관찰장소</td><td>언어영역</td></tr>
<tr><td colspan="2" rowspan="4">읽기와 쓰기에 관심을 가진다.</td><td rowspan="4">자신의 생각을 글자와 비슷한 형태로 표현한다.</td><td colspan="3">1: 글자와 비슷한 형태로 표현하는 것에 관심이 없다.</td><td></td></tr>
<tr><td colspan="3">2: 교사의 도움이 있으면 글자를 쓰는 데 관심을 가진다.</td><td></td></tr>
<tr><td colspan="3">3: 좋아하고 친숙한 이름이나 창안글자(사물글자)를 반복해서 써 본다.</td><td></td></tr>
<tr><td colspan="3">4: 글자와 비슷한 형태나 글자로 자신의 말이나 생각을 표현한다.</td><td>○</td></tr>
<tr><td colspan="7">〈자료 수집 상황〉 함께 지내던 동준이가 다른 지역으로 이사를 가자 친구에게 쓴 ○○이의 편지<br>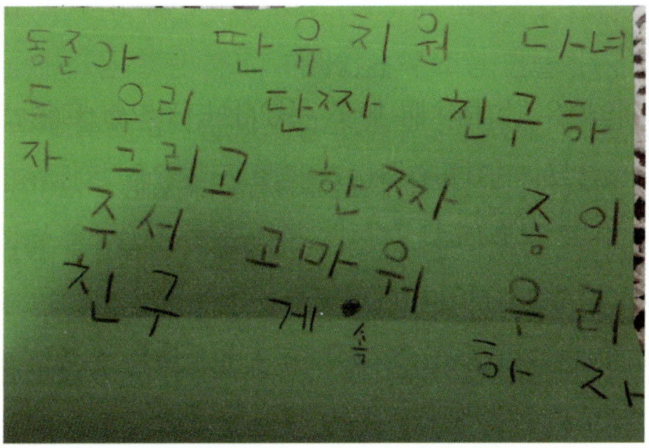</td></tr>
<tr><td>교사 평가</td><td colspan="6">○○이는 쓰기에서 줄 맞추기와 쪽 배열의 원리, 띄어쓰기의 원리를 알고 쓰기를 하였다. 자신의 생각을 표현하기 위해서 표준화 철자법에 맞추어 문장 쓰기 형태가 나타났으나, 부분적으로 틀린 글자(단짝, 한자, 줘서, 계속)가 나타나며, 문장의 마지막에 온점이 없다.</td></tr>
</table>

[그림 10-2] 포트폴리오 평가 자료 1: 관찰 자료와 글자 쓰기 작업 표본

<table>
<tr><th>유아명</th><td>김ㅇㅇ</td><th>생년월일</th><td>2015. 3. 10</td><th>성별</th><td colspan="2">여</td></tr>
<tr><th>관찰자</th><td>김ㅇㅇ 교사</td><th>관찰일시</th><td>2021. 5. 28</td><th>관찰장소</th><td colspan="2">언어영역</td></tr>
<tr><td rowspan="4">이야기 구성능력</td><td colspan="5">이야기에 등장인물이 있으며, 등장인물의 행위가 나열되었는가?</td><td>ㅇ</td></tr>
<tr><td colspan="5">시간의 흐름에 따라 사건이 진행되며 이야기가 만들어지는가?</td><td>ㅇ</td></tr>
<tr><td colspan="5">이야기 전체에서 등장인물 간 상호작용이 계열적으로 전개되는가?</td><td>X</td></tr>
<tr><td colspan="5">시작, 전개, 종료의 모든 이야기 구조가 나타나는가?</td><td>ㅇ</td></tr>
<tr><td colspan="7">〈자료 수집 상황〉『팥죽 할머니와 호랑이』 그림책을 읽고, 그림책의 이야기를 다시 구성하여 작성한 쓰기 표본<br>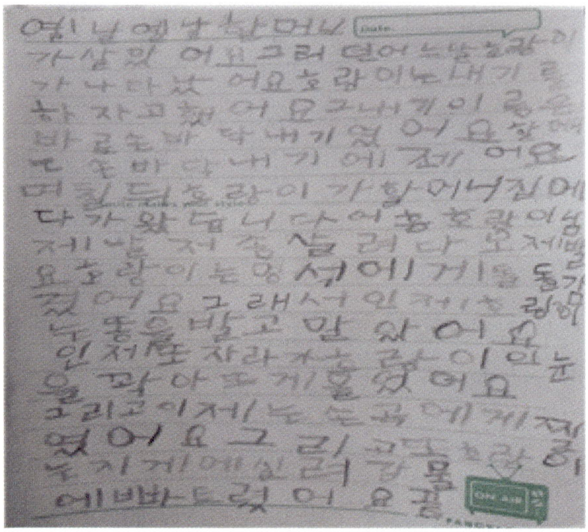</td></tr>
<tr><td>교사 평가</td><td colspan="6">ㅇㅇ는 그림책의 주요 내용을 기억하고, 전래동화의 전형적인 진행방식인 "옛날 옛날에…"의 표현을 사용하여 이야기를 만들었다. 이야기의 갈등 상황은 그림책 내용과는 다른 것(손바닥 내기 게임)으로 선정하고, 이야기의 구조를 유지하면서 이야기를 표현하였다. 주로 이야기는 문어체로 작성하였는데, 주인공의 간절한 표현은 구어체로 표현하였다. 쓰기 단계로는 표준화 철자법에 맞추어 문장쓰기를 하는 단계이지만, 간혹 틀린 글자를 쓰며 문장의 마지막에 온점을 사용하지 못한다.</td></tr>
</table>

[그림 10-3] 포트폴리오 평가 자료 2: 관찰 자료와 그림책 이야기를 재화한 자료

<table>
<tr><td>유아명</td><td>김○○</td><td>생년월일</td><td>2016. 2. 1.</td><td>성별</td><td>여</td></tr>
<tr><td>관찰자</td><td>최○○ 교사</td><td>관찰일시</td><td>2021. 6. 8.</td><td>관찰장소</td><td>언어영역</td></tr>
<tr><td colspan="6">글없는 그림책 이야기 만들기 평가요소</td></tr>
<tr><td colspan="2" rowspan="6"></td><td colspan="3">글 없는 그림책을 보고 만든 이야기는 사건의 순서, 중요 사건 등을 잘 나타내고 있는가?</td><td>○</td></tr>
<tr><td colspan="3">글 없는 그림책을 보고 이야기를 만들 때 유아의 사전 지식을 활용하고 있는가?</td><td>○</td></tr>
<tr><td colspan="3">이야기의 관례적 표현, 예를 들어 “옛날에, 옛날에…” 등과 같은 표현이 있는가?</td><td>X</td></tr>
<tr><td colspan="3">이야기를 할 때 인물 혹은 사건의 성격에 따라서 목소리를 달리하거나 얼굴 표정 등을 표현하는가?</td><td>X</td></tr>
<tr><td colspan="3">유아의 개인 경험과 연결시켜 이야기를 만드는가?</td><td>○</td></tr>
<tr><td colspan="3">이야기에 주제, 동기, 교훈 등이 있는가?</td><td>○</td></tr>
<tr><td colspan="6">〈사과와 나비〉<br>어! 나 사과 좋아하는데… 사과 맛있어요. 이제 이야기 만들어 볼게요.<br>빨간 사과!!! 사과를 잘랐어요. 작은 애벌레가 들어왔어요.<br>사과를 많이 먹으니까 애벌레가 점점 커졌어요. 애벌레가 다 먹어서 사과에서 나오고 있어요.<br>이제 나무로 내려가요. 애벌레가 나무에 곧 도착해요. 나무에 도착했어요.<br>(그 다음은 애벌레가 번데기가 되겠죠??)<br>번데기가 되었어요. (웃음) 애벌레가 나비가 되려고 허물을 벗으려고 해요.<br>허물을 벗으려고 얼굴을 빼꼼 내밀었어요.<br>나비가 허물을 벗고 나왔어요. 나비가 이제 하늘로 날아가고 있어요.<br>나비가 날개를 펼쳐서 날고 있어요.<br>나비가 꿀을 먹고 자국을 남겼어요.<br>바람 때문에 꽃이 날아갑니다. (꽃이 날아가서… 또…)<br>이제 곧 사과가 될 거예요. 사과가 커졌어요.<br>이제 이야기 끝…</td></tr>
<tr><td>교사 평가</td><td colspan="5">○○이는 그림책의 각 장에 있는 그림을 살펴보면서 그림 속에 나타난 등장인물을 중심으로 이야기를 만들었다. ○○이가 만든 문장은 주로 등장인물의 행동을 묘사하는 간결한 문장이지만, 이야기의 흐름을 연결성 있게 표현하였다.</td></tr>
</table>

[그림 10-4] 포트폴리오 평가 자료 3: 관찰 자료와 글 없는 그림책 이야기 만들기 자료

### 5) 영유아의 언어발달을 위한 언어환경 검사

영유아의 초기 문식성 능력은 가정과 유아교육기관의 풍부한 문해환경을 통해 형성된다. 환경인쇄물이 풍부한 곳에서 인쇄물을 자주 접하는 기회를 통해 영유아의 문식성은 발달된다. **가정의 문해환경**은 부모에 의해 구성되며, **유아교육기관의 문해환경**은 교사에 의해 구성된다. 결국 가정과 유아교육기관의 문해환경이 풍부할수록 영유아의 언어발달에 긍정적인 영향을 미치게 된다.

가정의 문식성 환경은 가정에 있는 문해자료와 문해활동, 부모의 문해활동에 대한 태도와 신념을 살펴보는 것이다. 유아교육기관의 문식성 환경은 유아교육기관에 있는 문해자료와 문해활동, 교사의 문식성에 대한 태도와 신념을 통해 알아볼 수 있다. 부모와 교사는 영유아의 언어발달을 촉진하기 위해서 바람직한 문해환경 조성에 대한 중요성을 알고 이를 실행에 옮길 수 있어야 한다(남규, 최은영, 장석경, 2020). 모로우(Morrow, 2012)의 교실의 문해환경을 측정하기 위한 '문해환경' 체크리스트는 문해영역 및 문해 영역 이 외의 교실환경을 평가한다(권민균, 2012). 이를 구체적으로 살펴보면 다음과 같다.

[표 10-6] 교실의 문해환경 체크리스트

| 영역 | 평가 내용 | 하위 내용 |
|---|---|---|
| 문해 영역 | 문해 공간구성 | 문해 영역에 적합한 자료, 문해 공간을 위한 가구와 공간 배치의 적절성 |
| | 도서 영역 | 책의 분류와 보관, 도서 대여, 녹음 자료 및 이야기 관련 소품의 비치 |
| | 쓰기 영역 | 쓰기를 위한 책상과 의자, 다양한 쓰기 도구와 자료, 쓰기 결과물 폴더 |
| 문해 영역 이 외의 교실 환경 | 주제와 관련된 문해 자료 | |
| | 문해 결과물 게시 공간 | |

출처: 권민균 역(2012). 영유아 문해 발달과 교육. pp. 354-355에서 발췌.

## 3 영유아의 언어교육 평가 결과의 활용

영유아의 언어발달을 측정한 평가 자료는 객관적으로 분석하여 차후 교육 계획을 수립하기 위한 자료로 활용되어야 의미가 있다. 평가한 것으로 끝나지 않고, 평가 결과가 교육 참여자인 영유아, 부모, 교사 모두에게 공유되고 활용될 때 진정한 가치를 갖는다. 영유아의 언어평가 결과는 교육의 공동 구성원에게 다양한 방법으로 활용될 수 있다.

첫째, 영유아의 언어발달에 대한 정보를 파악할 수 있다. 영유아의 언어발달 수준 및 지체 여부를 파악할 수 있으며, 각 개별 영유아가 지닌 언어 능력의 강점과 약점을 파악할 수 있다. 이에 따라 치료적 개입이 필요한 경우 적절한 치료를 제공할 수 있는 준거로 이용되며, 개별화 언어 교수 프로그램을 계획하기 위한 자료로 활용할 수 있다.

둘째, 부모와의 상담 시 객관적인 근거자료로 활용할 수 있다. 유아교육기관에서 영유아가 어떻게 생활하는지, 전반적인 언어발달의 이해자료로 활용할 수 있다.

셋째, 교사로서의 전문성을 함양하고, 교수법을 개선하기 위한 기초 자료로 활용할 수 있다. 영유아의 언어발달 수준에 적절한 언어 교수 계획을 수립하고, 교사 자신의 언어적 상호작용의 유형을 분석해 보는 자료로 활용할 수 있다. 그러나 평가 결과를 활용할 때 반드시 주의할 점이 있다. 평가결과를 과장하여 해석하지 않으며, 유아 간에 비교하지 않고, 개별 유아에 대한 정보를 타인에게 노출하지 않도록 한다.

### 생각해보기

1. 영유아 언어교육 평가 방법의 장점과 단점을 비교하여 토론해 보세요.

2. 유치원이나 어린이집을 방문하여 현장에서 활용되는 영유아 언어평가 방법을 조사하고, 보완할 점에 대해 토론해 보세요.

3. 영유아의 언어발달 사례를 수집하여 영유아의 언어능력을 평가해 보세요.

# 참고문헌

## 참고문헌

강은진, 이미화, 예한나(2019). 누리과정 효과성 분석연구(II): 누리과정 개정에 따른 KICCE 유아관찰척도 개발 및 시범적용. 육아정책연구소. 연구보고 2019-21.

강정숙(2007). 글 없는 그림책 읽기 활동이 유아의 가상적 내러티브에 미치는 영향. 한국교원대학교 교육대학원 석사학위논문.

곽경화, · 김영실(2014). 3, 4세 유아의 이름글자 지식과 환경인쇄물 읽기, 단어 읽기능력과의 관계. 열린유아교육연구, 19(4), 443-461.

곽경화 · 김영실(2014). 3, 4세 유아들의 이름글자 쓰기발달 분석. 어린이미디어연구, 13(1), 313-332.

김남희(2013). 동시 중심 균형적 언어활동이 유아의 읽기 흥미와 읽기 발달에 미치는 영향. 이화여자대학교 교육대학원 석사학위논문.

김명순, 성지현(2002). 1세 영아의 언어와 놀이의 관계. 아동학회지, 23(5), 19-35.

김선옥(2005). 읽기에 영향을 미치는 변인 연구: 단기 종단적 연구. 유아교육연구, 25(1), 129-146.

김영실, 김지영, 안진경, 임양금, 최진숙(2020). 영유아 수학교육. 경기: 공동체.

김영실, 김진영, 김소양(2006). 영유아를 위한 언어지도. 경기: 공동체.

__________________(2012). 영유아를 위한 언어지도. 경기: 공동체.

김영실, 윤진주, 곽경화(2016). 영유아를 위한 언어교육. 경기: 공동체.

김영실, 임양금(2006). 유아의 이름 글자에 대한 인식. 열린유아교육연구, 11(1), 217-235.

김정수(1990). 한글의 역사와 미래. 서울: 열화당.

김정원, 이문정, 이연규(2020). 영유아언어교육. 서울: 창지사.

김현자, 조증열(2001). 학령 전 아동에서 음운인식, 시각지각 및 한글 읽기와의관계. 한국심리학회지: 발달, 14(2), 15-28.

남규, 최은영, 장석경(2020). 균형적 접근에 기초한 영유아 언어지도. 경기: 공동체.

노영희, 김창복, 전유영(2014). 영유아 언어교육. 경기: 양서원.

노진형, 최은아(2020). 영유아 언어교육. 경기: 공동체.

박선희, 김경중 (1999). 유아문학. 한국방송대학교출판부.

박향아(2000). 아동의 음운인식 발달. 아동학회지, 21(1), 35-44.

박혜경(1991). 유아를 위한 총체적 언어교육 접근법의 효과에 관한 연구. 이화여자대학교 대학원 박사학위논문.

박혜경, 김영실, 김진영, 김소양(1999). 유아언어교육 : 이론과 실제. 서울 : 양서원.

서동미, 엄은나, 박성희, 이혜경(2017). 영유아언어교육. 경기: 정민사.

서소정, 문혁준, 김민희, 김정희, 이종신, 강인숙(2017). 아동언어지도. 서울: 창지사.

성미영, 권윤정, 유주연(2016). 영유아 언어지도. 서울: 학지사.

송기중(1991). 토론회, 한글의 문자론적 위상-세계의 문자와 한글. 언어, 16(1), 153-181.

신귀련(2002). 이중 언어 경험 정도에 따른 유아의 상위언어능력 발달에 관한 연구. 부산대학교 대학원 석사학위논문.

안진경, 이지현, 김은경(2016). 대학생이 읽는 그림책. 경기 : 공동체.

유민임, 오성숙(2018). 영유아를 위한 언어교육. 경기: 양서원.

윤혜경(1997). 아동의 한글읽기 발달에 관한 연구: 자소-음소 대응규칙의 터득을 중심으로. 부산대학교 대학원 박사학위논문.

이경화, 조순옥, 김정원, 심은희, 이연규, 이문정(2014). 영유아를 위한 언어교육(개정증보). 서울: 창지사.

이나윤(2012). 유아의 개인적 내러티브와 가상적 내러티브 발달. 중앙대학교 교육대학원 석사학위논문.

이순형, 권미경, 최인화, 김미정, 서주현, 최나야, 김지현(2010). 영유아 언어지도. 경기: 교문사.

이영, 이정희, 김온기, 이미란, 조성연, 이정림, 박신진, 유영미, 이재선, 신혜원, 나종혜, 정지나, 문영경(2020). 영유아발달(개정판). 서울: 학지사.

이영자, 박미라(1992). 유아의 이야기 구조 개념의 발달에 관한 기초 연구. 유아교육연구, 12, 31-51.

이영자, 이금구(2020). 영유아언어교육: 이론과 실제. 경기: 양서원.

이영자, 이종숙(1985). 비지시적 지도 방법에 의한 유아의 읽기, 쓰기 행동의 발달. 덕성여자대학교 논문집 14집.

이은해, 이미라, 박소연(2006). 아동연구방법의 이해. 서울: 학지사.

이익섭(2000). 국어학 개설. 서울: 학연사.

이지현, 마송희, 김수영, 정정희(2020). 개정 누리과정에 따른 영유아를 위한 언어교육. 경기: 공동체.

이차숙(1999). 유아의 음운인식과 읽기능력과의 관계에 관한 연구. 교육학연구, 37(1), 389-406.

______(2000). 초기 읽기 지도의 개념적 모형. 유아교육연구, 20(1), 5-25.

______(2004). 유아언어교육의 이론적 탐구. 서울: 학지사.

임양금(2006). 유아의 이름글자를 활용한 균형잡힌 문자언어 접근법의 효과. 원광대학교 대학원 박사학위논문.

정옥분(2013). 아동발달의 이해. 서울: 학지사.

조명한(1982). 한국 아동의 언어획득 연구. 서울: 서울대학교 출판부.

조선하, 우남희(2004). 한국 유아의 창안적 글자쓰기 발달과정과 분석. 유아교육연구, 24(1), 315-339.

조성윤(1992). 한국 유아의 언어습득과 그 발달 과정에 대한 고찰. 단국대학교 교육대학원 석사학위 청구논문,

조정숙, 김은심(2005). 유아언어교육(개정판). 서울: 정민사.

조희숙, 김선옥, 정정희(2006). 유아의 음운인식과 읽기가 쓰기 능력에 미치는 영향, 유아교육연구, 26(4), 371-387.

주영희(2001). 유아언어발달과 교육. 서울: 교문사.

중앙일보(2002년 3월 14일).

한유미, 김혜선, 권희경, 양연숙, 백은정(2013). 영유아 언어교육의 이해. 서울: 학지사.

홍혜경, 김명화, 김정아, 김세루, 김현정(2017). 영유아 언어교육. 서울: 학지사.

히로꼬 사사키(2004). 그림책의 심리학. 우리교육. (재인용 Ende, E. (1986). Why Do I Write for Children. In Why Do You Write Children? Children, Why Do You Read? (58-66). Tokyo. 20th Congress of IBBY.)

Adams, M. J.(1990). *Beginning to read: Thinking and learning about print*. Cambridge, MA: MIT Press.

Anthony, J. L., & Lonigan, C. J.(2004). The nature of phonological awareness: Converging evidence from four studies of preschool and early grade school children. *Journal of Educational Psychology. 96*(1), 43-56.

Brown. R.(1973). *A first language: The early stages*. Cambridge, MA: Harvard University Press.

Chall, J. S.(1967). *Learning to read: The great debate*. New York : McGraw-Hill.

Chomsky, N.(1957). *Syntactic structures*. The Hague: Mouton.

___________(1986). *Knowledge of language: Its nature, origin, and use*. London: Praeger.

Clark, M.(1993). *Family life and school achievement: Why poor black children succeed or fail.* Chicago : University of Chicago Press.

Clay, M.(1991). *Becoming literature: The construction of inner control*. Portmouth, NH: Heinemann.

Cullinan, B.(1999). Lessons from Mother Goose. *Scholastic Instructor, March, 55*.Cunningham, A. E., 2011).

Curtiss, S.(1977). Genie: A psycholinguistic study of a modern day : "wild child".

Deford, D.(1981). Literacy, reading, writing, and other essentials. *Language Arts, 58*, 652-658.

Downs, A., & Strand, P.(2006). Using assessment to improve the effectiveness of early childhood education. *Journal of Child and Family Studies, 15*(6), 671-680.

Edelsky, C., Altwerger, B., & Flores, B.(1991). *Whole language: What's the difference?* Portsmouth, NH: Heinemann.

Edwards, P. A., Turner, J, D., & Mokhtari, K.(2008). Balancing the assessment of learning and for learning in support of student literacy achievement. *The Reading Teacher, 61*(8), 682-684.

Epstein, A. S.(2014). *The intentinal teacher: Choosing the best strategies for young children's learning*. Washington, D. C. : NAEYC.

Erika Hoff(2016). 언어발달, 이현진, 권은영(역). 서울: 박학사. (원저 출간 2014).

Gleason, J. B.(2001). *The development of language*. Boston, MA : Allyn & Bacon.

Goodman, K. S., & Goodman, Y. M.(1981). *A whole language comprehension centered view of reading development*. Tucson, AZ: University of Arizona.

Goodman, Y. M.(1986). Children coming to know literacy. In W. H. Teale and E. Sulzby(Eds.), *Emergent literacy: Writing and reading*. Norwood, NJ: Ablex.

Gullo, D.(2005). *Understanding assessment and evaluation in early childhood education*(2nd ed.). New York, NY: Teachers College Press.

Hall, D. G., Lee, S. C., & Belanger, J.(2001). Young children's use of syntactic cues to learn proper names and count nouns. *Developmental Psychology, 37*(3), 298-307.

Harris, T., & Hodge, R.(Eds)(1995). *The literacy dictionary*. New York, DE: International Reading Association.

Hoff, E.(2001). *Language development*. CA: Wadsworth.

Hoff-Ginsberg, E.(1997). *Language development*. CA: Brook/Cole Publishing Company, New York.

Holdaway, D.(1979). *The foundation of literacy*. Gosford: Ashton Scholastic.

Howesa, C., Burchinal, M., Pianta, R., Bryant D., Early, D., Clifford, R., & Barbarian, O.(2008).

Ready to learn? Chilren's pre-academic achievement in pre-kindergarten programs. *Early Childhood Research Quarterly, 23*(1), 27-50.

Hudson, J. A., & Shapiro, L. R.(1991). From knowing to telling: The development of children's scripts, stories, and personal narrative. In A. McCabe & C. Peterson(Eds.), *Developing narrative structure*(pp.89-136). Hillsdale, NJ: Lawrence Erlbaum.

Hymes, D.(1972). On communicative competence. In J. Pride & J. Holmes(Eds.), *Sociolinguistics*. Hammondsworth, G.B. : Penguin.

Jalongo, M. R.(2000). *Early childhood language arts*(3rd ed.). Needham Heighs, MA : Allyn & Bacon.

____________(2010). Listening in early childhood: An interdisciplinary review of the literature. The Intl. *Journal of Listening, 24*(1), 1-18.

____________(2016). 유아기 언어교육 〔*Early childhood language arts*(6rd ed.)〕. (권민균 역) 서울: 시그마프레스. (원전은 2014년에 출판)

Lenneberg, E. H.(1967). *Biological foundations of language*. New York: John Wiley & Sons, Inc.

Levin(1983). *Child psychology*. Belmont, CA : Wadsworth.

Machado, J. M.(2010). *Early childhood experience in language arts*. Belmont: Wadsworth.

____________(2013). *Early childhood experience in language arts*(10th ed.). Belmont, CA: Wadsworth.

MacLean, M., Bryant, P. E., & Bradley, L. L.(1987). Rhymes, nursery rhymes and reading in early childhood. *Merril-Palmer Quarterly, 33*, 255-282.

McAfee, O., & Leong, D. J.(2008). 발달과 학습에 대한 유아 평가 [*Assessing and guiding young children's development and learning*]. (김경철, 이진희, 최미숙, 황윤세 역.) 서울: 학지사. (원전은 2007년에 출판).

McCabe, A.(1997). Development and cross-cultural aspects. In M. Bamberg(Ed.), *Narrative development: Six approaches* (pp.135-174). Mahwah, NJ: Lawrence Erlbaum Associates.

McGee, L. M., & Richgels, D. J.(2000). 영유아의 문해발달 및 교육. (김명순 · 신유림 역). 서울: 학지사. (원저 출간 1996).

McGuinness, D.(1997). *Why our children can't read and what we can do about it*. NY: Touchstone Book.

Mclane, J. M. & McNamee, G. D.(2004). 쓰고 읽게 되기까지[*Early literacy*]. (김영실 · 김나림 · 김

지영 · 김미재 역). 서울: 양서원. (원전은 1990년 출판).

Minskoff, E.(2005). *Teaching reading to struggling learners*. Baltimore, MD : Paul H. Brookers.

Morrow, L. M.(2012). 영유아 문해 발달과 교육 [*Literacy development in the early years*(7th ed.). (권민균 역). 서울: 아카데미프레스. (원전은 2012년에 출판)

Moss, B., Leone, S.., & Dipillo, M. L.(1997). Exploring the literature of fact: Linking reading and writing through information trade books. *Language Arts, 74*(6), 418-429.

Nelson, K.(1996). *Language incognitive development: The emergence of the mediated mind*. New York: Cambridge University Press.

Neumann, M. M., Hood, M., & Ford, R. M.(2013). Using environmental print to emergent literacy and print motivation. *Reading and Writing, 26*(5), 771-793.

Peterson, C., & McCabe, A.(1991). Linkimg children's connective use and narrative macrostucture. In A. McCabe, & C. Peterson (Eds.), *Developing narrative structure* (pp. 29-54). Hillsdale, NJ: Lawrence Erlbaum Associations Publishers.

Roush, B.(2005). Drama rhymes: An instructional strategy. *The Reading Teacher, 58*(6), 584.

Sampson, G.(2000). 세계의 문자 체계[*Writing system*]. (신상순 역). 서울: 한국문화사. (원본 발간 2000년)

Santrock. J. W.(2001). *Child development*.(9th ed.). McGraw-Hill.

Schickedanz, J.(1986). *More than the ABC's: The early stage of reading and writing*. Washington, DC: NAEYC.

Schickedanz, J., Hansen, K., & Forsyth, P. D.(1990). *Understanding Children*. Mountain View, CA: Mayfields Publishing Company.

Shapiro, L. R., & Hudson, J. A.(1991). Tell me a make-believe story: Coherence and cohesion in young children' picture-elicited narratives. *Developmental Psychology, 27*(6), 960-974.

Skinner, B. F.(1957). *Verbal behavior*. MA: Copley Publishing Group.

Smagorinsky, P.(2009). The cultural practice of reading and the standardized assessment of reading instruction: When incommensurate words collide. *Educational Researcher, 38*(7), 522-527.

Sulzby, E.(1985). Children's emergent reading of favorite storybook: A development study. *Reading Research Quarterly, 20*(4), 458-481.

Teal, W. & Sulzby, E.(1986). *Emergent literacy: Writing and reading*. Norwood, NJ: Ablex Publishing

Corporation.

Yopp, H. K., & Yopp, R. H.(2007). Supporting phonemic awareness development in the classroom. *The Reading Teachers, 54*, 130-143.

EBS 아기성장보고서 제작팀(2006). 4부 언어습득의 비밀. EBS.

EBS 언어발달의 수수께끼 제작팀(2014). 언어 발달의 수수께끼. EBS 미디어, 서울: 지식너머.

국립국어원표준국어대사전 https://stdict.korean.go.kr/search/searchResult.do?pageSize=10&searchKeyword=%EC%96%B4%ED%9C%98 2021. 6.18 인출

네이버국어사전 https://ko.dict.naver.com/#/entry/koko/6428a3c944a34cdf958d8a4189dfe46d 2021. 6.18 인출

## 저자소개

**임양금**

원광대학교 대학원 유아교육학 전공(문학박사)

현) 순천제일대학교 유아교육과 교수

**안진경**

원광대학교 대학원 유아교육학 전공(문학박사)

현) 군산대학교 교직과 교수

군산대학교 교직과 학과장

**김지영**

원광대학교 대학원 유아교육학 전공(문학박사)

현) 호남대학교 유아교육과 교수

**이영미**

이화여자대학교 대학원 유아교육학 전공(문학박사)

현) 제주한라대학교 유아교육과 교수

**탁정화**

부산대학교 대학원 유아교육학 전공(교육학박사)

현) 서원대학교 사범대학 유아교육과 교수

# 영유아 언어교육

초판 1쇄 인쇄 2022년 8월 8일
초판 1쇄 발행 2022년 8월 12일

지 은 이 | 임양금 · 안진경 · 김지영 · 이영미 · 탁정화
펴 낸 이 | 김기섭
편 집 인 | 오선율 · 이광순
펴 낸 곳 | 창지사 www.changjisa.com
08589 서울시 금천구 가산디지털 1로 83 파트너스타워 1차 9층
전화 (02)719-2211~3
팩스 (02)701-9386
등 록 | 1977년 4월 28일 · 제1-421호



ISBN 978-89-426-1547-6 (93370)

값 20,000원